A vida simulada no capitalismo
Formação e trabalho na Arquitetura

Rosemary Roggero

A vida simulada no capitalismo
Formação e trabalho na Arquitetura

letraevoz

© *Copyright* 2010 Rosemary Roggero
© *Copyright* 2010 Letra e Voz

Preparação de originais
Fernando Luiz Cássio

Revisão
Ricardo Santhiago

Foto de capa
Christa Richert / Haap Media Ltd.

Dados Internacionais de Catalogação na Publicação (CIP)
(Câmara Brasileira do Livro, SP, Brasil)

Roggero, Rosemary
A vida simulada no capitalismo : formação e trabalho na arquitetura / Rosemary Roggero. -- São Paulo : Letra e Voz, 2010. -- (Coleção voz viva)

Bibliografia.
ISBN 978-85-62959-05-9

1. Arquitetura como profissão 2. Capitalismo 3. Educação superior 4. História oral 5. Histórias de vida 6. Mercado de trabalho 7. Qualificação profissional 8. Sociologia educacional 9. Sujeito (Filosofia) I. Título. II. Série.

10-08647   CDD-306.43

Índices para catálogo sistemático:
1. Formação e trabalho na arquitetura :
Sociologia educacional 306.43

Todos os direitos desta edição reservados à

LETRA E VOZ
Tel.: (11) 3020-3178
www.letraevoz.com.br
editorial@letraevoz.com.br

Para Clodoaldo.
Por seu amor que me emancipa.

R. R.

Sumário

Prefácio	9
Apresentação	13
Parte I Cenários	19
Parte II Fragmentos	61
Parte III Sentidos	157
Considerações finais	221
Referências bibliográficas	227

Prefácio

José Leon Crochík

O título do livro a que se refere este prefácio já contém uma importante afirmação: "a vida simulada no capitalismo" sugere a questão se sob esse sistema econômico é possível outro tipo de vida; a crítica contida no título, no entanto, já mostra que o negado se mantém como forma de resistência: é possível ter vestígios da vida pela crítica à simulação. A organização do livro nas partes nomeadas *Cenários*, *Fragmentos* e *Sentidos*, indica parte do caminho a ser seguido para pensar aquela questão, ao nos aproximar da arte, e apresentar a possibilidade da mimese em primeiro plano, pois a simulação é imitação. Ocorre que a simulação é falsa mimese, falsa vida; e, desse modo, citando Adorno, "a vida não vive".

Em *Fragmentos* são expostas as biografias dos entrevistados, que narram suas vidas; se a experiência entendida como continuidade de um mesmo 'eu' não é mais possível, pela linguagem, fragmentos podem ser enunciados. A busca de explicação da própria vida, desespero de restabelecer a palavra do sujeito, aproxima-se da forma pela qual Homero configurou a *Ilíada* e a *Odisséia*: de fragmentos buscou uma unidade de sentidos; esta unidade representa o esclarecimento; mas as narrativas expostas neste livro representam o Ulisses moderno? É possível ainda reter a ideia de um porvir?

A professora Rosemary propôs a seus sujeitos a possibilidade da escuta, sem a qual não há narrativa; permitiu a eles que se tornassem 'auráticos', ou seja, que devolvessem o olhar. Seus sujeitos que vivem há mais tempo trouxeram relatos para além do imediato; o senhor Aldemy traz a história recente do Brasil implicada na sua, mostrando a possibilidade de a experiência coletiva e a individual se esclarecerem mutuamente. Entre os mais jovens, Luciana reclama da formação insuficiente e ainda detém, talvez devido à profissão em questão – Arquitetura –, a impressão de que no início a mão é mais importante do que a máquina. Em ambos a esperança sobrevive; como Walter Benjamin acentua, a esperança deve ser procurada nos vencidos; assim, a experiência que traz a história coletiva, como possibilidade de referência individual, ou a que permite manter o primado dos homens sobre a técnica, ainda são preservadas, posto que nem a humanidade, representada pela história, nem a arte, expressa pelo desenho que se antecipa ao computador, são esquecidas.

A brutalidade da repressão militar brasileira recente, exposta por um sujeito, e a fragmentação entre teoria e prática, realçada por outro, parece retirar o otimismo. Se a identidade entre o coletivo e o indivíduo só pode ocorrer pela negação, ou seja, pela resistência à violência existente, e se a teoria deve se separar da prática, não há mais experiência, mas a luta para que a palavra ressurja. Palavra que nas narrativas luta para que a vida possa voltar a viver pela recordação.

A comparação entre duas gerações, quanto à formação e atuação em Arquitetura, apresentada neste livro, não visou a uma perspectiva que enaltece o passado e se queixa do presente, mas à recuperação do que no passado era possível, o que permite iluminar melhor o presente no que tem de realização e ruptura com o passado. Que uma recém-formada possa se orgulhar de um velho professor que se vale de técnicas 'ultrapassadas' não diminui o valor das novas técnicas, mas acentua o contraste entre duas formas de se envolver com um projeto: uma que não prescinde do corpo, a outra que atua a distância. Walter Benjamin se refere a Karl Krauss: 'Quanto mais de perto se olha uma palavra, tanto maior a distância donde ela lança de volta o seu olhar"; talvez o mesmo possa ser pensado a respeito de um projeto feito à mão em comparação com o elaborado com auxílio de um software computacional: o desenho manual pode levar a imaginação longe, com o olhar que atenta para os detalhes; o projeto mecânico, por ser distante, não permite o homem sair de si. A máquina, contudo, é potencialização do poder humano e, assim, desde que não impeça a criação, permite que esforços dedicados a tarefas mecânicas possam se voltar para o que é digno de ser pensado e expresso. Desse modo, o presente ao potencializar o passado pode libertá-lo e cumprir as promessas que outrora só podiam ser um sonho: viver sem sacrifícios. Se o computador pode simular o pensamento e a ação humanos, pode liberar a vida de esforços penosos, desde que a máquina não seja o modelo para esse pensamento e ação humanos, o que lhes conferiria um caráter basicamente técnico; se for um instrumento, e não esse modelo, permite mais tempo para os homens terem uma vida não padronizada.

Os citados capítulos do livro indicam a apresentação da objetividade do capitalismo (*Cenários*), da qual se depreende e se referencia a subjetividade própria das narrativas (*Fragmentos*) e o encontro do olhar do sujeito – a teoria – com o objeto – as narrativas, sem perder os cenários (*Sentidos*). Esse projeto em ação da autora revela a articulação do que está cindido; cabe destacar também que os dados coletados cientificamente não prescindiram da arte. Esta se encontra tanto na linguagem da autora quanto em seu silêncio ao permitir a apresentação das narrativas sem sua interferência; dessa maneira ela possibilita ao leitor a proximidade que ela mesma teve de seus sujeitos. Como forma e conteúdo não são independentes – um deve esclarecer o outro –, a denúncia da vida simulada e a resistência a ela comparecem em uma e no outro também. Ler este livro é receber a denúncia de uma vida simulada e partilhar da resistência que permita uma vida sem medos.

APRESENTAÇÃO

A vida simulada no Capitalismo é uma investigação que põe em foco a formação e o trabalho, a partir da leitura de mundo permeada pelas narrativas de histórias de vida de indivíduos que exercem a profissão de arquitetos.

O ponto nodal da investigação é o indivíduo – nas relações entre seu *ser* e seu *dever ser*, com foco nas relações sociais a partir da formação e do trabalho, privilegiando os processos de qualificação em sua trajetória biográfica, considerando-o sujeito de conhecimento e da história. O indivíduo é elevado à condição de sujeito (ainda que aprisionado), podendo ser pensado em três dimensões fundamentais: a antropológica, a sociocultural e a discursiva.

Horkheimer e Adorno afirmam que:

> Na sociedade humana (...), na qual tanto a vida intelectual quanto a vida afetiva se diferenciam com a formação do indivíduo, o indivíduo precisa de um controle crescente da projeção; ele tem que aprender ao mesmo tempo a aprimorá-la e a inibi-la. Aprendendo a distinguir, compelido por motivos econômicos, entre pensamentos e sentimentos próprios e alheios, surge a distinção do exterior e do interior,

a possibilidade de distanciamento e identificação, a consciência de si e a consciência moral. (1997, p. 175)

Mas esse movimento encontra muitos entraves para se realizar. A formação e a participação no mundo do trabalho são marcadas por contradições que impulsionam o indivíduo muito mais em direção à adaptação ao existente do que ao aprendizado da distinção entre o que lhe é próprio ou o que lhe é alheio. Nesse sentido, seria possível compreender a subjetividade como a individualização do sujeito, socialmente reconhecida, que estabelece limites em relação ao outro? Isto é: a subjetividade pode ser considerada um estado particular do sujeito enquanto manifestante de sua própria especificidade, na relação de troca simbólica com o outro e na formulação de sua própria realidade?

Crochik entende que:

> Se a formação cultural e a diferenciação individual fazem parte de um mesmo processo, com a pseudocultura surge a pseudo-individuação, caracterizada pela adesão àquilo mesmo que se quer negar, como uma possibilidade de poder sentir-se reconhecido nos emblemas oferecidos. Assim, a constituição do indivíduo atual dá-se por intermédio do reconhecimento da realidade existente sem preservar mais um espaço de negação. (1996, p. 101)

Esta convoca a pensar sobre o quanto a especificidade do sujeito pode ser legitimamente percebida a partir da narrativa de sua trajetória biográfica. Daí apresenta-se a questão: através dessa narrativa seria possível discernir o que é afirmado e negado no processo de vida, o que a sociedade pede e o que ela nega ao indivíduo, que fatores intervêm no grau de autonomia que exerce quanto às escolhas e às interações sociais – especialmente aquelas que envolvem os processos de formação e qualificação para o trabalho?

As relações sociais correspondem ao motor que movimenta a evolução individual, num processo permanente de construção e reconstrução. Nesse sentido, a biografia humana não pode ser tomada como mero suceder. A memória permite percebê-la como algo crescido e articulado, pleno de história e de significações. Do mesmo modo, é possível observar que o processo de qualificação é mediado pelas relações entre vida e trabalho, na busca da *construção de coe-*

rências globais que considerem a totalidade do sujeito. Poderá, então, o processo de qualificação ser analisado para além da necessidade técnica, como questão atravessada pelo campo de tensão vida/trabalho, podendo-se identificar nesse campo de tensão a fagulha que possibilita a libertação do sujeito aprisionado pela cultura burguesa?

Três hipóteses orientam os objetivos deste trabalho. A primeira leva em conta que a pressão pela integração, pela adaptação e pela sobrevivência social por meio do econômico não é recente. A alienação existe há muito, mas *a consciência crítica ainda se permite algum tipo de resistência, apesar da sofisticação política e do requinte econômico que aquela pressão historicamente exerce por meio da cultura afirmativa, sobre o indivíduo.*

A segunda hipótese afirma que, considerando-se a forte influência da organização produtiva e das inovações tecnológicas no aumento da demanda por profissionais qualificados e com escolaridade de nível superior, *é lícito supor que a atual reestruturação produtiva, acompanhada pelos novos requisitos de qualificação profissional afete (não só, mas também) os arquitetos, trazendo-lhes novos desafios. Isso ocorre não apenas no que se refere à trajetória biográfica no processo de qualificação ou requalificação dentro dos novos padrões, mas também no que tange às novas nuances para a discussão das relações entre arte e ciência, e mesmo para o significado que essas relações podem ter para a formação, num novo modelo de desenvolvimento.*

A terceira hipótese sugere que, dentre os vários elementos da cultura, as relações de trabalho afetam, de modo particular, a trajetória biográfica, interferindo no exercício da subjetividade. Nesse sentido, *a investigação empírica permitirá verificar quais os fatores contraditórios, presentes na alienação imposta, que possibilitam o desenvolvimento de uma consciência crítica capaz de resistir à barbárie, bem como possíveis indicadores para uma formação emancipadora.*

As questões possibilitaram estabelecer como objetivos a compreensão do processo de qualificação a partir da análise de seis trajetórias biográficas, apanhadas em perspectiva histórica no campo de atuação da arquitetura, comparando duas gerações de arquitetos (formados na década de 1960 e formados na década de 1990), no contexto das interações sociais dos indivíduos entrevistados. Discute-se, principalmente, as aproximações entre a formação e o trabalho, bem como o desenvolvimento de uma interpretação para as relações que se estabelecem entre vida e trabalho, em direção à consciência de si e à consciência social, na esfera da subjetividade possível pela cultura.

Foram escolhidas as décadas de 1960 e 1990 pelos cenários constituídos em cada uma. A década de 1960 é marcada pelas mudanças políticas no país, que trouxeram a ditadura militar, a despeito de toda a participação dos vários setores da sociedade, em especial dos jovens, em prol da democracia. A década de 1990 desenha novos cenários econômicos para o país, alavancados particularmente pelas mudanças tecnológicas. Nessa década ocorre o primeiro *impeachment* de um presidente eleito pelo voto direto, mas o encantamento com a participação política parece não fazer mais parte dos interesses dos jovens. Suas preocupações são outras.

Articulando o pensamento como num caleidoscópio, três partes – *Cenários*, *Fragmentos* e *Sentidos* – que compõem cada qual um conjunto de ensaios, movimentam fatos, narrativas, conceitos e análises de maneira a possibilitar diferentes modos de ver o que estamos chamando de vida simulada.

A primeira parte, *Cenários*, situa a arquitetura brasileira e a formação nessa área, em perspectiva histórica, o que permite a discussão do conceito de arquitetura, na relação que se tem produzido entre arquitetura e indústria, bem como no desenvolvimento da contraditória relação entre arte e ciência.

O suporte empírico se apresenta na forma de narrativas de histórias de vida de profissionais da arquitetura – área que envolve, além das determinações do mundo capitalista, a arte e uma formação tendencialmente humanista. Na parte *Fragmentos*, estas narrativas são introduzidas por uma abordagem relativa à relevância da história de vida como contribuinte à compreensão das circunstâncias que definem a formação e o trabalho, num momento em que o mercado traz novos e significativos desafios à subjetividade. Some-se aí uma reflexão acerca do papel do narrador e do significado da narrativa em duas dimensões: a que envolve o sujeito que narra sua história de vida num suposto processo de autorreflexão, e a que envolve a pesquisadora, mediadora da narrativa, que buscará extrair dela novos significados.

Guiada por uma questão-chave desencadeadora e blocos temáticos, na terceira parte, *Sentidos*, as narrativas são analisadas à luz de conceitos que esboçam um recorte da teoria crítica da sociedade.

Na esteira dessa discussão, privilegia-se a compreensão de como as formas de subjetividade se transformam à medida que a cultura burguesa vai se tornando cada vez mais afirmativa, impedindo a realização do indivíduo no mundo administrado. Apresenta-se também uma análise da qualificação profissional no campo da cultura, que se estende na compreensão sobre o papel da formação, ao mesmo tempo encobridora e emancipadora da consciência.

Mais do que apresentar os caminhos tomados pela investigação, este texto inicial traz advertências que se justificam pelo fato de o seu tema – a vida – ser tratado, em geral, em abordagens que mantêm o sujeito e a subjetividade sob clausura. Cabe, portanto, esclarecer a segunda frente que dirige esta pesquisa: a influência exercida pela linguagem sobre a compreensão e a interpretação das histórias de vida como componentes subjetivos dos dados que se apresentam.

A linguagem é forma de expressão do pensamento: por isso, pensar sobre ela não é questão menor. Adorno toma-a como objeto de reflexão em vários momentos, alertando para o quanto pode funcionar como escamoteadora do mau conteúdo, seja em sua forma metafísica, seja na científica. Esta última, apoiando-se numa pseudoneutralidade, contamina o esclarecimento com sua própria falsidade, impedindo-o ao impedir os conceitos universais (cf. Horkheimer & Adorno, 1997). Adorno argumenta em favor de se manter a atenção nos objetivos da reflexão, que se organiza por meio da linguagem. Mas nós pensamos por meio da linguagem e a utilizamos sob a forma escrita para refletir sobre nossos objetos.

Ao usarmos a linguagem, especialmente a escrita, estamos nos valendo de esquemas mentais postos pela própria ciência – o esclarecimento tornado fetiche – e corremos o risco de nos afastarmos demasiado daquilo de que deveríamos manter maior proximidade: "a reflexão acerca da linguagem constitui o parâmetro original de qualquer reflexão filosófica" (Adorno, 1995, p. 65). Além disso, "à formação cultural (*bildung*) precisa corresponder a urbanidade, e o lugar geométrico da mesma é a linguagem" (Horkheimer & Adorno, 1997, p. 67).

A linguagem medeia toda a reflexão possível na narrativa de uma história de vida. É ela a remeter à interpretação diante de uma abordagem determinada pelos critérios da pesquisa, ao passado de cada um quando elaborado pelos próprios sujeitos. A linguagem não é, entretanto, o foco de análise: não será anteposta ao objeto, presente de forma predominante. Para isso, não basta a vontade. É necessário ter consciência dos riscos de a linguagem conduzir ao seu desaparecimento. Ademais, se ela é instrumento de uma comunicação que serve, via de regra, para informar e persuadir, tende-se a fazer da persuasão seu objetivo primordial. Por meio da própria linguagem, que se pretende científica ou filosófica, seria possível manter a ilusão da reflexão – e, com ela, a impossibilidade de superar a barbárie. A linguagem mesma se converteria em instrumento daquela.

Contra esse falseamento, um único caminho: manter a consciência (ou o que resta dela) alerta. Manter atenta a crítica. Manter vivo, por meio da crítica, o conceito que permite manter presente o objeto.

PARTE I
CENÁRIOS

I

O novo ambiente de vidro transformará completamente o ser humano. E agora só resta desejar que a nova cultura de vidro não encontre oponentes em demasia.

Scheerbart

Arquitetura, tradicionalmente, é reconhecida como uma área pautada numa formação humanista e criativa, que visa vencer as distâncias entre o *artístico* e o *fabril*, ou antes, entre o *pensar* e o *fazer*, "onde o fazer passa a ser um 'se fazer', dentro de condições socialmente organizadas e historicamente determinadas". Trata-se de uma área, portanto, cujos interesses voltam-se à arte e buscam a aproximação entre as Ciências Exatas e as Ciências Humanas, por meio de um projeto sujeito a constantes revisões, para melhor responder e propor as novas condições sócio-históricas de trabalho e lazer. Nessa perspectiva, a Arquitetura se apresenta como "uma atitude de apropriação da natureza, humanizando-a", o que contribui para a "definição de um projeto mais amplo: o projeto da realização do indivíduo-social, dentro das perspectivas históricas". (Motta, 1974, p. 17-8)

No que se refere ao cenário brasileiro, Artigas (1974) aponta que essa área custou a ganhar *status* de profissão, pois esteve codificada pelos mestres construtores de sofisticada tradição desde nosso período colonial, quando os poucos profissionais desse campo formavam-se na Europa. Somente com o advento das novas necessidades trazidas pela Revolução Industrial, como a construção de estradas de ferro, é que começou a existir a demanda pelos então chamados *empreiteiros*. O reconhecimento da profissão de arquiteto veio mais tarde.

Segawa (1998) destaca que a formação da elite intelectual brasileira, na passagem do século XIX para o século XX, sustentava-se na disputa entre a Medicina, a Engenharia e as Ciências Jurídicas, sendo que essas últimas tiveram maior espaço no exercício do poder.

Com a perspectiva do progresso, algumas das cidades brasileiras já ostentavam, na virada do século, intervenções modernizadoras em suas infraestruturas, típicas das metrópoles europeias, que visavam o sanitarismo e o salubrismo, contando com empresas que instalaram e operaram sistemas de drenagem, abastecimento de água e esgoto urbanos, companhias de gás, serviços de eletricidade e transporte urbano – empreendimentos que contavam com capital de empresas inglesas, também envolvidas na implantação do sistema ferroviário no Brasil.

A implantação da infraestrutura técnica nas cidades reiterava a estrutura existente com poucas modificações, embora incorporasse, aos poucos, uma nova visão racionalizadora e integrada de interferência na cidade, cuja lógica de modernização apoiava-se na codificação de uma disciplina específica: o urbanismo.

Foi no Rio de Janeiro que se iniciou o movimento de negação das estruturas urbanas coloniais, a partir de 1904, com a criação de novos eixos viários, a uniformização das fachadas das avenidas e a implantação de parques públicos. Tratava-se, então, de uma iniciativa de saneamento físico e social e de *embelezamento* da cidade, à época capital e principal entrada internacional no país:

> Conciliar a erradicação das epidemias que varreram a cidade ao longo do século 19, afastar a população pobre de setores estratégicos para a expansão urbana e conferir à paisagem uma estética arquitetônica de padrão europeu caracterizaram iniciativas para a modelagem de um Brasil condizente com o figurino de uma nação "civilizada". (Segawa, 1998, p. 21)

Os planos de saneamento das cidades levavam em conta questões técnico-sanitárias (abastecimento de água, esgotos e águas pluviais) e a ocupação do solo (sistemas construtivos, habitações populares, espaços e edifícios públicos, orientação e insolação, circulação), acrescentando-se a essas a preocupação estética na proposta de soluções para os problemas urbanos, que consideravam ainda as possibilidades locais e as realidades concretas brasileiras.

Com a prosperidade proporcionada pelo café, que trazia benefícios materiais e novos padrões de consumo para alguns segmentos da população, nas primeiras duas décadas do século XX as cidades brasileiras experimentaram transformações intensas, uma vez que as altas taxas de crescimento populacional nas principais capitais demandavam habitação e serviços urbanos. E, ainda que as estruturas urbanas fossem herdadas do período colonial e a sociedade mantivesse valores arraigados ao padrão agrário, o pretexto da ciência, da técnica, da racionalização dos meios e recursos para a modernização foram argumentos que se instauraram naquele início de século, visando a um tipo de modernização que tinha como modelo as grandes metrópoles europeias e norteamericanas.

Os eventos políticos e econômicos relacionados às questões sociais tiveram grande influência na forma como ocorreu a modernização de muitas cidades brasileiras, por meio da implantação do urbanismo como uma das disciplinas instauradoras da modernidade do século XX. Mas eram arquitetos franceses e ingleses e engenheiros brasileiros os responsáveis por esse processo.[1]

O ensino da Arquitetura no Brasil é anterior ao estabelecimento dos cursos jurídicos, mas nem por isso os arquitetos angariaram prestígio equivalente ao dos bacharéis. Sob a regência do príncipe Dom João, um grupo de artistas franceses instalou-se na corte no Rio de Janeiro, em 1816, "para introduzir no país um conhecimento artístico de gosto neoclássico" (Segawa, 1998). Em 1827, começou a funcionar a Academia Brasileira de Belas Artes, com um curso de arquitetura organizado por Mantagny, arquiteto de algum prestígio na França. Entretanto, as avaliações sobre o ensino de Arquitetura foram negativas, durante um longo período.

Embora já houvesse sinais favoráveis em direção ao estabelecimento de políticas educacionais por parte do Estado, somente no início da República essa perspectiva ganhou ênfase e lançou seus reflexos sobre o curso de Arquitetura.

1. Como se pode observar até o momento, por meio da breve apresentação da história da Arquitetura no Brasil, parece que se vive um novo momento de modernização ou de "revitalização" – para usar o termo em voga – do antigo modo de pensar o urbano em conexão com o econômico.

Conforme destaca Freitag (1979), naquele momento o país vivia a crise do café (agravada pela crise mundial de 1929), acompanhada pela implantação do modelo de substituição de importações, concentrada na produção de bens de consumo, até então importados. Esse movimento fez emergir uma nova burguesia industrial, relativizando o poder dos cafeicultores e gerando ampla reestruturação do poder estatal, tanto no âmbito da sociedade política como no da sociedade civil, o que possibilitou a ascensão de Getúlio Vargas, em 1930, apoiado por alguns grupos militares e pela burguesia, levando à implantação da ditadura do Estado Novo.

Nesse cenário cria-se o Ministério da Educação e Saúde, como ponto de partida para mudanças substanciais na Educação que começaram com a estruturação de uma universidade, a partir da fusão de algumas instituições isoladas de ensino superior.

Com a criação da Universidade do Rio de Janeiro, reorganizou-se também o curso de Arquitetura, então pertencente à extinta Escola Nacional de Belas Artes, de acordo com o disposto no Decreto 19.852, de 11 de abril de 1931. Dois anos depois, o Decreto 22.897, de 6 de julho de 1933, foi baixado, alterando algumas disposições do anterior, quanto à organização do ensino artístico ministrado pela Escola Nacional de Belas Artes, visando principalmente à maior autonomia do curso de Arquitetura em relação à estrutura curricular anterior que envolvia Pintura, Escultura e Gravura, consideradas as suas especificidades.

A política educacional do Estado Novo não se restringiu à legislação, mas se propôs a transformar o sistema educacional em instrumento de manipulação das classes economicamente menos favorecidas, por meio de uma ideologia paternalista preocupada em criar condições para a consolidação da burguesia industrial brasileira (Freitag, 1979, p. 47-52).

Já era cobrada da Arquitetura a participação no processo civilizatório do país, que deveria refletir os rumos da modernidade desejada pelo poder instituído. A organização curricular do curso apontaria, também, nessa direção. Em parte da introdução do Decreto 22.897/33, consta:

> Considerando que o plano de estudos instituído pelo Decreto número 19.398, de 11 de abril de 1931, para o ensino da arquitetura exige, para o seu completo

desenvolvimento, maior duração do respectivo curso e uma distribuição mais conveniente das disciplinas;

Considerando ainda a necessidade de se completar a organização do ensino artístico ministrado na Escola Nacional de Belas Artes... e, por outro lado, *atendendo a conveniência de uma intervenção mais direta do Governo na conservação do patrimônio artístico do país nos meio de difusão do seu conhecimento e no apoio e incentivo ao progresso das artes plásticas em nosso meio...* [grifo meu]

O mesmo Decreto de 1933, ainda traz:

Art. 46 – A orientação didática das cadeiras especiais de ambos os cursos da Escola, ao invés da rigidez doutrinária das escolas acadêmicas, deverá, ao contrário, apresentar a elasticidade indispensável ao desenvolvimento da personalidade artística dos alunos.

Parágrafo único – Para satisfazer os objetivos previstos neste artigo, o ensino poderá ser ministrado não só pelos professores catedráticos e pelos livres docentes como também, quando o permitirem as dotações orçamentárias, por professores contratados, que serão incumbidos da regência de cursos paralelos, destinados a atender às preferências artísticas dos alunos.

Os dois trechos destacados deixam clara a importância conferida à Arquitetura nesse momento histórico, ainda que essa postura tenha interesses muito específicos em torno da valorização da arte.

De acordo com a análise de Segawa (1998), o que se tinha naquele momento eram três correntes distintas: o chamado *grupo histórico*, apegado à tradição greco-romana e da Idade Média; o *grupo eclético*, que, como o nome indica, misturava tendências variadas; e o *grupo racionalista*, que adotou a liberdade da forma, sem atender às leis da estética herdadas do passado. Desse estado da arquitetura emergiu o individualismo, sem crítica artística pela ausência de leis estéticas, circunstância que dava maior espaço de atuação aos engenheiros, então melhor organizados como categoria profissional.

Ainda assim, houve o movimento neocolonialista na arquitetura, que envolveu adeptos de várias áreas e que tinha como aporte a busca de uma arquitetura identificadora da nacionalidade, como fator de renovação. Embora o movimento não tivesse alcançado grande consistência, funcionou como marco para a vertente de arquitetura moderna que irrompeu no Rio da década de 30, com o arquiteto Lúcio Costa (falecido em 1998): a *modernidade pragmática*.

O modernismo que se processou na Arquitetura era diferente daquele que se instaurou na Literatura e nas Artes Plásticas, sobretudo por ser marcado pela inexistência das obras modernas construídas (o que foi apresentado na Semana de 22 eram apenas desenhos). O arquiteto russo Warchavnick foi quem começou o diálogo com os remanescentes da Semana de Arte Moderna e iniciou um movimento polêmico em torno de suas realizações. Ele reclamava das dificuldades para conseguir os materiais necessários às construções modernas, o que já era possível em outras partes do mundo.

Nessa época, inúmeros arquitetos se engajaram na discussão proposta por Warchavnic, havendo, inclusive, uma crítica de vertente marxista (de Carlos da Silva Prado, engenheiro-arquiteto que abandonou a profissão pelas artes plásticas), que chamava a atenção pelas preocupações relacionadas à produção industrial em série dos materiais necessários à construção.

De acordo com Freitag (1979), a mudança na economia brasileira para o modelo de substituição de importações iniciou-se em 1930, como reflexo da crise internacional de 1929, e fortaleceu-se com a Segunda Guerra Mundial, quando o setor produtivo tornou-se autossuficiente quanto às necessidades do mercado interno, possibilitando o desenvolvimento da indústria nacional e um momento de euforia nacional-desenvolvimentista.

Nesse cenário, em 1945, por meio do Decreto 7.918, organizou-se, ainda sob o governo de Getúlio Vargas, a Faculdade Nacional de Arquitetura da Universidade do Brasil, que separou os cursos de Arquitetura e Urbanismo, passando este último a ter duração de dois anos e sendo acessível somente a portadores do diploma de arquiteto, que já teriam cursado a faculdade em cinco anos.

No pós-guerra, o cenário modificou-se novamente, tendo em vista que a harmonização entre pressões distributivas das massas, manutenção da lucratividade das empresas e necessidades de acumulação tornavam-se mais difíceis. Assim, desenhava-se uma fragmentação do pacto populista, com uma nova polarização:

> de um lado, os setores populares, representados, até certo ponto, pelo Estado, e por alguns intelectuais de classe média; e de outro, um amálgama heterogêneo

que compreendia grandes parcelas da classe média, da chamada burguesia nacional, do capital estrangeiro monopolista e das antigas oligarquias. (Freitag, 1979, p. 54-5)

Em 1946, foi promulgada uma nova Constituição, na qual se expressava a necessidade de elaborar novas leis e diretrizes para a educação brasileira, uma vez avaliadas como ultrapassadas as vigentes ao longo da era Vargas. As discussões em torno dessa questão levaram mais de dez anos e resultaram na primeira Lei de Diretrizes e Bases da Educação Nacional, a LDB 4.024/61. No caso da Arquitetura, houve uma pequena mudança na estrutura curricular, ainda em 1946 e, em virtude da primeira LDB, o estabelecimento de novo currículo mínimo já em 1962.

Por meio de um parecer sintético e objetivo, o Conselho Federal de Educação, constituído em fevereiro de 1962 em função dos dispositivos contidos na LDB, apresentou as diretrizes para o novo currículo mínimo, permitindo às escolas liberdade no desdobramento desse currículo e em sua organização didático-pedagógica:

> A esse currículo mínimo as escolas poderão acrescentar outras matérias, obrigatórias ou facultativas.
>
> Compete ainda às escolas: dividir as matérias em disciplinas; agrupar disciplinas em cadeiras ou departamentos; organizar o ensino, quanto à duração e sequência dos estudos de cada disciplina, bem como entrosamento; adotar métodos de ensino; determinar os estágios e práticas; aprovar programas e planos de estudos; promover apuração do aproveitamento escolar dos alunos pelos meios que julgar mais adequados.

A formação do arquiteto passou a enfatizar principalmente a composição arquitetônica, observando que o currículo ainda contemplava matérias de caráter cultural, as quais deveriam interpretar a arquitetura "como fenômeno artístico e sociocultural" e deveriam ser entendidas "como meios e não como fins de ensino" – bem como matérias técnico-científicas de aplicação direta, "orientadas em sentido instrumental com vistas à aplicação da prática das Composições e dos Planejamentos".

Diferentemente das mudanças anteriores, esta não apontava

explicitamente para aspectos políticos da importância da arquitetura na conjuntura socioeconômica, provavelmente porque as forças em jogo naquele momento, depois de treze anos de discussões para que fosse promulgada a primeira Lei de Diretrizes e Bases da Educação Nacional, tinham interesses muito específicos, como avalia Romanelli (1997).

De acordo com a autora (1997, p. 171), foi com base nos princípios da Carta Magna de 1946, que "o então Ministro da Educação, Clemente Mariani, constituiu uma comissão de educadores com o fim de estudar e propor um projeto de reforma geral da educação nacional" – ato que possibilitou o reinício das lutas ideológicas em torno da organização do sistema educacional, nas quais as vitórias dos conservadores e antidemocratas foram mais constantes, conferindo-lhes o controle da educação nacional, principalmente:

> através da criação de uma estrutura de ensino baseada em valores próprios desses grupos dominantes, valores, portanto, ligados à velha ordem social aristocrática e oligárquica e presentes na escola de tipo acadêmico, sobretudo no ensino secundário e superior, reconhecidamente voltados para o preparo das profissões liberais, de uma importância muito maior do que os outros ramos do ensino. (Romanelli, 1997, p. 191)

O próprio Conselho Federal de Educação contava com grande representatividade desses grupos sociais dominantes, empresários das escolas particulares e confessionais. Com isso, é possível compreender por que razão tal liberdade estava presente no estabelecimento da estrutura curricular mínima, que possibilitava às faculdades e universidades se organizarem de acordo com seus princípios, objetivos e recursos. Depois desta, nova mudança curricular no curso de arquitetura só veio a ocorrer em 1969, já sob a ditadura militar.

Segundo Warde (1983, p. 64), "o movimento civil militar de 64 significou a ruptura do 'pacto' que manteve ligados burguesia industrial, pequena-burguesia e operariado industrial sob o empenho comum da industrialização". Sob a ideia de unidade, as classes sociais participantes do pacto foram afirmando seus interesses específicos e a burguesia foi formalizando as relações de exploração e dominação, típicas do capitalismo.

Para que se chegasse a essa ruptura, vários fatores se somaram: O suicídio de Vargas – que deu plena configuração ao modelo de desenvolvimento autônomo – marcou a passagem para uma nova orientação da política econômica. O grande volume de capital estrangeiro que entrou no Brasil, sob a forma de investimentos e financiamentos, durante o período de Kubitschek acusa uma reorientação da economia brasileira e o delineamento de um novo modelo ganha forma nítida após 64: o modelo de desenvolvimento associado. (Warde, 1983, p. 67)

Sob o governo Kubitschek, o modelo de desenvolvimento associado significou a entrada massiva de capitais estrangeiros e a ingerência do Estado na economia, marcando a entrada do país no capitalismo monopolista.

Enquanto isso, a modernidade pragmática de Lúcio Costa angariou muitos adeptos e também fez com que a arquitetura começasse a ganhar novo status social. Vários concursos para a construção de edifícios públicos e aeroportos foram realizados, com base nessa corrente. Nesse período, um jovem arquiteto, então assistente de Lúcio Costa, começou a ganhar destaque: Oscar Niemeyer, que, dentre outros importantes projetos, foi responsável pela construção de Brasília ao lado de Lúcio Costa. O Estado era, então, o maior mecenas de uma arquitetura que passou a ser muito comentada no exterior:

Obviamente, o debate ideológico do momento... [respondeu] às contingências políticas e econômicas [que] conduziram a uma aliança implícita de grupos políticos conflitantes, numa coexistência de antagonismos sob as estratégias de desenvolvimento nacional. O nacionalismo era o signo condutor do desenvolvimentismo dos anos de 1950, temperado, todavia, pelo reformismo populista. O presidente Juscelino Kubitschek estabeleceu, em 1956, o Plano de Metas, ou a planificação da política econômica voltada para a dinamização do setor industrial, sintonizada com o sistema capitalista mundial orquestrado pelos Estados Unidos. Brasília está no bojo desse projeto desenvolvimentista e constituiu o marco final dessa vanguarda arquitetônica alimentada por uma política de "conciliações" ideológicas. O marco cronológico final dessa etapa está em 1964, com a implantação da ditadura militar, encerrando a utopia do segundo pósguerra. (Segawa, 1998, p. 114-5)

A afirmação de uma escola arquitetônica brasileira deu-se, portanto, entre 1943 e 1960, tendo sido denominada por intelectuais europeus e norteamericanos como *Brazilian School, First National Style in Modern Arquitecture*, Neobarroco, entre outros. Nessa época, nomes como Lúcio Costa, Oscar Niemeyer, Affonso Eduardo Reidy, irmãos Roberto, Rino Levi, Roberto Burle Marx, Sérgio Bernardes, Oswaldo Bratke, Jorge Moreira, Gregori Warchavnik e outros, tornaram-se familiares nos periódicos e livros estrangeiros especializados em arte, arquitetura e, até mesmo, em tecnologia, recebendo elogios e críticas as mais diversas:

> Oscar Niemeyer defende as extravagâncias da arquitetura brasileira salientando os antecedentes não-industriais do Brasil, o desequilibrado estado da sociedade contraposto às oportunidades para os arquitetos de corajoso *élan*, que abre outro nível de variações naquilo que não obstante permanece um tema central na arquitetura. "Nosso desejo" – disse ao descrever o projeto para o novo e altamente simbólico Museu de Arte em Caracas, Venezuela – "foi desenvolver uma forma compacta que se destaca claramente da paisagem e expressa na pureza de suas linhas as formas da arquitetura, não importa o que pudesse estar acontecendo ao resto das artes"; isto é quase exatamente aquilo que Le Corbusier, na Maison Savoye, erguida em meio a um prado de jardim, pretendera fazer, e fizera. Lúcio Costa, que pode ser descrito como a melhor metade de Niemeyer, não é menos definido e conciso. A forma de Brasília é tão definida como uma máquina, as curvas do plano jogando com os cones e cubos de sua terceira dimensão de um modo tão contemporâneo quanto o carro a que ela se presta, mas simbolizada assim como sua cabeça, com formas geométricas tão velhas quanto o tempo. (Fry, 1982, p. 200)

A crítica de Fry acerca de Brasília corrobora sua argumentação em torno da arquitetura na era da máquina em oposição ao que chama de arquitetura instintiva. Certamente, o Brasil não escapa dessa tendência, visto que Brasília pode ser entendida como marco monumental da entrada do país na era do capitalismo monopolista.

Devido às inovações da Era Industrial, a arquitetura passou a desempenhar outros papéis na infraestrutura social, fundamentalmente ligados à expansão dos setores de serviços públicos e edificações, decorrentes das novas condições de comercialização de produtos, tanto no mercado interno quanto no externo.

Segundo Romanelli (1978), esses empreendimentos eram assumidos por grandes empresas (a maioria delas multinacionais) e pela própria burocracia estatal, que demandavam novos profissionais mais bem qualificados e preparados por meio de níveis mais elevados de escolarização, embora não tenha havido oferta de vagas na proporção da demanda.

A partir da década de 1960, houve um aumento vertiginoso no número de candidatos às escolas superiores, sendo que, entre 1964 e 1968, o número de vagas oferecidas aumentou em 50% contra um aumento de 212% na demanda (FAU/USP, 1974).

Por outro lado, a repercussão internacional da arquitetura moderna brasileira representou, internamente, a legitimação e o reconhecimento social, ainda não experimentados por uma categoria e por uma prática profissional, que, até então, era vista como uma derivação da engenharia, quando não, somente uma atividade artística associada à construção. Claro que esse movimento lançou modismos imitativos, às vezes alcançando resultados agradáveis, outras vezes, sequer toleráveis, segundo a análise de Segawa (1998).

Embora a regulamentação da profissão date de 1933, somente a partir da década de 1940, considerando o crescimento do prestígio da arquitetura como atividade, o ensino da Arquitetura começou a ganhar nitidez, com a proliferação de cursos por todo o país, que foram se separando dos cursos de Engenharia ou de Artes Plásticas, aos quais estavam atrelados, sendo que a profissão atingiu o seu auge, na década de 1960, com Brasília.

Aquela que foi projetada para ser a capital do Brasil marcou um momento da arquitetura brasileira, a partir do qual os arquitetos passaram a peregrinar pelo país, em busca de melhores oportunidades de trabalho. Mas o país também acolheu muitos arquitetos estrangeiros que chegavam atraídos pela vanguarda arquitetônica que se vislumbrava, uma vez que o ambiente europeu de pós-guerra não apresentava as mesmas possibilidades. A vanguarda da arquitetura brasileira residia no Rio de Janeiro, mas boa parte dos estrangeiros instalaram-se em São Paulo, devido ao dinamismo econômico que o Estado apresentava.

Os arquitetos brasileiros foram influenciados por vários eventos sociais, políticos e econômicos que ocorreram no país. Mesmo vivendo momentos de glória e reconhecimento, vários deles faziam sua autocrítica, não apenas voltada para a qualidade estética de seu trabalho, mas também para seu grau de envolvimento com as questões sociais do país. Flávio Motta e Vilanova Artigas, por exemplo, tornaram-se renomados arquitetos e professores, militantes de esquerda, com uma leitura social profunda da realidade, articulada ao trabalho.

Com o governo militar, o currículo do curso sofreu nova alteração em 1969, conforme expresso na Resolução 3, acompanhada do Parecer 384, do Conselho Federal de Educação (relator Celso Kelly), o qual afirma em seu primeiro parágrafo:

> A arquitetura cresce em importância, quer por sua projeção social, quer pela crescente ampliação de seu campo. *E, ao mesmo tempo, investigação do meio, planejamento e filosofia da vida.* É integração das comunidades no desenvolvimento, no bem-estar público. É, coroando esses objetivos, arte na mais alta acepção da palavra: aquela que busca associar a forma, no máximo de pureza, à vida, no máximo de fruição. Representa um dos mais complexos exemplos de criatividade. (grifo meu)

O novo currículo para o ensino de Arquitetura não apenas atualizou a nomenclatura de algumas disciplinas, mas o fez a partir de pressupostos que tornavam claro o que a ideologia vigente esperava da área:

> a casa, o bairro, a cidade, os corredores, as vias de comunicação, a região, o país. Noutro sentido: o prédio, os interiores, os móveis, os objetos, o parque industrial. Tudo exige forma e planejamento. Tudo isso integrará um sistema de vida baseado na unidade, na variedade, na harmonia e nos ritmos.
>
> Somente dentro dessas considerações é que o arquiteto pode compor e projetar (...) a civilização contem-

porânea apresenta *programas específicos* no anseio de que uma nova arquitetura corresponda ao mundo novo que se projeta diante de nós. (Parecer 384/69, itens 5 e 6)

O novo currículo surge num momento histórico específico e de um modo diferenciado dos anteriores. Conforme explicita Warde (1983, p. 71), a implantação do Estado autoritário interfere nas relações entre Estado e sociedade, caracterizando no Brasil o Estado de exceção, o qual pode ser identificado por três fatores fundamentais:

1) o Estado de exceção implica uma autonomia relativa do político em relação ao econômico, de forma a permitir a intervenção do Estado sobre a economia, garantindo a capitalização intensiva;

2) implica também uma autonomia relativa em relação à classe dominante de forma a reorganizá-la política e ideologicamente, tendo em vista a crise que ameaça o poder;

3) o Estado de exceção implica, ainda, uma limitação da autonomia relativa dos aparatos ideológicos de Estado, que passam a ter novas relações – de subordinação – com o aparato repressivo de Estado, a fim de que seja eliminada a presença de "outras" ideologias.

Na verdade, o Estado de exceção brasileiro, às custas da repressão das tensões sociais, possibilitou a reprodução ampliada do capital, reorganizou e consolidou a hegemonia da burguesia dominante, conferindo, para tanto, ênfase à ação de dois aparatos ideológicos: o econômico e o escolar – o primeiro gerando significativas implicações para o segundo.

Warde (1983) ainda ressalta que, à guisa de contenção do processo inflacionário, várias medidas econômicas foram tomadas, trazendo alterações para as relações de trabalho, subordinando o trabalhador, aumentando a produtividade do trabalho e produzindo a pauperização do operariado industrial, ao mesmo tempo em que se dava a elevação da taxa de lucros das grandes empresas, em detrimento das pequenas e médias.

Quanto à escola, as exigências político-ideológicas geraram duas grandes reformas: a universitária, em 1968, e a do ensino de 1º e 2º graus (hoje educação básica), em 1971, indicando que a educação tornava-se bastante importante para o Estado de exceção.[2]

O país já havia instalado, em tempo recorde, o seu parque industrial. O milagre econômico dos anos 1970 patrocinou inúmeras encomendas de projetos a escritórios de arquitetura e empresas de consultoria de engenharia com quadros funcionais formados por arquitetos, cuja formação obedecia à ideologia dominante.

Certamente, desde o incremento do processo de industrialização no Brasil, a arquitetura ganhou relevância no sentido de indicar o status de modernidade do país industrial. As construções do período ilustram o rápido crescimento econômico.

Os anos 1980 não trouxeram a mesma fertilidade quanto à demanda por trabalho, mas a arquitetura não ficou restrita apenas à construção industrial ou à burocracia estatal, firmando-se em espaços públicos como aeroportos, hidrelétricas, metrôs, rodoviárias e escolas, além de um incremento na arquitetura privada e uma preocupação crescente com a habitação popular, que contou com alto grau de envolvimento e militância de inúmeros arquitetos brasileiros.

Por outro lado, essa década começou marcada pela diversidade de posturas frente à questão da arquitetura e, desde então, reacendeu-se o debate em torno da área:

> A questão pós-moderna abriu as sensibilidades e a tolerância com a diversidade de posicionamentos, com a apreensão e compreensão de outras formas de instrumentar o raciocínio do projeto. Fenômenos conhecidos mundialmente aportavam entre os arquitetos brasileiros: a percepção da falência de panaceias arquitetônicas (soluções supostamente válidas para todas as realidades), o maior diálogo com o contexto urbano ou o ambiente natural na implantação dos edifícios, o reconhecimento da história como referência projetual, a revalorização da reciclagem de edifícios como atitude de preservação cultural, a produção do espaço como resultado de uma colaboração entre arquitetos e usuários, bem como uma postura menos hierática, unívoca, determinista e sintética, substituída por uma conduta mais analítica, simbó-

---

2. O trecho do Parecer 384/69 citado acima, que remodela o ensino de Arquitetura é exemplar dos rumos da reforma universitária, durante o governo militar.

lica, admitindo a ambiguidade. Esses valores podem ser percebidos em diversas obras e intentos teóricos, sobretudo a partir da segunda metade dos anos 80, entre arquitetos mais jovens, com suave adesão de profissionais mais antigos. (Segawa, 1998, p. 191)

A análise de Segawa aponta para uma grande revisão do pensamento na arquitetura brasileira, a exemplo do que ocorre em muitas áreas do conhecimento humano na atualidade. E, ao longo das observações históricas acerca da nossa arquitetura, é possível notar que tem havido, de fato, um embate entre o que é considerado arte, a formação humanística e o desenvolvimento da ciência e da técnica.

Esse novo panorama, não só no que se refere à leitura do que Segawa chama de *questão pós-moderna* na arquitetura, mas desenhado pelas inovações tecnológicas e pela *mundialização* do capital confere uma nova centralidade à educação, gerando a necessidade de revisão e reorganização de todo o sistema educacional, permitindo também a revisão dos pressupostos da formação de arquitetos.

O currículo atual vigora desde 1994 e resultou de um amplo debate nacional realizado entre docentes, especialistas, representantes de entidades estudantis e representantes de entidades da categoria profissional, ao longo de 1993 e 1994 – depois de mais de 25 anos nos quais vigorou a estrutura currícular imposta em 1969 – proposto pela Secretaria de Ensino Superior do Ministério da Educação, que reativou as comissões de especialistas de ensino.

O mercado de trabalho complexificou-se bastante ao longo desse período e, hoje, o trabalho do arquiteto envolve não apenas o exercício de todas as atividades referentes a edificações, conjuntos arquitetônicos e monumentos, arquitetura paisagística e de interiores, planejamento físico, local, urbano e regional, mas também atividades como supervisão, orientação técnica, coordenação, planejamento, projetos, especificações, direção ou execução de obras, ensino, assessoria, consultoria, vistoria, perícia e avaliação técnica.

Considerando a amplitude desse espectro e as mudanças ocorridas na *práxis* educacional ao longo de mais de 25 anos, a comissão de especialistas de ensino de Arquitetura e Urbanismo propôs alterações da estrutura curricular em direção à atualização do universo de conhecimentos necessários à formação do arquiteto e urbanista, introduzindo novos conteúdos e atualizando nomenclaturas. Além disso, propôs a utilização de múltiplas formas de apropriação do conhecimento, com o envolvimento do aluno em processos construtivos, verificações laboratoriais, pesquisas bibliográficas, iconográficas e de campo, visitas a obras fundamentais, cidades e conjuntos históricos, cidades e regiões que oferecem soluções inovadoras, estimulando as atividades de pesquisa e extensão, possibilitando o acompanhamento das novas tecnologias construtivas e as novas ferramentas de concepção de projetos.

Apesar da alteração recente, parece estar se instalando uma prática de discussões frequentes acerca da adequação da estrutura curricular, de inserção de novos conhecimentos e conteúdos, até mesmo em função da política educacional adotada no país. Nessa perspectiva, as recentes discussões apontam para o acerto – na avaliação dos envolvidos com a categoria – em relação à Portaria Ministerial 1.770/94.

A partir do novo discurso que se apresenta para a questão da formação profissional, está presente a questão internacionalmente debatida da descrição do perfil desejado do formando, tanto quanto as competências e habilidades requeridas.

Quanto ao perfil descrito, tem-se que:

> O objetivo básico da educação escolarizada é desenvolver o arquiteto e urbanista como um generalista apto a resolver contradições potenciais entre diferentes requerimentos da arquitetura e urbanismo, respondendo às necessidades de abrigo da sociedade e dos indivíduos, quanto a seus aspectos sociais, culturais, ambientais, éticos e estéticos.

> Os arquitetos e urbanistas são profissionais aptos a compreender e traduzir as necessidades de indivíduos, grupos sociais e comunidades, compreendendo-os como agentes preponderantes da construção da cidade e da arquitetura – com relação à concepção e organização do espaço, ao urbanismo, à construção de edifícios, bem como à conservação e valorização do patrimônio construído, proteção do equilíbrio natural e à utilização racional dos recursos disponíveis. Devem levar avante o processo de construção de uma identidade da arquitetura e urbanismo com seu povo, centrado na afirmação da solidariedade e no exercício

da cidadania, e voltado às demandas estruturais da sociedade. (Associação Brasileira de Escolas de Arquitetura – ABEA, 1998)

Em momento algum é enfatizada a arquitetura como arte. O aspecto da racionalidade técnica é ressaltado não só nessa descrição, mas também na descrição das competências e habilidades que devem ser asseguradas pelos campos de conhecimentos de fundamentação e profissionais.

Nessa perspectiva, há que se questionar se se espera que o arquiteto se torne meramente um técnico com informações sobre arte, ou se pode ser um artista, cuja realização de sua obra se alimente da possibilidade de lançar mão de novos materiais e de novas tecnologias desenvolvidas pela ciência.

Seja qual for a escolha, vale atentar para o fato de que tudo isso é produzido tendo em vista não apenas o valor estético ou utilitário da obra, mas aqueles que ocuparão os espaços planejados e produzidos para esse fim, o que dá concretude à obra arquitetônica, que resiste ao tempo e dá o testemunho do homem de cada época.

O arquiteto que deu a forma ao país industrial é convocado a fazê-lo para compor o novo status almejado da modernidade: um país de alta tecnologia e serviços. Como antes, seu trabalho participa da propaganda, da imagem desejada, mas agrega agora a elaboração do projeto urbano que deve elevar a autoestima e resgatar o espírito cívico da população, para que esta se adapte aos novos processos, como revela Arantes (2000).

Do ponto de vista do espaço que sobra para a subjetividade, a perspectiva que se apresenta parece pouco animadora.

Telles (1995), ao analisar o ensino de Arquitetura no Brasil, chama a atenção para uma ruptura importante desse âmbito. Até o século XIX, ele era oferecido por meio das corporações de ofício, o que fazia com que arquitetos e mestres-de-obra tivessem a mesma formação.

A partir do disposto na Constituição de 24, criou-se a Academia de Belas Artes e foram extintas as corporações de ofício, o que excluiu o mestre-de-obras do sistema de formação que se instaurou. Segundo o autor, esse fato teria trazido como consequência o caráter desorganizado da urbanização e das edificações, principalmente nas periferias das grandes cidades que iam se constituindo, onde se viam imitações vulgares de propostas projetuais de alguns arquitetos.

Ocorrências como essa foram possibilitando reformas curriculares que introduziam novas disciplinas, voltadas à preocupação com restauração e preservação, por exemplo.

Em 1968, a Unesco organizou uma reunião para discutir os currículos das escolas de arquitetura, quando foi lançada a proposta de incluir a formação humanística histórica, com o objetivo de sensibilizar arquitetos e urbanistas quanto à importância da conservação do patrimônio monumental e da paisagem.

De lá para cá, o ensino de disciplinas como História da Arte e História da Arquitetura vêm ganhando alguma relevância, em especial nos grandes centros de formação, porque tem sido associado à fundação de institutos de pesquisa que tendem cada vez mais ao estabelecimento do diálogo da Arquitetura com outras áreas do conhecimento.

Por outro lado, tanto quanto uma análise das estruturas curriculares que vigoraram nas escolas de Arquitetura brasileiras possam confirmar a preocupação com a formação humanística, é observável que a ênfase dada ao aspecto artístico, humanístico e técnico varia de escola para escola, dada a política educacional vigente, a força dos fatores econômicos e a própria lógica do mercado de formação superior no país.

Como ocorre noutras áreas de formação, percebe-se uma grande preocupação com a técnica, com o *como fazer*, em detrimento da compreensão conceitual. Noutras palavras, tem prevalecido, senão se acirrado, a dicotomia teoria X *práxis*, com a predominância desta última esvaziada de sentido.

Com o repertório apresentado, torna-se justificável tomar a arquitetura e a trajetória biográfica de arquitetos no processo de qualificação profissional para produzir uma reflexão que coloque em pauta, além dos demais aspectos já elencados, no cruzamento das questões afeitas à subjetividade, a discussão das relações entre arte e ciência (ambas atravessadas pela técnica).

Adorno denuncia a falsidade presente na formação que é oferecida numa estrutura de dominação que aprisiona o indivíduo na alienação imposta pelo trabalho e tanto Adorno quanto Marcuse e Benjamin reconhecem a subordinação da arte à lógica da cultura afirmativa e o quanto esse fato mantém a ilusão da liberdade. Simultânea e contraditoriamente, os autores encontram, na própria negação, o caráter emancipado e emancipador da arte, o que não poderia ser encontrado na formação ou no trabalho. Quanto mais negada, mais a arte denunciaria a impossibilidade da subjetividade livre sob a dominação imposta pelo capital. Como esse caráter emancipador da arte se manifestaria na vida do arquiteto convertido em técnico na sociedade administrada?

II

... a estrutura articulada do tratado não é perceptível do exterior e só se abre pelo interior.

Benjamin

Na busca por um conceito de arquitetura, é comum que se encontre a remissão a Marcus Vitruvius Pollio, autor do livro *De Architectura* – que, acredita-se, tenha sido escrito em torno de 27 a.C. –, no qual estão as ideias mais duradouras acerca dessa arte.

Segundo o autor, cabia ao arquiteto a *arte da construção*, que abrangia desde erguer as cidades fortificadas e os locais de trabalho para uso geral em lugares públicos até as moradias para indivíduos privados; da *feitura de relógios*, entre os quais os relógios de sol e de água, os moinhos de água e hodômetros, até a *construção da maquinaria*, ou dos artifícios destinados à destruição de muralhas fortificadas, como as catapultas. Portanto, era recomendável que o arquiteto tivesse conhecimentos nas áreas de História, Filosofia, Música e Medicina, pois de seu trabalho dependeria o sucesso dessas e de outras áreas.

Na tentativa de encontrar um conceito mais próximo da realidade contemporânea, verifica-se, como avaliam Holanda e Kohlsdorf (1995), que a divisão do trabalho vigente à época de Vitruvius justificaria sua perspectiva, a qual, principalmente após a Revolução Industrial, não mais se sustenta.

Entretanto, as abordagens para definir o campo de atuação da arquitetura são diversas e até mesmo conflitantes. Os autores aqui eleitos optam por colocar a discussão em torno do conceito de arquitetura a partir de sua inserção no atual momento histórico, referindo-o a uma forma de divisão social do trabalho e do conhecimento, que sugere a existência de duas abordagens principais.

Numa delas, o espaço ocupa lugar central como tipo especial de mercadoria, envolvido pelo modo de produção capitalista, implicando, portanto, processos de trabalho (que envolvem matérias-primas, instrumentos, tecnologia relacionada aos sistemas construtivos, elementos de materialização, e organização técnica da força de trabalho) e relações de produção (que abrangem papéis distintos de produtores diretos e indiretos, trabalho intelectual e trabalho braçal, métodos, concepção, comunicação e controle do processo de produção, incluindo os aspectos legais e econômicos relacionados à produção do espaço arquitetônico).

Na outra abordagem, as implicações no uso do espaço remeteriam a uma série de estruturas profundas, ou funções, por trás da aparência dos edifícios. Cada uma delas caracterizaria uma área de reflexão arquitetônica e exigiria um determinado corpo de conhecimentos, envolvendo atributos mórficos do espaço arquitetônico, em seus aspectos bioclimáticos, econômicos e topoceptivos, bem como expectativas humanas, que poderiam ser satisfeitas levando-se em consideração aspectos funcionais, da copresença, emocionais e simbólicos.

Além disso, os autores argumentam que todos os aspectos envolvidos, seja nos atributos mórficos do espaço arquitetônico, seja no atendimento às expectativas humanas, deveriam ser atravessados por dimensões ecológicas, éticas e estéticas.

Em ambas as abordagens, há pouca referência à arquitetura como arte. Mas Passaro & Passaro (1995), a propósito de abordar a articulação entre o novo e o antigo na arquitetura contemporânea, sugerem que, quando da concepção do projeto, a história, as expectativas e a ação criativa agem de forma combinada. Ressaltam, ainda, a importância da elaboração de um pensamento crítico fundado no conhecimento pleno das experiências e formulações anteriores.

A postura recomendada por esses autores advém da base da teoria da arquitetura contemporânea, que surge em meados da década de 1960, quando filósofos, artistas e arquitetos decidem manifestar suas críticas em relação ao movimento moderno.

Os autores ressaltam que a partir dessa atitude da arquitetura contemporânea podem ser identificadas várias fases: a década de 1960 é marcada pelo início da crítica ao movimento moderno, a partir das obras do italiano Aldo Rossi (com o livro *L'Architettura della Cittá*) e do norteamericano Robert Venturi (com a obra *Complexidade e Contradição na Arquitetura*), os quais propõem uma revalorização do passado. A década de 1970 caracteriza-se pela continuidade no desenvolvimento dessas propostas. Os anos 1980 trazem a crítica às propostas de Rossi e Venturi, principalmente, e uma espécie de retomada dos ideais modernos (ainda que de forma moderada) – tendência representada, principalmente por Peter Eisenman. A década de 1990 configura uma espécie de impasse, em que se observa uma predominância de atitudes moderadas em lugar da ousadia.

Passaro & Passaro observam que os principais teóricos da arquitetura contemporânea representam uma tendência às permanências, ainda que com posturas diferentes, classificadas (por Montaner) como Contextualismo (Aldo Rossi), Ecletismo (Robert Venturi) e Nova Abstração Formal (Peter Eisenman). Já no que se refere ao urbanismo, o chamado Grupo de Barcelona tem na comissão de frente Jordi Borja, Manuel Castells e Juan Campreciós, entre outros.

Para além dos grandes nomes que surgem em função do aspecto projetual, interessa particularmente a esta pesquisa a crítica à arquitetura, porque é por meio da crítica que se pode localizar as contradições da área, capazes de iluminar uma análise sobre a relação entre formação e trabalho, com vistas à subjetividade do indivíduo que se autoproduz na cultura que se desenvolve sob o capitalismo.

Nessa direção, o trabalho de Fry (1982), apoiado no conceito de *arquitetura instintiva*, estabelece o contraponto em relação ao que ocorre à arquitetura na era da máquina.

Para Fry (1982, p. 23, 43 e 41), arquitetura instintiva é "uma arte em contraste com a arte cada vez mais cerebral"; é a arte que permite a celebração da vida que busca o ajustamento aos aspectos que a envolvem sem perder "em qualquer ponto, a ligação entre a mão e a mente"; a arte que teria tido "o seu lugar no mundo sempre onde a vida estivesse organizada apenas numa base comunitária, mas teria se atrofiado ao primeiro impacto do industrialismo".

Esse impacto ordenou um novo desenho para as cidades que acompanhassem a sua lógica: produção e reprodução em série, uniformidade, especialização, em contraponto às ideias de comunidade, familiaridade, originalidade, abstração. As texturas, irregularidades e emoções de prazer e deleite foram pasteurizadas por meio das vilas de casas, sedes de indústrias, hospitais, escolas, asilos que aderiram todos ao mesmo formato nomeado pela função de cada edifício, cujo modelo remete sempre ao centro do processo econômico: a indústria.

O industrialismo da máquina, como o denomina Fry, foi se impondo como virtude máxima da ciência objetiva e se apresentando como substituto da arte, da poesia, da religião e da filosofia, por meio da ideia de eficiência que instalaria um processo de despersonalização no tratamento de problemas essencialmente humanos, que passaram a ser encarados como experimentos científicos:

> Os primeiros industriais, no prazer com que exploravam a natureza, não levaram em conta seriamente os seres humanos. Foi um pecado de omissão, se estamos dispostos a ser indulgentes. Mas com o raiar do novo século, à medida que a religião materialista tornava-se arraigada e as crescentes populações ofereciam campos mais vastos para a expansão dos impérios da indústria e do governo, a coisificação do indivíduo assumiu um caráter imperativo, e a noção de pecado desapareceu. Considerar pessoas como material de manipulação para os objetivos das grandes empresas ou grandes governos, ou da guerra total, tornou-se uma virtude. (Fry, 1982, p. 126)

A expansão desses impérios foi sendo auxiliada pelos estímulos da publicidade, amortecendo a consciência à medida que produzia a adaptação ao processo de fragmentação da vida. Era preciso constituir o homem integrado às necessidades da máquina – movimentos, ritmos, adaptação à execução de tarefas parcelizadas – educando seus sentidos. E a publicidade foi utilizando todas as expressões artísticas como estimulantes nessa direção, convertendo-as em entretenimento. No mundo do entretenimento, espera-se como resposta a reprodução em lugar da criação. Não há comunidade no ciclo do espetáculo. Não há contato real; só recepção passiva.

Uma tal ordenação da vida não se restringe a esta ou àquela

camada social, mas afeta a constituição de todos os indivíduos. Resistir a essa ordenação é tarefa hercúlea, pois ela tende a criar sempre novos obstáculos à perspectiva crítica:

> Um dos obstáculos à crítica salutar é a crescente rigidez da vida superinstitucional que tem criado coletivos de pessoas aparentemente inteligentes – muito inteligentes dentro do limite do seu coletivo – que são no entanto incapazes de exercer uma faculdade crítica de qualquer natureza compreensiva ou reconhecer valia. (Fry, 1982, p. 129)

A observação de Fry, feita a partir do que acontece à sociedade por meio da apropriação que a indústria faz da arquitetura, permite inferir que a possibilidade da crítica vai sendo negada na mesma medida em que é substituída pela integração imposta pela *cultura afirmativa* do capitalismo. Nessa circunstância, a vida se torna uma simulação do que poderia ser, uma simulação da inteligência, da criatividade, de si mesma.

O sentido do urbano que se constrói a partir da razão instrumental da indústria é um sentido que mente às suas promessas. Ao contrário da liberdade anunciada, o que se apresenta é a administração de cada detalhe da vida, até que nada escape ao planejamento: "começamos experimentalmente a ver o que fazer com a cidade, pois aquilo que podemos fazer é um reflexo de nosso pensamento, e ainda não estamos livres" (Fry, 1982, p. 133). Sob a administração total repousa o caos que esconde a realidade da vida que se fragmenta:

> Isto é sentido naturalmente na organização da vida urbana cujo estado em todos os países é causa das maiores críticas ao sistema sob o qual vivemos. Nos itens detalhados de sua atividade, na provisão de estradas, água pura, higiene, gás, eletricidade e assim por diante, há um alto nível de realização pormenorizada, mas no total há algo próximo do caos, uma falta de coordenação decorrente do fato de vivermos permanentemente cercados de deslocamento e atrito, um reflexo da fragmentação da vida à qual somos submetidos pela imprensa e quase toda forma de divertimento e educação. (Fry, 1982, p. 132)

Ao descrever como se dá a evolução da cidade industrial, Fry revela que todas as suas estruturas se constituem com função de controle, de administração total – como diria Marcuse – de tal modo que todos os detalhes coincidam com o objetivo do (aparentemente) harmonioso funcionamento do todo.

No entanto, a cidade industrial não é bonita. Não consegue constituir o belo enquanto nega a realização do humano. O que ela constitui é o reflexo mesmo dessa negação, das consequências da elevação do objeto acima de sua referência humana: "A arquitetura é conforme à moda em voga, rude e tosca, com muito concreto aparente (...) mas o efeito total aparenta a construção de cidade para o século XX"(Fry, 1982, p. 132).

Com a industrialização, a arquitetura se afasta da arte e se mecaniza,

> mas o ímpeto criador não se limita à arte, nem a arte surge quando solicitada (...) A arte pode surgir (...) de circunstâncias muito humildes e corriqueiras desde que essas circunstâncias sejam plenamente compreendidas e incorporadas ao esforço criador. (Fry, 1982, p. 212-220).

Nesse aspecto estaria o triunfo do miolo crítico da própria arte – que tem sido, também, impedido de se desenvolver, enquanto a cidade mecanizada se expande.

A análise de Fry se aproxima muito fertilmente da teoria estética adorniana. Adorno (1970, p. 29) denuncia simultaneamente o caráter de mercadoria da arte, como "paródia de aparência estética", tanto quanto o comportamento regressivo perante a arte. Para ele, não há mais experiência – seu cerne foi liquidado pelo capitalismo – sem que seja possível perceber claramente as mediações que conduziram a arte nessa direção, porque ela é enigmática: oculta aquilo que revela por meio da sua linguagem.

Se para Fry o sentido da arquitetura como arte fora perdido diante daquilo que foi provocado pela ciência e pela técnica, para Adorno, ainda que essa análise possa ser verdadeira, é preciso enxergar-lhe outros ângulos, principalmente aqueles pelos quais a própria arte dá o testemunho da vida negada. É assim que a arte renuncia à autoconservação e se apresenta como resistência à barbárie:

> Por muito que a arte tenha sido marcada e intensificada pela alienação universal, aquilo que menos a aliena é o fato de nela tudo ter passado pelo espíri-

to e ter sido humanizado sem violência. (...) Ainda que o espírito nela continue a exercer a dominação, ela liberta-se, na sua objetivação, dos seus fins dominadores. Ao criarem um contínuo que é totalmente espírito as obras estéticas tornam-se aparência do em-si bloqueado, em cuja realidade se realizam e extinguem as intenções do sujeito. (Adorno, 1970, p. 133)

Diante dessa perspectiva, a arte parece conter a fagulha libertadora do humano, uma vez que não assume o compromisso definitivo com a dominação e, portanto, não permite que a violência se perpetue como barbárie.

Adorno (1970, p. 240) explica que a técnica é a substância da linguagem da arte; é o elemento chave para o conhecimento da arte, conduzindo à reflexão "porque resume nela o fato de cada obra de arte ser feita por homens e ser seu produto o respectivo aspecto artístico". A arte reduz a distância entre sujeito e objeto porque seu *outro* lhe é imanente, embora socialmente mediatizada pela linguagem. Assim, o embate entre as forças produtivas e as relações de produção – mediado pela técnica e coagindo em direção à integração capitalista – não se daria na arte.

A arte pode cumprir seu papel porque se faz autônoma. Autonomia que se constrói fundada na livre disposição dos meios pela consciência e que, além de distanciá-la da ciência, denuncia a liberdade negada ao indivíduo pela expressão do sofrimento, que encontra na forma a sua substância e também não permite que se faça a sua teleologia. Nesse sentido, "mais valia desejar que um dia melhor a arte desapareça do que ela esquecer o sofrimento, que é a sua expressão e na qual a forma tem sua substância" (Adorno, 1970, p. 291). Ainda assim, a arte não é libertadora por si só, porque só é válido aquilo que é constituído a partir dela mesma e no lugar histórico em que se encontra:

> O nome estético para o domínio do material, técnica, termo herdado do uso antigo que situava a arte entre as atividades artesanais, é de data recente no seu atual significado. Veicula as características de uma fase em que, por analogia com a ciência, o método surgia como independente do seu conteúdo.(...) Na arte, o limiar entre o artesanato e a técnica não é como na produção material, uma estrita quantificação dos

procedimentos incompatível com o telos qualitativo; também não é a introdução de máquinas, mas antes a preponderância de uma livre disposição dos meios pela consciência, contrariamente ao tradicionalismo, sob cuja capa essa disposição amadureceu. Perante o conteúdo, o aspecto técnico é apenas um entre outros; não há nenhuma obra de arte que seja apenas a totalidade dos seus momentos técnicos. (Adorno, 1970, p. 240)

É por essa razão que, conforme Adorno, a arte não se confunde com a ciência. As categorias de uma divergem das da outra, de modo que a arte não se dobra à análise da ciência e mantém, a qualquer preço, seu protesto obstinado contra o positivismo. Ainda que seja integrada à indústria cultural como esfera do divertimento, a arte sustenta a ambiguidade que a caracteriza pela libertação da forma que codifica a libertação da sociedade. Por essa via, também dá o seu testemunho, como relação social, de negação do princípio de realidade, "protesta contra a *imago* paterna e nesta medida é revolucionária" (Adorno, 1970, p. 285).

As obras de arte "só são espiritualizadas através da reificação", pois "a arte visa a verdade se ela não for imediata". A arte rompe com a dominação assemelhando-se a ela e mantendo a verdade como seu conteúdo para produzir algo diferente da dominação: "a arte é conhecimento mediante a sua relação com a verdade; a própria arte reconhece-a ao fazê-la emergir em si. No entanto, enquanto conhecimento, ela não é nem discursiva nem a sua verdade é o reflexo de um objeto" (Adorno, 1970, p. 308; 12).

Assim, a leitura de Adorno a respeito da arte sugere – com otimismo – aquele que pode ser um caminho para a emancipação do indivíduo. Ao longo de sua obra, ele insiste em argumentar em favor da autorreflexão contra a barbárie e em favor da libertação da subjetividade aprisionada pela alienação. Na teoria estética, em particular, defende que a arte, pela sua capacidade de expressar o sofrimento, reaproxima o sujeito afastado de si mesmo por meio da contemplação: "O instante supremo dessa passagem é o momento supremo da arte; salva a subjetividade, mesmo a estética subjetiva através da sua negação" (Adorno, 1970, p. 300) – porque o sujeito, pela emoção, terá diante de si a expressão da felicidade que lhe é externa, negada, impedida. A arte, então, se apresenta como expressão da felicidade perdida ou do lamento.

Pela sua autonomia, a arte revela ao sujeito o seu impedimento à liberdade; possibilita, portanto, a autorreflexão que pode conduzi-lo a emancipar-se:

> A consciência da verdade das obras de arte reencontra justamente enquanto consciência filosófica a forma aparentemente mais efêmera da reflexão filosófica, o manifesto. É um princípio metodológico segundo o qual são os fenômenos mais recentes que devem lançar luz sobre toda a arte e não o inverso (Adorno, 1970, p. 395).

Assim, por seu caráter de denúncia – quase panfletário – é que é a história mais recente da arte pode interessar à perspectiva da liberdade. Nesse sentido, é que interessa buscar a reflexão filosófica sobre a arquitetura.

Na esteira daqueles que têm se dedicado à crítica à arquitetura, na perspectiva filosófica referenciada pela teoria crítica, encontra-se Otília Arantes. A autora revela que:

> de uns tempos para cá [mais precisamente a partir dos anos 1980] a arquitetura se encontra na berlinda. Num certo sentido extravasou o campo estreito dos especialistas, tornando-se mesmo referência obrigatória na interpretação da cultura contemporânea (Arantes, 1993, p. 19).

É em Adorno e principalmente em Benjamin que Arantes encontra as categorias para a elaboração de suas análises.

No ensaio intitulado *A obra de arte na era de sua reprodutibilidade técnica*, Benjamin (1985), à guisa de realizar uma crítica ao cinema, toma o teatro, a fotografia, a pintura e a arquitetura como contrapontos. No que se refere à arquitetura, sua abordagem mostra-se bastante fértil à análise da cultura contemporânea, tanto quanto à denúncia da pressão que essa cultura exerce sobre o indivíduo.

O autor afirma que, assim como a necessidade de morar sempre existiu, a arquitetura também sempre existiu e, de certo modo, tem determinado a relação das massas com a obra de arte. Por isso, a arquitetura torna-se "o protótipo de uma arte cuja recepção se dá coletivamente, segundo o critério da dispersão" (Arantes, 1993, p.

193), isto é, ao contrário de um conhecedor que busca na obra de arte o recolhimento, as massas procuram nela distração, diversão.

Isto ocorreria porque as edificações permitem duas formas de recepção: por meio do uso e da percepção. A recepção pelo uso, ou recepção tátil, se dá pelo hábito, enquanto a recepção pela percepção, ou recepção ótica, se dá pela contemplação. Na arquitetura, a própria recepção ótica passa pelo hábito. Em outras palavras, as massas que buscam distração podem habituar-se e podem realizar tarefas estando distraídas, o que produz, também, um hábito.

Em texto escrito nos anos 1930, Benjamin (1993) faz uma leitura da arquitetura do Movimento Moderno da década de 1920 e faz a crítica ao cinema – a grande arte nova. Ele argumenta no sentido de demonstrar o quanto a arte tem servido aos interesses da dominação social, não apenas na era industrial, que possibilita a reprodução técnica infinita de fotografias ou de filmes, mas desde a arquitetura, moldando a maneira como o indivíduo percebe a realidade ao seu redor.

Como demonstra Arantes (1993), no momento histórico da análise benjaminiana, a Arquitetura Moderna, antevendo uma nova era de mudanças culturais, fazia planos para uma redenção social por meio da ordenação do espaço habitado (casa/cidade). A proposta estava centrada no esforço em direção à superação da insatisfação crescente do capitalismo desorganizado do entreguerras. Portanto, o Movimento Moderno apresentava-se mais como uma alternativa à revolução – que pode ser resumida na famosa frase de Le Corbusier: "Arquitetura ou Revolução. Podemos evitar a Revolução" – do que como a utopia da redenção social em que todos os intelectuais vanguardistas apostavam.

Muitos intelectuais e artistas investiram nessa possibilidade. Com eles, Benjamin – que, como ressalta Arantes, acreditava que a distração, como sintoma de alienação e num processo de massificação encorajado pelo fascismo e pelo nazismo, contraditoriamente, anunciaria um comportamento voltado à reconstrução histórica, porque, pela distração e pelo hábito, poderia ocorrer uma espécie de liberação para outras atividades, o que indicaria a possibilidade de um uso revolucionário da arte.

Quase profético, Adorno (1970) advertiria que "o riso dos frequentadores de cinema é tudo, menos bom e revolucionário". De fato, os planos do Movimento Moderno resultaram no seu oposto: o formalismo integral das soluções padronizadas pela produção industrial. Esse formalismo talvez explique porque o conceito de arquitetura tomado para a introdução desta seção mostre-se mais atrelado à lógica capitalista do que à arte propriamente dita.

Prova disso é a própria Carta de Atenas – o mais famoso manifesto da Arquitetura Moderna, datado de 1933 – na qual há referências sobre o "vínculo da arquitetura com o sistema econômico geral", onde a "eficiência técnica" ou a "racionalização e estandartização são assumidas como norma, exigindo do consumidor uma revisão de suas demandas, em função do ajuste às novas circunstâncias econômicas" (Arantes, 1993, p. 55).

Dentre os teóricos da chamada Escola de Veneza, à época, Arantes destaca um texto de Manfredo Tafuri, acerca do movimento:

> A Arquitetura, ligada literalmente à realidade produtiva, não só é a primeira a aceitar com rigorosa lucidez as consequências de sua já realizada mercantilização: partindo de seus próprios problemas específicos, a arquitetura moderna em seu conjunto está em condições de elaborar, já antes que os mecanismos e as teorias da economia política facilitem os instrumentos de atuação, um clima ideológico que integra eficazmente o *design* a todos os níveis de intervenção, em um projeto objetivamente destinado a reorganizar a produção, a distribuição e o consumo do capital, na cidade do capital. (Tafuri *apud* Arantes, 1993, p. 56)

Claro está que o movimento artístico de um determinado momento histórico não seria, necessariamente, determinante inexorável do devir, mas a influência é inegável, até (senão principalmente), por ter alcançado exatamente o oposto do que anunciava em suas origens. A análise de Fry já denunciara essa realidade.

Cerca de 50 anos depois do auge do Movimento Moderno, a Bienal de Veneza traz à cena uma Arquitetura que provocou escândalo público, marcada pelo narcisismo dos arquitetos participantes e pelo signo da grandiosidade ao alcance de todos, o que levou Arantes a categorizá-la como "arquitetura simulada". Uma arquitetura que, "saturada de pastiches, faz reclame de si mesma: nela se espelha a contaminação recíproca da imagem e o achatamento radioso da imagem publicitária" (1993, p. 50).

Arantes não somente analisa o caminho trilhado pelos modernos, mas faz uma revisão histórica por meio do pensamento que se produziu de lá para cá, passando pelas propostas de *desconstrução*, *decomposição* e *simulação*, até chegar às propostas de *transformação* e *modificação*.

A leitura crítica do quadro histórico que abriga tais propostas é feita pela autora, novamente no diálogo com Benjamin, a pretexto do conceito que ele expressa como *experiência de choque*.[3] Esse conceito surge em função do que o autor percebe como degradação da *experiência* em *vivência*, a transformação do choque em hábito, em *choque-vivência* repetitivo, que se dá pela filtragem dos choques diários da vida moderna realizada pela consciência de vigília.

Esses choques estariam presentes na agitação, na violência, na rapidez e na diversidade da vida moderna e, seguidamente repetidos, reduzem a experiência à vivência, disciplinando o aparelho perceptivo dos habitantes das grandes cidades, até que o homem moderno *se adapte* ou se acostume aos perigos que o ameaçam (e os banalize), segundo os critérios de uma razão pragmática e funcional, voltada à autopreservação.

O indivíduo metropolitano seria a expressão mais acabada do domínio do capital como estrutura da sociedade, no qual se exprime a total indiferença pela individualidade dos seres e das coisas que ele já não discrimina, apenas aprende a se autopreservar pela desvalorização do mundo objetivo.

Arantes (1993, p. 57) entende que "a arquitetura moderna integra essa estratégia global de neutralização do choque pelo hábito", porque desde a introdução da racionalidade industrial, a inibição e a domesticação dos instintos e das percepções é norma, uma vez que:

> a vivência na metrópole foi obrigando a arquitetura moderna a um esforço continuado de instrumentalização produtiva do choque pela organização funcional da cidade e a abrangência do plano – do talher à cidade –, como dizia Le Corbusier.

A arquitetura do vidro e do aço – uma arquitetura sem *aura*,[4]

---

3. Note-se que, enquanto Adorno argumenta que o capitalismo liquidara a experiência, Benjamin descreve sua degeneração em vivência, com o objetivo de adaptação, de disciplinamento do aparelho perceptivo do indivíduo para moldá-lo de acordo com as necessidades da vida moderna.

4. Aura é um conceito forjado por Benjamin para referir-se a "uma figura singular,

uma arquitetura típica da era da reprodutibilidade técnica – viria para anular espaços interiores e para arrastar o indivíduo à exteriorização e à massificação, como demonstração do esvaziamento recíproco do público e do privado, pela abolição das fronteiras entre ambos.

Graças ao tipo de reprodução ensejado pelo industrialismo, as formas arquitetônicas tornaram-se objeto de consumo, que se ajustam e se harmonizam segundo as leis e ritmos da lógica do consumo de massa. Por isso suas imagens se aproximam tanto das imagens publicitárias, como Fry também observou.

Em contrapartida a esse estado de coisas, os teóricos da arquitetura que pensam o *lugar* afirmam que se deva estimular a proliferação do urbano a partir dele mesmo. Essa proposição mereceria atenção, na avaliação de Arantes (1993, p. 155), que pondera:

> Contra uma paisagem urbana comandada pela lógica do Mesmo, enquadrada por uma civilização internacional dominada pela compulsão programada do consumo: uma arquitetura do lugar. Se for mantida a perspectiva urbana e se não se perder a consciência de que se trata de uma sociedade de massa, talvez se possa escapar simultaneamente à tirania da intimidade e à ideologia comunitária, ou, o que vem a dar no mesmo, à formação de guetos.

Pode-se imaginar que a autora não tenha chegado a essa conclusão sem antes analisar exaustivamente as *teorias do lugar*, revelando seus limites, aporias e contradições, tanto quanto foi capaz de enxergar-lhe a fertilidade.

Ao longo de sua crítica, vai se tornando patente o quanto a lógica mercantil impregna as propostas mais refinadas, quando acena ao indivíduo com a perspectiva do atendimento às suas necessidades de liberdade. Mas a liberdade sequer se permite em aparência na ordenação urbana da cultura fetichizada, e qualquer proposta de alteração do espaço da cidade carrega em si uma teleologia acerca do cidadão que a habite e uma ideologia que, na promessa da transformação, conserva os mesmos grilhões.

Parece que a arquitetura não tem conseguido dar vazão àquilo que fez com que fosse reconhecida, um dia, como arte e, quanto

---

composta de elementos espaciais e temporais: a aparição única de uma coisa distante por mais perto que ela esteja" (1985, p. 170).

mais se fetichiza, mais se aproxima, em aparência, da própria propaganda. Mas já não convence inteiramente, porque o que anuncia repetidamente é apenas a uniformidade de formas ou ousadias sem-sentido, uma vez que são meramente formais.

Benjamin demonstra que a arquitetura se apresenta como distração à percepção ótica, formando o hábito e, desse modo, torna-se instrumento de alienação. Mas, quando no próprio conceito, Holanda e Kohlsdorf apontam, além da vertente do espaço-mercadoria, a abordagem que privilegia as implicações no uso do espaço referidas a estruturas profundas que exigem a reflexão arquitetônica, parece que essa arte não está de todo vencida pelo fetiche, como também defende Adorno.

Ao pensar a arquitetura como um sistema racionalista e idealista que talvez represente melhor a causa do humanismo, devido às próprias relações com a totalidade, Adorno (1973) permite confirmar a percepção de Arantes. Ela denuncia a arquitetura simulada em nome de uma arquitetura do lugar, que negue a simulação em favor da consciência que um olhar incomodado com o que vê, possa descobrir – por baixo das grossas camadas que se sobrepõem à cidade – a aura sufocada. E, quem sabe, o olhar alienado se canse de tanto ver o mesmo e, como que buscando o resgate da aura arquitetônica, não possa também permitir que a autorreflexão vá em busca da subjetividade negada.

Entretanto, parece que essa possibilidade ainda se distancia da realidade atual. Numa reflexão posterior, Arantes (2000) revê sua aposta numa arquitetura do lugar, porque o movimento contemporâneo revela, antes disso, o surgimento da *cidade do pensamento único*.

A autora observa que o que vem sendo chamado de *terceira geração urbanística* não representa senão continuidade da geração anterior: "se há novidade, ela se resume ao 'gerenciamento', como se diz no novo jargão, agora assumidamente empresarial" – em que se propõe a *revitalização* das cidades, para as quais se procura uma melhor resposta à nova fase do capitalismo flexível em que já não predomina mais a indústria, mas o setor terciário (Arantes, 2000, p. 13).

O setor terciário envolve uma ampla gama de atividades relativas ao comércio e à prestação de serviços de naturezas as mais variadas e vem se expandindo de tal modo que exige, ao mesmo tempo que permite, uma revisão no processo da cultura afirmativa. Nessa direção, Arantes (2000, p. 16-7) avalia que:

> O "tudo é cultura" da era que parece ter se inaugurado nos idos de 1960 teria pois se transformado de vez naquilo que venho chamando de *culturalismo de mercado*. De tal forma que a cultura – que nos primórdios da Era Industrial se cristalizara como esfera autônoma dos valores antimercado –, ao tornar-se *imagem*, quer dizer, representação e sua respectiva interpretação (como sabe qualquer gerente de *marketing* numa sociedade do espetáculo), acabou moldando, de um lado, indivíduos (ou coletividades "imaginadas") que se autoidentificam pelo consumo ostensivo de estilos e lealdade a todo tipo de marca; de outro, o sistema altamente concentrado dos provedores desses produtos tão intangíveis quanto fabulosamente lucrativos. Trocado em miúdos, esse o verdadeiro "poder da identidade". Daí a âncora da nova urbanística. E como o planejamento estratégico é antes de tudo um empreendimento de comunicação e promoção, compreende-se que tal âncora identitária recaia de preferência na grande quermesse da chamada animação cultural.

O movimento que a autora analisa é hoje visível a olho nu e se dissemina com a rapidez que marca o momento contemporâneo, visando à produção de consensos, uma vez que a cidade de serviços, em oposição à cidade industrial, é limpa, bonita, ecologicamente correta (com áreas verdes, parques e jardins destinados ao lazer) e com muitas opções culturais (ligadas ao mundo do espetáculo, principalmente). Assim se reforça o uso civilizatório da cidade para fins da nova ordem capitalista que, enquanto gera novas e artificiais necessidades, incentiva a cidadania e exacerba o consumo.

Como Arantes (2000, p. 20) observa, o modelo de cidade que se constitui está muito próximo da "gestão urbana empresarial de matriz americana", já incorporada pela Europa: "seguramente mais um dos efeitos da hegemonia dos Estados Unidos no mundo globalizado", onde as cidades são encaradas como verdadeiras máquinas de produzir riquezas e, por isso mesmo, devem receber manutenção adequada por meio de um planejamento urbano estratégico[5] que privilegie o espetáculo como forma de controle social.

A cidade torna-se um negócio altamente rentável. Torna-se, portanto, mercadoria:

> a cidade-negócio está ancorada numa pseudomercadoria, o solo, um outro nome para a natureza, que aliás não foi produzida pelo homem, muito menos para ser vendida num mercado. A "tese" em questão nada mais é portanto do que uma explicitação da contradição recorrente entre o valor de uso que o lugar representa para os seus habitantes e o valor de troca com que ele se apresenta para aqueles interessados em extrair dele um benefício econômico qualquer, sobretudo na forma de uma renda exclusiva. A forma da cidade é determinada pelas diferentes configurações deste conflito básico e insolúvel. (Arantes, 2000, p. 26)

Ora, a constatação de Arantes remete à discussão, apresentada anteriormente, sobre o movimento contemporâneo do capitalismo, que prescinde, por assim dizer, de uma atualização do conceito de valor. As contradições que estão postas nas relações sociais abrem mão dessa atualização, até porque são escamoteadas pelas estratégias de revitalização do próprio capital.

Hoje, quem faz as cidades são as grandes empresas, auxiliadas pelos arquitetos-urbanistas tornados planejadores estratégicos empreendedores dessa nova visão, sendo que "para entrar neste universo de negócios, a senha mais prestigiosa – a que ponto chegamos! (de sofisticação?) – é a Cultura. Essa é a nova grife do mundo *fashion*, da sociedade afluente dos altos serviços a que todos aspiram". Trata-se, portanto, de uma "apropriação do espaço legitimada pelo *upgrading* cultural" (Arantes, 2000, p. 31). Nesse cenário, o artista emerge como vanguarda da burguesia e o desenho arquitetônico torna-se um dos instrumentos mais aparatosos da dominação social, ao produzir uma espécie de estetização do poder.

Até mesmo o Terceiro Setor, em crescimento assombroso e com a bandeira da ética e da cidadania, hoje empunhada pelo empresa-

---

5. Essa tendência surgiu em Baltimore, nos Estados Unidos, mas ganhou expressão em Barcelona, por ocasião dos preparativos para as Olimpíadas de 1990, coordenadas por Jordi Borja, Manuel Castells e Juan Campreciós, transformados em estrelas mundiais do planejamento urbano estratégico.

riado sob o *slogan* da responsabilidade social, encontra-se, desde sua origem,[6] contaminado por essa lógica, combinando mecenato e orgulho cívico, fazendo multiplicar complexos arquitetônicos, museus e parques temáticos, levando a crer na possibilidade de cumprimento da promessa de melhor qualidade de vida aos habitantes das cidades.

Claro que essa melhor qualidade de vida (se houver) parece longe de estender-se para todos – por trás do novo orgulho cívico se esconde a *estetização do medo* mal disfarçado pelos discursos em torno da segurança nos espaços públicos, ameaçada pelo desemprego, pela precarização do trabalho (tanto quanto pela sua intensificação) e pela crescente violência (atribuída convenientemente aos excluídos de toda espécie).

Esses excluídos são os adversários do novo paradigma para o planejamento estratégico da cidade-empresa da empresa cidadã. O trocadilho não é casual: a cidade torna-se propriedade da empresa que decide quem pode habitá-la dentro dos seus critérios *culturais*, organizando ofensivas que visam *limpar* a cidade de sem-tetos, marreteiros e ambulantes que dificultam a implementação do novo aspecto do caráter civilizatório da cultura afirmativa. E quem encontra argumentos para se opor a isso?

Nessa direção, como que complementando a argumentação de Arantes, Maricato (2000, p. 122) faz uma análise da situação da cidade de São Paulo em relação às novas propostas urbanas, apontando que, de fato, a nova ordem diz respeito a uma parte da cidade.

> Podemos dizer que se trata de ideias fora do lugar porque, pretensamente, a ordem se refere a todos os indivíduos, de acordo com os princípios do modernismo ou da racionalidade burguesa. Mas também podemos dizer que as ideias estão no lugar por isso mesmo: porque elas se aplicam a uma parcela da sociedade reafirmando e reproduzindo desigualdades e privilégios. Para a cidade ilegal não há planos, nem ordem. Aliás ela não é conhecida em suas dimensões e características. Trata-se de um lugar fora das ideias.

Com essa concepção fica claro que a *cultura afirmativa* elege as

---

6. Note-se que as empresas desfrutam de leis de incentivo à cultura que lhes proporcionam incentivos fiscais vantajosos, enquanto aos trabalhadores é apresentada (e até cobrada) a participação no trabalho voluntário e não-remunerado.

cidades – ou uma parcela delas – como lugar privilegiado a partir do qual dissemina uma nova compreensão acerca do processo civilizatório. Para tanto, lança mão da arquitetura como planejamento urbano estratégico, pondo sua peculiaridade como arte, espetáculo para os olhos, a serviço da nova ordem que se constitui. O motor dessas transformações continua sendo o capital que se vale da cultura em perspectiva política para manter a dominação. Assim, vê-se novamente ameaçada a possibilidade de superação da reificação do indivíduo em favor da subjetividade livre. Portanto, uma configuração previsível seria a de que a arquitetura como arte estaria definitivamente liquidada.

Mas, de acordo com Marcuse (1977, p. 20), isso não seria possível. Enfatizando o potencial político da arte, o autor defende sua autonomia perante as relações sociais pela sua capacidade de transcendê-las, revolucionando a experiência, de modo que "a arte cria o mundo em que a subversão da experiência própria da arte se torna possível: o mundo formado pela arte é reconhecido como uma realidade reprimida e distorcida na realidade existente".

Essa ideia deixa claro que Marcuse não abandona a perspectiva que acompanha seu pensamento, a de estabelecer uma vinculação mais estreita entre teoria e *práxis*. Ao reconhecer que a arte lança mão da contemplação, do sentimento e da imaginação, como recursos íntimos do ser humano, para produzir seu caráter revolucionário, Marcuse não se exime de classificar como vulgar a visão que se autodenomina materialista e que não se remete à subjetividade, interpretando-a como noção burguesa. Ele defende que é pela afirmação da interioridade que o indivíduo pode emergir das relações de troca e dos valores de troca da sociedade burguesa. Nesse caso, a subjetividade se constituiria na história íntima do indivíduo, que não corresponde a sua existência social – esta sim marcada pela fetichização.

Nesse caso, as ideias de Marcuse possibilitariam pensar que a cidade-empresa que se constitui sob a égide de uma cultura reificada e afirmativa não consegue superar a capacidade da arte de ser revolucionária ao revelar o caráter reificado e reificante do existente.

À denúncia de Adorno acerca da liquidação da experiência, Marcuse (1977) sugere uma nova dimensão da experiência, com o renascimento da *subjetividade rebelde*, que a arte possibilita pela transcendência da realidade imediata que destrói a objetividade coisificada. Nesse caso, ainda que a arte seja atravessada por características afirmativo-ideológicas, ela permanece como força de resistência, representando a realidade ao mesmo tempo que a denuncia.

Uma vez que a ideologia nem sempre se apresenta como falsa consciência, o potencial da arte se encontra precisamente em sua ideologia, que não pode ser personificada por uma classe em particular, mas articula a humanidade concreta, por meio da sua linguagem, cuja capacidade de permanência constitui a dimensão revolucionária. Se a arte não possibilita a abolição do trabalho, por ser uma força produtiva qualitativamente diferente deste, ela se apresenta como protesto contra a definição da vida como trabalho e contra todas as camadas da realidade social que mantêm tal contradição. Por isso, na arte, a denúncia não se esgota no reconhecimento do mal, mas na promessa de libertação, como qualidade da forma estética.

Entretanto, a arte não pode cumprir sua promessa e a realidade oferece apenas possibilidades. Então, a arte é ilusão – como no conceito tradicional – e é como ilusão mesmo que ela se revela, exibindo seu conteúdo e sua função cognitiva: "A arte não pode mudar o mundo, mas pode contribuir para a mudança de consciência e impulsos de homens e mulheres, que poderiam mudar o mundo" (Marcuse, 1977, p. 39).

Sem esquecer da reflexão de Adorno que aproxima felicidade e sofrimento, Marcuse afirma que "toda utopia baseia-se na memória" e que "toda reificação é um esquecimento". Por isso:

> A arte combate a reificação fazendo falar, cantar e talvez dançar um mundo petrificado. O esquecer os sofrimentos do passado e a felicidade passada torna mais fácil a vida sob um princípio da realidade. A sua vontade é imponente: a própria felicidade está ligada ao sofrimento. Inexoravelmente? O horizonte da história ainda está aberto. Quando a lembrança intervém no combate pela transformação, também se luta por uma revolução que sempre foi reprimida nas revoluções precedentes. (Marcuse, 1977, p. 74)

O pensamento de Adorno não contém idealizações sobre a arte, ainda que busque revelar as contradições e distorções que ela contém, para salvar a possibilidade de libertação da subjetividade. Quanto a Marcuse, se puder ser acusado de qualquer idealização, isso só se fará pelo fato de afirmar e defender o valor político da arte, embora com o mesmo propósito adorniano de salvar a subjetividade aprisionada na cultura afirmativa.

Mantendo o mesmo objetivo, ainda que percorrendo caminhos diversos – o primeiro com o olhar no pensamento crítico; o segundo com o olhar na *práxis* revolucionária – ambos iluminam o caráter emancipador que a arte simultaneamente oculta e revela, mantendo-se como ilusão frente à aparência e ao caráter totalitário do mundo administrado. E parecem apontar que a arte – ainda que integrada pelo mundo administrado em sua cultura afirmativa –, revestida pela técnica como linguagem, explora toda a sua autonomia em favor da humanidade.

A própria história torna lícito afirmar que, em suas rupturas e continuidades, o capital tem produzido o homem adequado à sua manutenção e reprodução, de modo que é válido pressupor que o atual movimento do capital produzirá mudanças no indivíduo contemporâneo.

Se ao longo da história o indivíduo teria construído as condições para se libertar do aprisionamento de sua subjetividade por meio do trabalho alienado e das estratégias do capital encetadas pela cultura afirmativa e ainda não o fez, talvez se possa supor que, ao mesmo tempo em que se anunciam novas formas de manutenção da dominação social, poder-se-ia pensar que novas formas de resistência à dominação também se constituam e o aproximem ainda mais da possibilidade da libertação.

Ainda que a arte de hoje se encontre tão contaminada pela lógica do capital, ela é histórica e reflete o homem de cada tempo, também com suas limitações e possibilidades. O indivíduo que tem se produzido historicamente sob a dominação pode, por meio da sua própria história, tornar conscientes suas limitações e possibilidades em contato com o caráter autônomo da arte, convertendo a fagulha libertadora que reside nessa autonomia em fogo liberador da subjetividade.

PARTE II
FRAGMENTOS

I

Os fatos que os sentidos nos fornecem são pré-formados de modo duplo: pelo caráter histórico do objeto percebido e pelo caráter histórico do órgão perceptivo. Nem um nem outro são meramente naturais, mas enformados pela atividade humana, sendo que o indivíduo se autopercebe, no momento da percepção, como perceptivo e passivo.

Horkheimer

Considerando que a formação e o trabalho se constituem nas relações sociais, apanhá-los por meio da narrativa que o próprio indivíduo faz de sua história de vida possibilita a construção de uma análise mais totalizante, referida ao modo como ele foi formado para relacionar-se com o trabalho, bem como a forma pela qual o trabalho se insere em sua vida.

A biografia trata do particular mergulhado no todo social, possibilitando que se recolha, simultânea e dialeticamente, aspectos da individualidade e da identidade, que se conflitam e se complementam na constituição do homem contemporâneo. Nesse sentido, vale aclarar alguns conceitos com os quais o estudo da história oral de vida se vê envolvido, como memória e identidade.

De acordo com Bosi, é na esteira da memória que se desenrola a biografia, como algo dinâmico que ao mesmo tempo conserva e reelabora o passado. É pela memória que "o passado não só vem à tona das águas presentes, como também, empurra, 'desloca' o presente, ocupando o espaço todo da consciência" (1979, p. 9).

Por outro lado, o trabalho com a história oral de vida inclui o fato de que, em cada faixa etária, o indivíduo vê a vida com enfoques variados: o adulto ativo faz uma distinção entre a vida prática e o passado, com o qual não tem o hábito de ocupar-se longamente por percebê-lo como sonho, fuga, arte, lazer ou contemplação, diferentemente da criança, do adolescente ou do idoso.

Nesse sentido, a história oral de vida pode permitir compreender melhor aspectos do desenvolvimento da consciência, considerando as contradições sociais e a alienação, que se cristalizam na cultura, pela interação de inúmeros elementos, dentre os quais estão os requisitos do mundo do trabalho e a formação. O estudo biográfico, assim, pode servir ao desvelamento daquilo que é encoberto pela própria cultura, sob a égide do capital – o sujeito embrionário.

Bosi (1979) entende que a memória possui uma substância marcada pela força do tempo social. Assim, inúmeros eventos significativos dividem nossa história em períodos e funcionam como uma espécie de rituais de passagem de uma condição a outra: o primeiro dia de aula, o primeiro namorado, o casamento, os filhos, o primeiro emprego, a entrada na universidade. Quando provocamos nossa memória, esses eventos vêm à tona através dos pontos de orientação existentes naquilo que passamos a considerar mais significativo, à luz do próprio tempo presente.

A força daquilo que evoca a lembrança, e mesmo a força da própria evocação, depende do tipo de experiência. Entretanto, todos os eventos sofrem uma espécie de distorção devido à tendência da mente de remodelar toda experiência em categorias que terão o sentido e a utilidade para o presente. Mas não é só isso:

> um desejo de explicação atua sobre o presente e sobre o passado integrando suas experiências nos esquemas pelos quais a pessoa norteia sua vida. O empenho do indivíduo em dar um sentido à sua biografia penetra as lembranças com um 'desejo de explicação'.
> (Bosi, 1979, p. 340)

Esse desejo de explicação percorrerá, certamente, os aspectos mais significativos das relações mais relevantes experienciadas pelo indivíduo. Nesse sentido, a família, a escola e o trabalho representam espaços de relações que provocam a memória de modo especial.

O trabalho e as preocupações ligadas a ele ocupam grande parte da vida, envolvendo, por um lado, o período de adestramento que acaba confundido com o próprio cotidiano do adulto e, por outro, representa sua inserção obrigatória nas relações econômicas e sociais.

"Temos, portanto, que atender a essas duas dimensões do trabalho: sua repercussão no tempo subjetivo do entrevistado e sua realidade objetiva no interior da estrutura capitalista" (Bosi, 1979, p. 390).

Essa dupla dimensão indica aspectos importantes das relações entre vida e trabalho, possibilitando notar os fatores envolvidos no processo de qualificação, pois é inegável que aquilo que exigiu anos de aprendizado e esteve implicado na subsistência, acaba tendo um significado muito importante para as diferentes gerações.

Por outro lado, quando está em pauta a discussão da qualificação para o trabalho, não são apenas os processos da memória que importam, mas também a questão da identidade.

Erikson (1972) discute esse tema, situando-o no contexto da juventude e afirmando que as relações indivíduo/sociedade se nutrem pela identidade que os indivíduos vão estabelecendo entre si, apoiada numa forma de julgamento entre a maneira como percebem a si próprios em comparação com os demais dentre aqueles que, por alguma razão, se tornam importantes para eles.

Segundo o autor, esse processo é, na maioria das vezes, inconsciente – "exceto quando as condições internas e as circunstâncias externas se combinam para agravar uma dolorosa ou eufórica 'consciência de identidade'" (Erikson, 1972, p. 21). Então, tanto o desenvolvimento pessoal quanto a transformação da sociedade encontram-se fortemente imbricados, em seus avanços e crises, interferindo na definição e redefinição um do outro.

Para Erikson, nas relações indivíduo/sociedade há uma peculiaridade que tem se mostrado permanente, de os homens adultos abdicarem de si mesmos em nome de um equilíbrio cultural e de um ideal de perfeição. Tal renúncia mostra seus efeitos na constatação de que cada geração está preparada para engajar-se numa certa quantidade de atitudes consolidadas, ainda que algumas estruturas de caráter se ajustem melhor que outras.

No campo das relações sociais, as diferenças nas estruturas de caráter acabam por definir a existência de três classes: a classe dos especialistas (ou os que *sabem o que estão fazendo*), a dos universalistas (ou os que *sabem o que estão dizendo*) e a dos tecnológica e educacionalmente excluídos de todas as possibilidades por falta de capacidade, de oportunidade ou de ambas. Mas a interação entre as duas primeiras vai determinando as possibilidades de identidade de uma era, e os universalistas preocupam-se e tendem a tornar-se os defensores dos excluídos (Erikson, 1972, p. 35).

Quando se pensa, por exemplo, no acelerado desenvolvimento técnico deste momento histórico e se vê uma massa de homens alienados do seu trabalho e de si mesmos na cultura afirmativa, não se pode imaginar que noutros tempos e noutras realidades culturais o homem tenha sido menos determinado. Por outro lado, a identidade não é o começo e o fim do desenvolvimento humano, mas seu aspecto psicossocial mostra o terreno da existência transitória do indivíduo, enquanto instado a se adaptar socialmente e se identificar com seus *semelhantes*, e vai se relativizando à medida que o indivíduo amadurece:

> a necessidade humana de identidade psicossocial radica-se em nada menos do que a sua evolução sociogenética. Foi dito (por Waddington) que a aceitação da autoridade é o que caracteriza a evolução sociogenética do homem. Eu proporia que a formação da identidade é inseparável dessa evolução visto que somente dentro de um grupo definido pode a autoridade verdadeiramente existir. (Erikson, 1972, p. 40)

Com esse argumento, Erikson afirma a importância do estudo das biografias para a compreensão do ciclo completo da humanidade, o que "permite ao indivíduo transcender a sua identidade – tornar-se mais verdadeiramente individual que nunca e, ao mesmo tempo, situar-se verdadeiramente além de toda a individualidade", o que pode ser garantido por uma ética adulta. Daí a necessidade de a psicanálise e a ciência social estarem unidas para empreenderem o dimensionamento do curso da vida individual no contexto de uma sociedade em permanente mudança.

Através das diferentes fases da vida, o indivíduo faz fluir para as instituições seus critérios de força vital – amor, fé, esperança, determinação, competência, sabedoria –, o que as mantêm vivas bem como ele próprio, que, ao final de seu ciclo de vida, passará por nova crise de identidade na qual reconhecerá "ser o que sobrevive em si mesmo". Cada idade, portanto, tem sua forma própria de alienação – tendencialmente mais vinculada à cultura – e o processo de libertação do indivíduo se dá quando ele se torna capaz de decidir por

> identificar-se com a sua própria identidade do ego e

> quando aprende a aplicar aquilo que é dado àquilo que deve ser feito. Só assim ele pode extrair da coincidência do seu próprio ciclo vital como um particular segmento da história humana a força do ego (para a sua geração e a seguinte). (Erikson, 1972, p. 74)

Por outro lado, ao analisar a formação da identidade, Crochik (1997, p. 56) aponta que

> o indivíduo deve ser considerado também por aquilo que lhe é idêntico, expresso tanto por suas características duradouras, mas não necessariamente imutáveis, quanto pelos predicados da cultura que o identificam: o sexo, a profissão, a classe social.

O autor conclui que essa identificação deveria envolver não somente os predicados sociais que o indivíduo introjeta, mas também as características que são desenvolvidas em sua relação com a cultura e, ainda, manter um certo grau de imprevisibilidade, perante aquilo que se espera dele, em conformidade com os predicados que incorporou por meio da própria cultura.

A identidade vai se constituindo a partir da participação do indivíduo nas relações sociais, mas não está atrelada apenas à ideia de adaptação, que conduz ao sacrifício e à renúncia aos instintos, de que a cultura coercitiva se utiliza para integrar o indivíduo.

Se o medo original do homem de ser destruído pela natureza transformou-se em medo de ser expulso da coletividade por meio dos mecanismos da dominação social, o enfrentamento desse medo tem-se dado pela perpetuação do sacrifício que, se pode ser justificado enquanto momento de diferenciação do indivíduo, torna-se injustificado ao perpetuar-se na forma de renúncia da tomada de consciência de si em prol da adaptação cultural.

Por outro lado, o indivíduo é produto social que se desenvolve historicamente sob o capitalismo, cuja ideologia exige que ele se responsabilize pelos rumos da sua vida – seja ele *proprietário* da força de trabalho ou *proprietário* do capital – integrando-se à perspectiva do progresso social, por meio do trabalho individual e não pela razão.

É dessa forma que a identidade do indivíduo, nessa sociedade, se apresenta de forma falsa. O que representa a propriedade, seja a propriedade do senhor, seja a do servo, é na verdade, o que escraviza a todos, sob o signo da *cultura afirmativa*, que condiciona a formação dessa identidade ao princípio do equivalente:

> do trabalhador não é exigida a razão, mas o trabalho produtivo, do capitalista se exige a multiplicação do lucro. A riqueza do todo aumenta regulamentada pelos contratos sociais. Através da (ir)racionalidade da atuação de cada um, movida pelo apetite individual, a (ir)racionalidade do todo aumenta. (Crochik, 1997, p. 61)

Mas, seria possível, então, resgatar, no indivíduo, a verdadeira identidade? De acordo com Crochik (1997, p. 57), pode-se pensar que sim, porque:

> a identidade individual é dada por elementos visíveis e invisíveis, constantes e imprevisíveis, sociais e individuais, manifestos e ocultos, universais e particulares, permanentes e em mutação. Não considerar os aspectos permanentes, embora não imutáveis, é desconsiderar a memória, a experiência acumulada refletida ou não, ou seja, a mesmidade, algo que o indivíduo reconhece como próprio e particular.

Nessa compreensão já é possível depreender um argumento de defesa à oportunidade que o resgate da história oral de vida traz para a reflexão do indivíduo, que poderá se tornar capaz (se ainda não o fora) de pensar sobre sua própria experiência acumulada, no diálogo com a sua memória, considerada como um fator importante e irrecusável pela cultura ao indivíduo, ainda que esta o pressione em direção à renúncia total de si mesmo.

Acerca da formação da identidade do indivíduo, Crochik (1997, p. 58) ainda complementa:

> Ele não só é estas características, como as possui, são suas propriedades privadas e, é claro, foram produzidas ou adquiridas por doação social: não o sexo, a classe social, a cor da pele, mas as considerações e os papéis sociais atribuídos a ele. Não considerar a possibilidade de mudança, ou aquilo que lhe é oculto, por sua vez, é julgar que o indivíduo seja incapaz de ser outra coisa, além daquilo que se espera dele.

O que é *adquirido por doação social* poderia incluir a profissão, o trabalho, o próprio processo de qualificação, uma vez que esses aspectos participam das relações sociais. Mas esses mesmos aspectos, ainda que a pressão cultural à adaptação seja muito intensa, parecem poder misturar-se àqueles que não são socialmente doados, e que, mesmo assim, participam de uma outra esfera da formação da identidade, seja pelo fator biológico, seja por fatores como caráter, índole e mesmo os desejos a que se deve renunciar em prol do processo civilizatório. Parece que é assim que o indivíduo renuncia à total reificação, mantendo latente algo que lhe possibilitaria conhecer uma subjetividade livre.[1]

Como exposto acima, Erikson aponta para a identidade como necessária ao processo de individuação, não devendo ser tomada como algo rígido, fechado e imutável. Ele reconhece a importância de captar como vai se formando e transformando a identidade, tanto no aspecto histórico-pessoal do indivíduo como na sua dimensão sociocultural, atravessando gerações que vivenciam as mais diversas circunstâncias. Além disso, sugere a possibilidade de o indivíduo experimentar a liberdade a partir do momento em que está constituída a sua identidade do ego e a sua capacidade de discernimento, relacionada à compreensão dos determinantes do seu meio e à possibilidade de atuar nesse meio. Esse desenvolvimento o capacita a reconhecer-se como ser histórico, capaz de transformação social – uma herança importante para as novas gerações.

A argumentação de Crochik não parece necessariamente contrária à de Erikson, mas aponta, de acordo com seu referencial crítico, para o que nega a formação de uma identidade e de um indivíduo livre.

De modo aparentemente mais radical entendem Horkheimer e Adorno (1971), que enfatizam a identidade como componente da pseudoformação do indivíduo, que concorre para a integração, para a adaptação, para a acomodação às normas impostas. Isso a fim de nivelar a consciência psicossocial, fazendo com que a vida passe a ser inteiramente modelada pelo princípio da equivalência e impe-

---

1. Está claro que não é o trabalho que proporciona isso e nem mesmo a formação que conhecemos – Horkheimer e Adorno (1997) apresentam argumentos incontestáveis para essa questão – mas a autorreflexão que o indivíduo possa fazer a partir daquilo que lhe ocupa e coisifica a vida negada (ou não, pois ele pode reconhecer compensações em seu processo de formação e trabalho, em consonância com seu grau de incorporação da cultura). E, nesse sentido, tem-se mais um argumento para que o resgate da história oral de vida possa ser encarado como método para essa autorreflexão.

dindo que o indivíduo seja capaz de perceber a si próprio ou à sua suposta subjetividade. Segundo os dois autores, a identidade pode ser formativa, desde que se faça a crítica ao que a impede e se instale a autorreflexão. Daí a insistência em discutir dialeticamente o conceito, a fim de desvelar o seu lado oculto, mergulhado na cultura, como faz Crochik.

Essa especulação – um *pensamento não-assegurado* , como diria Adorno – se apoia na interpretação acerca do estudo que Horkheimer e Adorno desenvolvem em relação à formação do eu burguês, quando abordam o sacrifício. Para eles, isso teria uma razão de ser, uma dimensão necessária. Contudo, uma vez cumprido seu objetivo, não haveria por que perpetuá-lo e não se reconciliar com a natureza. Isso é que perpetua o sacrifício e forma o eu idêntico. Na identidade se eterniza, então, o sacrifício da subjetividade.

Essa distinção se mostra importante, sobretudo, porque ambos os aspectos podem estar presentes na análise de histórias de vida quanto ao processo de qualificação. Horkheimer, Adorno e Marcuse defendem a necessidade de se fazer a crítica social, para que se possa perceber e resistir àquilo que nega ao homem o reconhecimento de sua própria humanidade. Ao fazer o resgate da qualificação profissional por meio da história oral de vida, possibilita-se ao indivíduo a autorreflexão sobre a construção de sua própria identidade, daquilo que percebe como negado e daquilo que tem sido possível experimentar como humano.

II

> *A atomização não está em progresso* **apenas entre os seres humanos, mas também no indivíduo, entre as esferas de sua vida.**
>
> Adorno

No ensaio *Livros infantis antigos e esquecidos*, Benjamin (1985, p. 235) inicia sua abordagem com as seguintes questões: "Por que você coleciona livros? Alguém já fez essa pergunta a um bibliófilo, para induzi-lo à autorreflexão?". Dois aspectos desta citação são provocadores: o título, que se refere ao *antigo e esquecido*; e o fato de a pergunta ser *indutora da autorreflexão*.

Um estudo que aborda a vida simulada, pela via da formação e do trabalho no capitalismo, pode supor que muito daquilo que define cada indivíduo torne-se, rapidamente, antigo e esquecido pelas pressões que se sofre para a adaptação – a ponto do ensejo para a autorreflexão sobre esses aspectos estar pouco presente em seu cotidiano. Torna-se necessário, ao menos, que se tenha a oportunidade de nomear o que nega a autorreflexão, como afirma Adorno:

> A coisificação de todas as relações entre os indivíduos, que transforma suas características em lubrificante para o andamento macio da maquinaria, a alienação e a auto-alienação universais, reclamam ser chamadas pelo nome. (1983, p. 270)

Por isso, quase que parodiando Benjamin, a pergunta-chave, indutora da autorreflexão que norteou as entrevistas como fonte empírica da pesquisa foi: *Como a arquitetura entrou na sua vida e faz de você o arquiteto (ou a arquiteta) que você é?*

Chegar a essa elaboração exigiu outras indagações: os depoimentos deveriam ser anônimos? As pessoas se sentiriam mais à vontade para narrar suas histórias de vida assim? Como desenvolver a melhor atitude de ouvinte? Como extrair consequências teóricas de narrativas que representam um momento determinado numa interação determinada?

Tais questões foram pano de fundo para uma preocupação mais ampla: o pesquisador torna-se mediador das narrativas e, ao objetivá-las para uma análise conceitual, assume um papel em que é preciso (re)conhecer o outro numa interação dialógica que, se não pode prescindir dos aspectos metodológicos que regem uma produção científica, também não poderia prescindir dos fatores subjetivos que participam dessa interação.

Ao mesmo tempo, a objetivação dos depoimentos dos entrevistados por meio da escrita implica nova consideração sobre o papel mediador do pesquisador, que se torna uma espécie de co-narrador no processo de organização de depoimentos que desvelam experiências sob o olhar do momento em que foram produzidas. Como alerta Benjamin (1985, p. 198-201):

> A experiência que passa de pessoa a pessoa é a fonte a que recorreram todos os narradores. E, entre as narrativas escritas, as melhores são as que menos se distinguem das histórias orais contadas pelos inúmeros narradores anônimos.(...) O narrador é um homem que sabe dar conselhos (...), [o que é] menos responder a uma pergunta que fazer uma sugestão sobre a continuação de uma história que está sendo narrada. (...) O narrador retira da experiência o que ele conta: sua própria experiência ou a relatada pelos outros. E incorpora as coisas à experiência dos seus ouvintes.

O sentido dessas ideias pode ser notado no fato de os entrevistados não solicitarem anonimato. Mais que isso, esteve presente um desejo de que seus depoimentos pudessem ser úteis a outros, desejo que pareceu acompanhado de um certo orgulho de vislumbrar essa possibilidade, ainda que isso se revelasse de modo tímido em todos os casos.

Os entrevistados receberam uma informação genérica sobre o

estudo, que se propõe pensar a formação e o trabalho pelo ângulo do sujeito nas suas interações sociais – com a família, a escola, a profissão, a tecnologia e o lazer – como blocos temáticos que serviram como roteiro para as narrativas e não apenas pelas necessidades impostas pelo mundo do trabalho ou por aquilo que está presente nas teorias sociológicas ou psicológicas que têm servido de base às práticas educacionais. Trata-se de buscar na vida concreta, no que tem sido vivido pelos sujeitos, algo que possa produzir uma interpretação sobre a formação e o trabalho em momentos diferentes (formados nas décadas de 1960 e 1990), buscando novas alternativas para o pensamento educacional, pela via daquilo que tem sido negado – a subjetividade. Essa perspectiva foi bastante bem recebida e, talvez, por causa dela, cada narrador tenha se tornado um *conselheiro*, ainda que esta intenção não seja explicitada.

Por outro lado, se, como afirma Benjamin (1985), a arquitetura é uma arte tão antiga quanto o homem, por meio daqueles que a praticam em qualquer de suas atividades, é possível pensar sobre como o homem tem se constituído ao longo da história e se projetado na criação e organização espacial do seu *habitat*, tanto quanto no desenvolvimento da cultura, no capitalismo.

O autor afirma ainda que "a verdadeira narrativa (...) se assemelha a essas sementes de trigo que durante milhares de anos ficaram fechadas hermeticamente nas câmaras das pirâmides e que conservam até hoje suas forças germinativas" (p. 204). Nesse sentido, o papel mediador do pesquisador assume "uma forma artesanal de comunicação (...) mergulha a coisa na vida do narrador para em seguida retirá-la dele" (p. 205). Assim, cada depoimento deve guardar a possibilidade de múltiplas compreensões, até porque são representativos de um determinado momento.

Mas como considerar esses dados subjetivos em relação a uma historiografia? Segundo o próprio Benjamin (p. 209):

> Podemos ir mais longe e perguntar se a historiografia não representa uma zona de indiferenciação criadora com relação a todas as formas épicas (...). Na base de sua historiografia está o plano da salvação, de origem divina, indevassável em seus desígnios, e com isso desde o início se libertarem do ônus da explicação verificável. Ela [a crônica da narrativa épica]

é substituída pela exegese, que não se preocupa com o encadeamento exato de fatos determinados, mas com a maneira de sua inserção no fluxo insondável das coisas.

É possível pensar que uma narrativa autobiográfica não deixa de ser uma forma épica, na qual o sujeito é o herói de sua própria existência. Nesse sentido, não cabe averiguação das informações ou julgamento dos depoimentos, que registram uma forma de elaboração do passado, de autorreflexão, uma vez que, como afirma Arendt (1992, p. 152):

> Todo pensamento é discursivo e, à medida que acompanha uma sequência de pensamento, poderia ser descrito, por analogia, como "uma linha avançando na direção do infinito", o que corresponde ao modo como usualmente representamos para nós mesmos a natureza sequencial do tempo. Mas, para criar uma tal linha de pensamento, precisamos transformar a *justaposição* na qual as experiências nos são dadas em uma *sucessão* de palavras proferidas sem som – o único meio que podemos usar para pensar –, o que significa que nós não apenas dessensorializamos, mas também desespacializamos a experiência original.

Ainda que dessensorializada e desespacializada, a experiência é retomada, revisitada, objetivada por meio do discurso que permeia a relação desenvolvida pelo sujeito com o passado e o futuro. O momento da entrevista é único. Sua retomada pelos entrevistados traria novas consequências racionalizadoras, as narrativas se veriam destituídas de seu caráter original e a própria interação com o ouvinte-pesquisador seria repensada. Por isso, ainda que se tenha mantido aberta a possibilidade de os narradores reverem suas narrativas, os depoimentos foram feitos uma única vez — o que, de certo modo, remete à ideia da semente que possa germinar como a fagulha libertadora da subjetividade, presente no ato de autorreflexão que o momento da interação sugere:

> A lacuna entre o passado e o futuro só se abre na reflexão, cujo tema é aquilo mesmo que está ausente – ou porque já desapareceu ou porque ainda não apareceu. A reflexão traz essas "regiões" ausentes à presença do espírito; dessa perspectiva, a atividade

de pensar pode ser entendida como uma luta contra o próprio tempo. É apenas porque "ele" pensa, e, portanto, deixa de ser levado pela continuidade da vida cotidiana em um mundo de aparências, que passado e futuro se manifestam como meros entes de tal forma que "ele" pode tomar consciência de um não-mais que o empurra para frente e de um ainda-não que o empurra para trás. (Arendt, 1992, p. 155)

Essa consciência do *não-mais* e do *ainda-não* estão presentes em todas as narrativas e, mais uma vez, fazem dos narradores conselheiros que se encontram revivendo suas experiências, mesmo quando alguém possa desconfiar delas ou de sua validade. Para Adorno (1983, p. 270):

Desintegrou-se a identidade da experiência – a vida articulada e contínua em si mesma – que só a postura do narrador permite. É preciso apenas ter presente a impossibilidade de quem quer que seja, que tenha participado da guerra, a narrasse como antes uma pessoa contava suas aventuras. Com justiça, a impaciência e o ceticismo vão ao encontro da narração que surge como se o narrador dominasse tal experiência.

Se tão forte crítica tem fundamento, ela permite pensar que da possibilidade à concretização da liberdade parece haver ainda um longo caminho. Se permanecem as diferenças e distâncias culturais sobre o planeta, e se a experiência vem se desintegrando em meio à totalidade destruidora, isso ocorre porque também têm se eternizado formas aprisionadoras de trabalho e uma falsa formação. Falsa porque não remete à vida, mas ao trabalho alienando e alienante; porque se presta à autoconservação de um indivíduo fragmentado, impedido de ser pela escravização a sempre renovadas necessidades de trabalho e de consumo. Nesse caso, mesmo se desintegrando, a experiência tem valor, porque aponta para o que resta de humano.

Além disso, a escolha do arquiteto como sujeito da pesquisa inclui a relação entre arte e ciência, visando apreender o quanto uma formação que contenha o componente artístico possibilitaria maior oportunidade de libertação do indivíduo, mesmo que esse componente se reduza diante da importância que se dá à dimensão técnica, sob o capitalismo.

Guiado por essa ideia, este estudo busca compreender de que

modo os elementos da formação moldam o indivíduo para sua função social no mercado de trabalho, e se é possível encontrar as possibilidades de sua libertação quando ele se autorreflete, tendo presente que os limites dessa libertação estão presentes no quanto cada indivíduo se encontra envolvido pela lógica da dominação – o que não é possível medir, mas se permite observar –, revendo sua própria história de vida, por meio de um depoimento, numa relação de troca simbólica pelo diálogo que se estabelece com um outro.

A esse outro não cabe julgamento sobre a vida dos indivíduos, mas a análise teórica guiada por um princípio fundamental: o ato de ouvir. Esse ouvir se pretende qualificado tanto pela teoria que pontua a análise posterior quanto por um conhecimento do campo de atuação do entrevistado.

Não se buscou indivíduos que tivessem uma projeção maior no campo da arquitetura, mas eles também não foram propositadamente evitados, porque esses critérios não seriam válidos para estabelecer a relação entre maior ou menor consciência ou capacidade de autorreflexão. Interessou captar a vida como ela se apresenta, seja na sua face negada, seja naquela que vislumbra a liberdade, conforme cada indivíduo pudesse revelar.

"Um pesado tabu pesa sobre a reflexão: ela se torna o pecado capital contra a pureza objetiva. Com o caráter ilusório da coisa representada também este tabu perde hoje sua força" (Adorno, 1983, p. 271). A crítica de Adorno está voltada para o romance como gênero literário que nega a experiência e a reflexão, como se a vida que este possa representar esteja de antemão negada. Mas, o mesmo pensador já disse algo semelhante sobre as *histórias reais* de que a mídia se apodera como se encerrassem o critério de verdade que legitima a adaptação (e somente ela) exigida pela totalidade.

Nesse caso, as narrativas de nossos entrevistados não guardam outro critério que não o da sua própria experiência, seja ela desintegrada, como afirma Adorno, ou degenerada em mera vivência, como prefere Benjamin. É a experiência possível e a autorreflexão sobre ela, que cada narrativa vai apresentar. Além disso, uma autorreflexão datada, permeada pela dessensorialização e desespacialização de que fala Arendt. Ainda assim, narrativas conselheiras, das quais a interpretação atravessada por conceitos da teoria crítica pode extrair consequências para que se possa pensar a formação e o trabalho, a partir e para além do mundo administrado.

A seguir, são apresentadas as narrativas das histórias de vida[2] de Carlos Alberto Inácio Alexandre, Aldemy Gomes de Oliveira e Yvonne Mautner – representantes da geração de arquitetos formados na década de 1960 –, bem como as de Luciana Bom Duarte, Tatiana Ferreira Damasceno e Marcelo Pucci — representantes da geração formada na década de 1990.

---

2. A ordem de apresentação das narrativas indica apenas a cronologia em que as entrevistas foram concedidas, separadas pelas gerações. Por outro lado, o fato de serem dois homens e uma mulher os representantes da geração 1960, enquanto são duas mulheres e um homem da geração 1990 intenta apontar, ainda que isso deva ser relativizado, dado que a presente pesquisa não se utiliza de critérios de amostragem estatísticos, que a arquitetura era uma profissão exercida predominantemente por homens, o que vem se invertendo nos últimos anos, como pode ser observado nos anuários estatísticos do Ministério da Educação.

Carlos Alberto Inácio Alexandre

"Família, ética e amizade acima de tudo"

O arquiteto e professor Carlos Alexandre nasceu em Lisboa, em 8 de dezembro de 1938. É casado e pai de três filhos. Concedeu esta entrevista na tarde de 10 de novembro de 2000, na sala em que atende os alunos na Faculdade de Arquitetura e Urbanismo da Universidade de São Paulo. Muito querido, foi interrompido algumas vezes ao longo da entrevista para receber o abraço de colegas e alunos que chegavam ao local. Em nenhum momento, porém, perdeu o fio condutor de sua narrativa.

Eu nasci em Portugal, Lisboa, e comecei a ser alfabetizado muito cedo. Havia uma senhora que era diretora de um colégio e havia se aposentado prematuramente, por causa de problemas de saúde, que passava na janela da nossa casa e um dia perguntou à minha mãe: "Mas o que é que esse menino está fazendo aqui? Esse menino precisa ir à escola". Minha mãe respondeu: "Ele foi à escola, bateram nele e ele não quer mais voltar". Então, ela disse que iria me alfabetizar.

Naquela época havia a possibilidade de prestar exame em colégio do Estado a cada seis meses, então eu fiz o curso primário em dois anos, depois prestei exame de admissão e entrei no ginásio com nove anos e meio. Eu era o aluno mais novo do ginásio. Cursei até o terceiro ano lá em Portugal, porque ao fim da guerra, meu pai teve oportunidade de vir para o Brasil para ajudar um primo, o que era para acontecer durante um ano, e acabou durando vinte e cinco anos, de modo que acabamos vindo – eu e minha mãe – também para cá. Eu era filho único. Quando cheguei ao Brasil, com 11 anos e meio, eu não tinha idade para estar no fim do ginásio.

A educação em Portugal é muito humanista e artística. Você aprende cor, todas as técnicas de guache, de aquarela... Eu gostava muito de desenho e, quando cheguei ao Brasil, como não podia ir direto para o ginásio, ficava aprendendo história e geografia do Brasil na biblioteca infantil, onde havia a seção de artes e eu ficava lendo, ouvindo música clássica, etc. Então eu desenvolvi esse tipo de gosto e de atividade, além do que eu sempre gostei de montar e desmontar coisas.

Aqui, eu morava nos Campos Elíseos e me envolvi muito com famílias italianas. Eu não tinha amizade com portugueses, só com italianos e, por coincidência, eu conheci três pessoas que eu pensava que fossem de famílias distintas, mas não eram, eram da mesma família. No mesmo prédio que nós, morava a família Torlai; na Pompeia, conheci uma família Stinge, e uma família Pereira, na Vila Buarque. Na realidade, eram todos Perisciota. Nessa turminha, eu conheci o Nilton Perisciota que estava prestando exame para a Faculdade de Arquitetura. Ele tocava piano, pintava, fazia teatro – o pai dele já era um pintor muito bom, além de arquiteto também. Então, comecei a estudar cenografia e comecei a fazer desenho industrial para a firma do Torlai. Quando entrei na faculdade, eu já fazia desenho industrial. Já tinha tido até projeto roubado...

Para mim, entrar na faculdade de Arquitetura era negócio de vida ou morte. Eu não faria outra coisa. Várias vezes, ao longo da minha vida, eu já me questionei: "Se eu fosse começar de novo, o que eu faria?" – e eu sei que faria exatamente a mesma coisa.

O meu pai era de uma cidadezinha ao norte de Portugal, chamada Castanheira de Pera e a minha mãe, de uma aldeiazinha ao sul, chamada Santa Margarida da Serra. Os dois se conheceram em Lisboa, onde minha mãe estudava e trabalhava na casa do padrinho dela e o meu pai, que começou a trabalhar aos doze anos, era marçano (entregador de mercearia). Acabaram se casando, quando meu pai já era gerente de um restaurante, onde ele começou como contador – ele era muito bom em matemática.

Eu nasci em 38, a guerra começou em 39, e aquele restaurante se tornou um ponto de espionagem da Segunda Guerra Mundial. Os espiões se encontravam todos lá para trocar informações. Assim, meu pai desenvolveu um gosto muito apurado para bebidas e comidas finas, então eu dizia que ele era "um pobre metido a besta", porque ele tinha alfaiate próprio, camisas sob medida, sapatos sob medida, e conservou esses hábitos até morrer. Ele tentava me transmitir isso, procurou me iniciar no bom gosto por vinhos e outras bebidas e ficava muito incomodado quando eu aparecia com cabelo comprido e calça jeans.

Embora eu tivesse sido filho único, nunca fui tratado como tal, porque eu sempre tive colegas de quarto, como se fossem meus irmãos, filhos de amigos do meu pai, que eram do interior e que vinham estudar em São Paulo, principalmente a família Cardoso. Todos os filhos do Professor Cardoso vieram estudar em São Paulo e passaram pela minha casa. Por isso, nunca me senti um filho único.

Além disso, com doze anos, eu tinha a chave de casa, jogava hóquei no Palmeiras (aquela família italiana me levou para o Palmeiras exatamente por causa disso) e voltava à noite de trem. Naquele tempo, não tinha perigo nenhum, de modo que era normal que eu já pudesse ter a chave de casa. Meu pai não era uma pessoa instruída, minha mãe também não. Meu avô materno era. Ele era mestre-escola, era o patriarca do clã dos Inácio, era político, contestador, um republicano. Meu pai tinha o curso primário completo e tinha uma letra maravilhosa. Naquele tempo, o primário era um curso bom. Nunca foi ao ginásio (minha mãe também não), mas escreviam corretamente e meu pai, além disso, era um exímio matemático. Apesar disso, sempre se preocuparam em me dar educação.

Então, eu fiz um ano no colégio do Estado – o Colégio Estadual Presidente Roosevelt (naquele tempo, o melhor colégio de São Paulo) – como ouvinte, porque não tinha idade para frequentar regularmente. Depois, fui para o Liceu Coração de Jesus, onde voltei tudo para trás no ginásio, fiz o científico lá também e depois fui para a faculdade de Arquitetura, porque ou entrava em Arquitetura ou morria, não tinha outra alternativa.

Na época, havia duas escolas de Arquitetura: a FAU/USP e o Mackenzie, que era tão bom quanto a FAU e tinha maior número de vagas: eram 50, contra 30 da FAU. Eu nem pensei em prestar exame no Mackenzie, porque eu achei que se entrasse lá, seria um grande sacrifício para o meu pai pagar. Logo que saí do colegial, prestei a FAU, fui reprovado e entrei numa fossa profunda. Prestei novamente e entrei em terceiro lugar. Depois que já havia entrado, descobri que no ano anterior havia passado em primeiro lugar – tinha sido reprovado por engano...

Os tempos de FAU para mim foram um período maravilhoso, porque estava numa escola que tinha, no total, cento e cinquenta alunos e a gente convivia com todos os artistas famosos da época. Música, teatro, tudo acontecia na FAU. Não havia curso de desenho industrial, não havia curso de artes, então todo mundo que queria se dedicar a alguma atividade artística – cinema, teatro, artes plásticas – acabava fazendo Arquitetura. Por isso havia essa formação muito mais ampla, artística e mais humanista mesmo. Isso me possibilitou atuar em muitas áreas.

Quando eu estava no segundo ano, houve uma reforma curricular e entrou o curso de desenho industrial. O primeiro curso de desenho industrial aconteceu na FAU. Então, eu pude fazer desenho industrial para algumas empresas, criando alguns produtos, e comecei a me dedicar mais a essa área.

Na época, havia um otimismo em relação ao desenho industrial, por causa do desenvolvimento da indústria, e o desenho industrial brasileiro estava se projetando no exterior. O Sérgio Rodrigues havia ganhado prêmio com a *poltrona mole*. Havia ótimos designers aqui. Foi fundada a Associação Brasileira de Desenho Industrial. Assim, eu e mais dois colegas montamos um escritoriozinho que desenhava objetos para algumas firmas – uma das quais era a Senzala, que fabricava brindes, presentes, imagens religiosas etc., tudo em jacarandá – e nós ganhávamos *royalties*: não ganhávamos nada pelo desenho, mas ganhávamos um percentual por peça vendida. De modo que posso dizer que, quando me formei, com os *royalties* dos meus desenhos, eu comprei uma casa! Eu me casei com casa comprada!

Já havia acontecido a Revolução, em 1964, que foi uma coisa que me marcou muito, porque eu tinha uma participação política muito grande no grêmio da FAU. A FAU, embora fosse uma escola pequena, tinha uma representação muito importante: os estudantes controlavam o DCE e a UNE. Nessa época, eu decidi me naturalizar brasileiro, porque achava que, a qualquer momento, eu poderia ser preso e expatriado. Quando me naturalizei, já havia acontecido a Revolução e eu estava debaixo de uma ditadura. Vivi, na minha vida, sob duas ditaduras: a ditadura portuguesa e a ditadura brasileira.

Em 1965, me formei, tive meu primeiro emprego depois de formado, em 1966, na Brastemp. Lá eles estavam procurando um desenhista-projetista e eu me apresentei dizendo que eu não era um desenhista-projetista, eu era um desenhista industrial, um designer. Fui muito pretensioso, crente de que não seria admitido, já que eles estavam procurando um desenhista técnico. Mas eles me disseram que sabiam o que era desenhista industrial, só não sabiam que havia desenhistas industriais no Brasil. Mostraram as linhas de produtos deles e me pediram que eu comentasse. Eu comentei todos os defeitos que eu achava em cada peça e eles me contrataram para que eu montasse o departamento de desenho industrial da empresa!

Em 1967, fui demitido uma semana antes do casamento e fiquei, durante três meses desempregado, vivendo de *royalties* dos meus projetos. Aí fui parar na Volkswagen. Ali, havia quase 80 candidatos para uma vaga de arquiteto. Eu consegui o emprego e só fui saber como, mais tarde: um sujeito da Brastemp conhecia alguém da Volkswagen e disse que se eu aparecesse por lá, me admitisse que não ia se arrepender. Lá eu projetava as oficinas e a visão de desenho industrial me ajudava porque eu criei planos-tipo, desenhei a maioria dos equipamentos das oficinas, padronizei as prateleiras de peças. Muitas coisas que eu fiz para a Volkswagen foram adotadas por outras indústrias.

Eu estava muito bem na Volkswagen, mas sentia uma insatisfação pessoal. Mesmo estando lá, eu mantinha meus projetos de Arquitetura e desenho industrial como autônomo. Mas chegou um momento em que eu senti que se ficasse mais tempo na empresa, eu acabaria me tornando homem-de-um-emprego-só. Meu pai, desde que veio para o Brasil, trabalhou a vida inteira numa firma só, a indústria de fósforos Alves & Reis, da qual aquele primo dele era sócio. O primo teve um enfarto, precisava se recuperar e pediu ao meu pai que viesse ao Brasil e o ajudasse durante um ano. Meu pai aproveitou para pressionar o patrão, que não lhe deu aumento. Então ele veio para o Brasil. Era para ficar um ano, ficou vinte e cinco. Quando eu vim para o Brasil, esse primo, que era solteirão, me prometeu mundos e fundos, queria que eu fosse estudar na Inglaterra... Mas no ano seguinte, teve o segundo enfarto e morreu. Então nós continuamos aqui e meu pai continuou trabalhando na Alves & Reis. Eu tinha uma visão de que a pessoa trabalhava muitos anos na firma, quando completava vinte e cinco anos recebia um relógio de ouro e, uma semana depois, um pontapé. Eu não queria que fosse assim comigo, queria experimentar outras coisas.

Pouco antes de sair da Volkswagen, fui trabalhar para o Isaías

Apolinário, do Grupo Apolinário, no ABC. Eu fiz para eles uma agência – a Arvel – e foi um dos trabalhos que me deu grande prazer, porque eu fui encarregado de procurar e escolher um terreno, comprar o terreno em meu nome, projetar e construir a agência. A Chrysler veio atrás de mim querendo comprar o terreno, que eu havia comprado por Cr$ 15,00 o m², eles ofereciam Cr$ 100,00 e eu não aceitei. O Isaías viu que eu era uma pessoa honesta, de confiança, e me convidou para trabalhar com ele. Aceitei o convite. Saí da Volkswagen e fui.

Meu pai não entendia, ele disse: "Mas você está tão bem na Volkswagen, vai arriscar, vai fazer outra coisa?...". E eu respondi: "O senhor está numa firma de português e, quando completar vinte e cinco anos, vão lhe dar um relógio e uma semana depois um pontapé". Isso, eu falei com o meu pai naquele momento e, efetivamente, aconteceu.

Em 1975, aproximadamente, eu já estava casado, meus pais foram nos visitar e minha mãe insistia com meu pai – "Fala pro filho, fala pro filho... Fala que você foi homenageado na firma". – e ele: "Deixa pra lá". Mas ela contou: "Fizeram uma festa de vinte e cinco anos para o seu pai, deram um relógio de ouro...". E eu: "Agora, só falta o pontapé na bunda". Eu disse isso naquele momento e é a coisa que mais me dói até hoje. Realmente, depois que meu primo morreu, eles foram esvaziando a fábrica, e deixando dois sócios minoritários – um deles, o meu pai. Quando meu pai se aposentou, eles o homenagearam, indenizaram e venderam a fábrica que estava desativada, por uma fábula, para a Fiat Lux. Foi uma maneira de não pagar o meu pai. Três meses depois, meu pai morreu. Essa é uma coisa que me dói muito.

Nessa época em que saí da Volkswagen, eu comecei a fazer mil coisas. Eu tinha um escritório de Arquitetura e desenho industrial, que era muito bem cotado. Tinha uma clientela muito boa, multinacionais, boas obras, bons projetos. Eu tinha uma construtora, a construtora Taba. Eu tinha uma firma de elevadores, a Thor. Eu tinha uma firma de alumínio, que fazia caixilhos. Tinha a Torlai – Comunicação Visual, que tinha a conta da Corning dos Estados Unidos. Eu estava a todo vapor e a minha casa tinha festas que duravam a semana inteira, estava sempre cheia de gente...

Em 1975, me convidaram para dar aulas na FAU e eu acabei aceitando em função de quem havia me convidado. Minha mulher perguntou: "Mas você vai aparecer em casa quando? A que horas você vai dar aula?" – porque eu não tinha mais tempo.

Quando meu pai faleceu, em 1975 também, eu fiz uma reavaliação da minha vida, resolvi acabar com tudo, curtir os meus filhos, curtir a minha família e fiquei só com o escritório de Arquitetura e desenho industrial. Mais tarde, acabei fechando o escritório também, e ficando em casa. Eu tinha quase 40 anos... 37.

Foi o momento certo, porque comecei a curtir muito mais os meus filhos – só que até hoje, eles não saem de casa, não se casam... Isso para mim foi muito bom, mesmo em momentos em que passei aperto, porque o dinheiro andou escasso, por um tempo. Mas eu ganhei muito em tranquilidade e qualidade de vida familiar. O que me aborrecia e me aborrece até hoje, por isso não faço questão nenhuma de ser famoso e reconhecido, era o jogo social: ter que me vestir de certa maneira, ter que me comportar assim ou assado, ter que suportar tal coisa quando não gosto... Eu gosto de beber uísque do melhor, mas também gosto de uma boa cachaça, de sentar no chão, de usar calça rasgada e camisa velha... Me desagradavam muito algumas festinhas de fim de noite e ser obrigado a ter certos envolvimentos que atentavam contra o meu casamento. Eram muitas pressões... Quer queira, quer não, existe esse tipo de coisas... Eu não queria e não quero isso, então eu prezo a minha família, vivo muito bem com a minha família e não preciso me promover às custas de desempenho sexual. Essa é a razão porque, hoje, eu sou um arquiteto acomodado. Dou minhas aulas, faço meus projetos... Me dou o luxo de escolher os meus clientes... Não faço contrato com meus clientes, é na confiança mútua. Se não ficarem contentes, não precisam me pagar, mas também nunca tive calotes. Aliás, para não dizer que nunca tive nenhum, tive um, uma vez, de um advogado, justamente de um advogado...

Eu realmente sempre tive muita coisa para fazer. Entrava muito dinheiro, mas também entrava de um lado e saía do outro, em função de ter que manter uma série de aparências que, no fim, não resultaram em nada e que, na realidade, não tinham nada a ver comigo, porque eu gosto de coisas simples. Eu sou uma pessoa de hábitos simples. Eu gosto de viajar... sou um notívago e gosto de curtir a noite conversando com pessoas que me são agradáveis. Não gosto de fazer isso por obrigação, com pessoas que, às vezes, me são desagradáveis. Num final de noite, a sensação é ainda mais desagradável. É a sensação de que você perdeu a noite à toa.

Eu nunca tive um cliente que não fosse indicado por outro (nem sei se poderia ser diferente), mas houve um momento na minha vida em que corria a fama de que eu era *o bom*, principalmente em desenho industrial e comunicação visual. Quando eu saí da faculdade, o meu pai não tinha um círculo de amizades que pudesse me garantir, que pudesse me colocar no mercado de trabalho. Era preciso fazer tudo na raça.

Em desenho industrial, eu comecei fazendo algumas coisas para o Torlai. Ele tinha alguns amigos que também precisavam que se desenhasse algumas coisas para suas indústrias. Então, ele me indicava: "Olha, tem um rapaz aí que é habilidoso, muito bom estilista", como ele me chamava. E eu pegava os trabalhos: aparelhos eletrodomésticos, televisão...

Na faculdade, eu tinha uns colegas – um deles era judeu – fomos contratados pelo Benjamin Steiner, que era *marchand* e tinha uma indústria de presentes, para desenhar produtos para ele. Paralelamente, apareciam coisas da Kadron, estandes para Ud, Fenit... a gente fazia desenhos de produtos e fazia comunicação visual, também. Fazia cartões de visita, papelaria para a empresa...

Uma ocasião, eu fiz um trabalho de fotografia para o Renato Torlai – que foi meu padrinho de casamento – que foi utilizado para embalagens. Nós fizemos aquilo brincando, mas as embalagens fizeram muito sucesso, inclusive nos Estados Unidos. Isso trouxe novos trabalhos não só em comunicação visual, mas também em projeto de produto, de modo que desenhava produtos para a Corning e eles adoravam. Isso trouxe encomendas do Japão, da França, além dos Estados Unidos. Houve um momento em que a Corning quis nos entregar a conta de publicidade da empresa. Nós não aceitamos, porque achávamos que era preciso umas três Alcântara Machado e umas três DPZ para pegar aquela conta. Mas continuamos fazendo serviços para a Corning. Por isso, era sempre por intermédio de um cliente satisfeito que novos clientes chegavam.

Eu tive um escritório muito grande na Avenida Indianópolis, com sala de reunião, sala de projetos... super bem montado... mas ninguém ia lá. Os clientes queriam falar comigo e eu não queria ser mais um administrador de escritório. Com um escritório daquele tamanho, eu não conseguia mais sentar na prancheta. Quando um cliente ligava, eu dizia: "Vamos fazer uma reunião. Venha aqui...". E ele respondia: "Olha, é mais fácil você vir, porque todo o *sta-*

ff da empresa já está aqui e daí, é só um que se desloca". Então, não havia porque manter o escritório. Por isso, eu fechei aquele e montei um na minha casa. Era tão confortável que, de manhã, eu descia para o escritório; na hora do almoço subia, almoçava tranquilamente, não tinha que me deslocar. O salão de festas virou escritório, quando eu cortei as festas (na verdade, quando eu cortei essas festas, descobri que eu tinha poucos amigos, tinha mesmo muitos convidados).

Com o computador, ficou ainda mais fácil. Quando há algo que eu não possa fazer em casa, terceirizo e tudo bem. Foi uma maneira de acalmar minha vida. Só não deixo de dar aula. Lecionar é uma cachaça, é um vício, que faz você abandonar serviço que remunera para dar atendimentos não-remunerados a alunos com vontade de aprender. A gente chega a cancelar compromissos remunerados para não decepcionar um aluno que precisa de uma atenção. Lecionar, para mim, acabou sendo a grande obra da minha vida. É muito gostoso.

Por volta de 1975, eu estava no auge e me achava o homem-que-sabe-tudo, era pretensioso (aliás, sempre fui), embora fosse paciente, tolerante, atencioso com todas as solicitações, mas eu achava que sabia tudo, que eu realmente era o *top* do conhecimento na minha área. E não havia porque não pensar assim, afinal de contas eu era um sucesso.

Quando eu comecei a dar aula, os alunos me faziam algumas perguntas que, a princípio, eu achava que eram imbecis, mas quando eu ia responder, verificava que elas levantavam dúvidas sobre a minha estrutura pessoal. Eu tinha que me reciclar. Essa foi uma grande vantagem da mudança. Dando aula, eu estou me questionando permanentemente, aprendi que não existe verdade absoluta, porque tudo está em permanente movimento. Talvez por isso eu tenha me apaixonado tanto por lecionar: a todo momento estou me questionando, me refletindo a partir das perguntas (aparentemente) cretinas dos meus alunos, começando tudo de novo. Esse dinamismo do conhecimento me fascina, ser desafiado pela possibilidade constante do conhecimento, pensar novas questões... De resto, é engraçado: as caras se repetem. São sempre as mesmas caras... Você olha um aluno e pensa: "Eu já conheço esse cidadão" – mas não é, ele só tem a mesma cara, o mesmo jeito de algum outro!...

Talvez por isso esse tenha sido o lugar onde eu esteja por mais tempo. Já são quase 30 anos... Eu não pretendia dar aula em nenhum outro lugar, mas lecionei na FAAP (Fundação Armando Álvares Penteado) a partir de 1984 ou 1985 até 1998. E aqui, aceitei as aulas por uma atitude arrogante. Eu dizia para o Alexandre Ventura – que foi quem me convidou – "Não, Alexandre, eu não tenho esse papo acadêmico, eu sou da prática, o meu campo de trabalho é outro, eu faço projeto, não tenho tempo de ficar com elucubrações...". E o Alexandre insistia: "Mas a escola está precisando de alguém que tenha essa prática projetual". E eu: "Ah, não...". E ele: "A escola precisa de você". Esse "a escola precisa de você", claro, mexeu com meu ego e eu aceitei. Aí perguntei: "E quanto é que eu vou ganhar?" E ele: "Isso não vem ao caso, agora. Você já aceitou, que é o que importa. O que você vai ganhar, no começo não é muito, mas depois, sempre pode melhorar...". E eu: "Sim, mas quanto é?" E ele: "Três mil cruzeiros". – "Você está louco! O meu *office-boy* ganha cinco mil". – "Mas não é pelo dinheiro. Você já aceitou...".

É, eu aceitei, mas escondia das pessoas que eu era professor da USP. Eu tinha a impressão de que se as pessoas soubessem que eu estava dando aulas, iam pensar que eu estava "matando cachorro a grito" e iam pechinchar o preço do meu projeto. Tanto que eu não retirava o salário. Eu tinha o talão de cheques e quando passavam cinco, seis meses, eu fazia um cheque e passava para o outro banco, porque eu não queria que ninguém soubesse de nada, nem no banco!... Uma grande bobagem!... Mas, em pouco tempo, essa atividade mudou completamente a minha atitude em relação à vida... Hoje eu ainda faço projetos, mas não vivo correndo. Os meus clientes ainda me indicam para amigos ou conhecidos e costumam dizer: "Olha, tem um cara, mas não sei se ele ainda está trabalhando". Sou eu!... Eu *só* dou aula... Esses dias mesmo, me ligou um amigo: "Olha, um amigo meu está precisando de um arquiteto. Eu falei de você, mas estou ligando porque não sei se você ainda está trabalhando ou se você já está aposentado...". – "Sim, ainda estou trabalhando, mas realmente estou muito sossegado, muito tranquilo...".

Eu ainda trabalho, mas não me violento mais. Esse foi um compromisso que eu assumi comigo mesmo. Embora tudo o que eu fiz, fiz com paixão. Eu nunca entreguei um projeto para ser construído. Eu sempre acompanhei meus projetos até ficar tudo pronto. Mesmo que o projeto possa ser considerado uma porcaria, é uma porcaria assumida por mim. Não posso botar a culpa em mais ninguém. Eu assumo sempre. Aliás, eu sempre tive uma postura, como arquiteto – eu discuto muito isso com meus colegas – de nunca fazer Arquitetura para revista. O meu sucesso nunca foi medido pelo número de publicações, mas se o produto vendia, pelo quanto vendia e se o cliente estava feliz, se estava contente na casa em que ele morava e que eu tinha projetado para ele, se ele continuava meu amigo depois. Essa sempre foi a minha medida e a minha grande recompensa. Eu diria que uns 90% dos meus clientes se tornaram meus amigos e geraram novos clientes. Eu nunca mostrei a casa de um cliente para ninguém, porque eu sempre achei que a casa é uma coisa íntima e que mostrá-la para outros seria invadir a privacidade do dono.

O arquiteto é como um cirurgião plástico. Imagine um cirurgião plástico que está numa festinha, chega para um fulano e diz: "Dá licença, que eu vou mostrar os seios da sua mulher para o Beltrano, que a mulher dele também quer fazer"... A casa é do cidadão! É a intimidade dele, e depois você vai expor a intimidade da casa dele para os outros? Colocar a casa dele numa revista? Principalmente hoje, que a casa é publicada na revista e, na semana seguinte é assaltada!

Eu acho que o arquiteto tem que ter ética. A casa é do cidadão. Se ele quiser mostrar a casa dele, é um direito dele. Eu não tenho o direito de exibir o que é dele para me promover. Hoje, há um código de ética um pouco diferente do meu tempo. Tudo, hoje, é marketing. Para mim, cliente satisfeito ainda é a melhor publicidade.

Nunca fiz casas para satisfazer minha vaidade, mas para satisfazer necessidades das famílias que iam morar nelas. Por isso, sempre fiz uma porção de concessões. Há pessoas que têm determinadas manias. Eu atendo as manias. Uma ocasião, eu fiz uma casa maravilhosa, com lavanderia integrada, e o grande sonho da dona da casa, que era proveniente de uma família humilde, era ter um tanque de azulejos. Era uma senhora que, provavelmente, nunca mais iria lavar roupa, mas quem sou eu para não realizar o sonho dela? Por que eu haveria de dizer "não, imagine se uma obra minha vai ter tanque de cimento revestido de azulejo?" Esse tanque era muito importante para ela, eu via isso nos olhos dela. Então, eu pensei "quem sou eu para dizer isso para ela? Ela vai ter o tanque de azulejo e eu vou com ela escolher o azulejo". E foi azulejo de florzinhas que ela escolheu!...

Se ela foi cabeleireira e quer ter um secador de salão de cabeleireiro no banheiro dela, é um direito dela. É a casa dela. Ela vai viver na casa.

Assim eu tenho agido com casa ou com empresa. Tenho clientes de mais de quinze anos que me ligam e dizem: "Alexandre, eu preciso de um favor seu. Eu comprei uma antena parabólica e preciso que você venha aqui dizer onde eu posso instalar a antena, que eu não quero estragar a sua Arquitetura". De repente, eu estou em casa e chega uma caixa de vinho. Vejo o cartão e ligo para a pessoa: "Ô, Fulano, chegou aqui uma caixa de vinho, mas eu acho que a entrega está errada...". – "Não, é para você mesmo". – "Mas, a troco de quê você está me mandando uma caixa de vinho? Não é meu aniversário". – "Não, não. Eu estava aqui, em casa, curtindo a minha adega e pensava: 'Puxa, o Alexandre é bacana... Olha, que beleza! Ele merece uma caixa de vinho!'". – Esse tipo de reconhecimento, para mim, é muito maior que qualquer publicação em revista. Além do que, todas as casas que se vê em revistas estão vazias, não têm gente. Não sei por que gente não pode aparecer em projeto. Parece que estraga o projeto. Eu faço projeto para gente viver, morar, curtir a família. As pessoas que vão habitar meus edifícios têm todos os defeitos. São feias, são gordas, são gente!... Minha Filosofia de Arquitetura é essa.

Imagine um médico que diga que a operação foi um sucesso, a técnica cirúrgica foi maravilhosa, mas o paciente infelizmente não resistiu. Ou, por outro lado, o paciente resistiu, embora a costura não tenha ficado perfeita, mas o paciente resistiu e está vivendo muito bem, livre do seu problema, graças a Deus!... O que é mais importante? Eu faço Arquitetura para gente, não para revista.

Meus projetos de produto também são projetos para a massa. Eu gosto de fazer produtos de consumo massivo, não objetos de arte para serem colocados em cima de uma mesa, comprados em loja de presentes finos. Eu acho maravilhoso o espremedor de frutas do Philip Stark, mas eu jamais projetaria um espremedor daqueles. Não dá para usar. Você se lambuza todo, tem que segurar e ele escorrega na mesa, etc. É exatamente para tirar fotografia em cima da mesa da cozinha. Não serve para mais nada. Não é o tipo de projeto que me emociona. Me emociona um projeto bem bolado, que funciona bem, que a pessoa compra podendo escolher, mas entre outros escolhe aquele. Essa eleição me agrada. É a minha Filosofia de projeto.

A arte tinha um conceito clássico, histórico, como a atividade que visa proporcionar bem-estar ao espírito, proporcionar sensações agradáveis, enriquecer o universo intelectual. As artes não podiam contemplar o corpo. Elas tinham que ser desvinculadas do corpo, por isso a pintura é para ser apreciada, vista, entra através dos olhos, mas não tem nenhuma outra utilidade prática. A escultura é visual e é tátil. A dança é rítmica, visual e auditiva. A música é auditiva. A literatura e o teatro não têm contato físico, são puramente intelectuais. A Arquitetura era considerada a primeira das artes porque ela contemplava os edifícios onde se desenvolviam as atividades intelectuais. A casa do cidadão não era considerada Arquitetura. A Arquitetura era a arte das artes, porque ela era o cenário que abrigava todas as outras artes.

A partir de um determinado momento, a arte passou a ser entendida como toda a atividade que provoca uma reação no espírito. Uma reação que não precisa, necessariamente, ser boa. Pode ser ruim. Pode provocar riso ou choro ou satisfação ou asco. Por isso aquelas peças teatrais famosas, com gente cuspindo na plateia e coisa do tipo. Bem, tenho minhas dúvidas, mas ainda aceito como arte. Porém, tentou-se ampliar ainda mais o conceito de arte. Atualmente, arte é toda a atividade que provoque uma reação boa ou má no espírito ou não. Então, tudo passa a ser arte. Quando tudo é arte, nada é arte. Você vai a uma exposição, olha tudo aquilo com absoluta indiferença, não sente nenhuma satisfação nem nenhum rancor, fica absolutamente indiferente e o artista pergunta qual foi sua reação; você responde que não sentiu nada e ele diz: "Era isso que eu queria provocar em você". Com isso, há muitos falsos artistas, fabricados, e a arte está perdida.

A verdadeira arte, hoje, é a publicidade. Você se comove com um anúncio de TV. Às vezes você não assiste à programação, mas assiste ao comercial. Quando passava aquele comercial dos mamíferos da Parmalat, todo mundo corria para a sala para ver a menininha dizer "Tomou". Aquilo causava enlevo nas pessoas. Então, a arte de hoje está nas revistas, está na televisão e não está nos museus.

Por isso, penso que o bom desenho industrial é aquele que está na loja, que é comprado e usado. Não é o objeto que a pessoa nem sabe para que serve, nunca vai usar, mas compra por causa do autor. Você compra a mesma camisa que, se tiver a grife costurada, vai custar muito mais.

A gente vive num mundo em que há pessoas de elite que vão

comprar roupa em fábricas e mandam bordar a grife, porque não confiam no próprio gosto, não vão se sentir importantes, precisam da grife para que os outros percebam que elas são importantes porque "podem comprá-las". Isso é falso. É um engodo.

Muitos artistas plásticos, hoje, nem são bons. São fabricados por banqueiros, que fazem disso um investimento, também falso.

Por outro lado, a gente vive num mundo tecnológico. Eu sou um fanático por tecnologia. Mas a arte está sempre atrasada em relação à tecnologia. O artista não consegue captar a essência da tecnologia, mesmo porque é o outro lado do cérebro funcionando. O artista, então, corre atrás do aspecto formal da tecnologia: ele tritura um circuito impresso para fazer uma *instalação* e acha que, com isso, está incorporando tecnologia à arte. Não é verdade. Incorporar a tecnologia à arte é, por exemplo, em vez de pintar na tela, pintar a laser no espaço, em vez de ter um suporte em papel, ter um suporte virtual.

No campo específico do desenho industrial, é preciso acompanhar as tendências tecnológicas. Nisso, eu me policio muito. Se eu sou chamado para projetar um aparelho de televisão, por exemplo, eu não posso fazer nada do que já está aí, que já está morto, está obsoleto. Eu tenho que perceber, observar o que está acontecendo noutras áreas, para projetar um aparelho de televisão que seja compatível com o que está por vir, não com o que já passou. Eu exercito isso, porque no desenho industrial isso acontece.

Na construção, existe muita rejeição à inovação tecnológica. Não na Arquitetura – que é o projeto da construção. Na construção, a inovação tecnológica implica, necessariamente, redução da mão-de-obra, portanto, desemprego. A construção civil emprega a mão-de-obra menos qualificada, o que gera um desperdício violento. Os operários são desqualificados e não são treinados, porque se forem treinados se tornarão mais eficientes e gerarão desemprego para outros, que não terão trabalho. Tudo isso justifica uma grande resistência à inovação tecnológica que só é absorvida quando é impossível de ser negada. Esse retardo no emprego da tecnologia na construção civil se reflete, também, na Arquitetura.

Nos Estados Unidos, as casas são de compensado, a aparência é de uma construção sólida, perfeita, mas as paredes têm cinco centímetros de espessura, cobertas com uma placa moldada que imita azulejo. Satisfazem perfeitamente todas as necessidades de espaço e ambiência, mas a ideia nos repugna, porque temos a tradição arraigada da casa como bem de família, patrimônio, que tem que ser uma propriedade sólida. Se trouxéssemos essa tecnologia para o Brasil, sem dúvida, construiríamos casas muito mais rapidamente e com menores custos. Mas há uma rejeição por parte da população. Isso é cultural. E para mudar um hábito cultural demora gerações. Se a gente pensar que para passar dos canos de metal para os tubos galvanizados, levou quase 30 anos, imagine quanto tempo levará para passar da parede sólida, de tijolos, para a parede sólida de compensado. Se do tijolo para o bloco já há rejeição: tem gente que nem aceita os blocos de cimento no lugar dos tijolos!

Há vinte anos atrás me perguntaram como seria a casa do ano 2000 e eu disse: "Exatamente como é agora. Vamos ter coisas novas e coisas velhas. Você vai, provavelmente, morar na casa dos seus pais". O ano 2000 chegou e as casas continuam do mesmo jeito. As pessoas continuam querendo telhadinhos de duas águas, porque querem se apegar a alguma coisa que seja sempre um marco, uma referência.

A tecnologia, noutras áreas, principalmente na área de informação, está tão avançada e muda tão rapidamente, que você não tem onde se segurar, então você procura algum elemento tradicional. Esse elemento tradicional é a sua casa. A sensação é: "aqui eu estou abrigado, aqui eu estou ancorado". Por isso a Arquitetura evolui muito lentamente, principalmente no aspecto tecnológico.

As construtoras e incorporadoras, que constroem os prédios e vendem, já usam algumas técnicas mais apuradas – paredes painel, blocos hidráulicos completos... para reduzir os custos de construção (embora nunca os preços de venda). Mas quem quer construir sua casa, a casa dos seus sonhos, ainda quer materiais e técnicas tradicionais.

Na minha vida, eu sou um otimista por natureza. Eu sempre acho que as coisas vão ser melhores do que são, o que acaba acontecendo na realidade. Quando eu começo uma nova empreitada, nunca penso que alguma coisa possa dar errado, sempre acho que tudo vai correr como deve, como tem que ser. Sempre acho que tudo vai correr do jeitinho que eu planejei. Aí as coisas vão acontecendo e quando alguma coisa parece não estar funcionando é "um leão por dia", e "um leão por dia" a gente mata facilmente. Para mim os resultados são sempre satisfatórios, mesmo quando não são exatamente aquilo que eu tinha planejado.

Meus sonhos sempre foram modestos e eu sempre realizei

todos. Os sonhos que eu não realizei, foi porque eu desisti deles, achei que não iam me levar para onde eu queria. Então às vezes eu penso: "Eu poderia ter sido um compositor bem sucedido". Mas eu decidi não ser. "Eu poderia ter sido um escritor bem sucedido". Mas eu decidi ser arquiteto. Eu me considero um bom professor e me sinto satisfeito com o tipo de professor que eu sou. Em Arquitetura, eu poderia ser um arquiteto famoso, mas eu não ia aguentar o peso da fama. Eu tive os indícios de que eu poderia chegar lá. Eu decidi não ser um arquiteto famoso. Então, não tenho frustrações. Eu poderia ser mais alto, mas estou satisfeito com a minha estatura. Eu poderia ser mais esbelto, mas me sinto bem com a minha gordura. Não sei se isso é atitude conformista, mas eu acho que não. Se eu quisesse, poderia ter emagrecido, mas me sinto tão bem assim...

Na minha carreira profissional, também tem sido assim, não cheguei mais longe no caminho que estava seguindo, porque decidi mudar de rumo, experimentar outras coisas. Quando eu interrompo uma coisa, sei que quando eu quiser voltar a ela, posso voltar: eu queria ser escritor... Agora, não dá... Ah, mas quando eu puder e quiser, eu posso voltar a isso, posso tentar, posso trilhar esse caminho novamente...

Honestamente, eu não tenho frustrações na vida. Para mim, a coisa mais importante da vida é o relacionamento familiar. Eu me sinto vitorioso como pai, como chefe de família, pelos filhos que eu consegui criar, que eu consegui educar, pelas personalidades dos meus filhos, como eles são quistos nos meios que frequentam, como é o nosso relacionamento em casa. Eu não vejo meus filhos se queixarem de que o pai foi castrador ou que o pai boicotou alguma coisa... sei lá... Quando eu brinco que quero que eles saiam de casa, eles dizem "O quê?... Eu só vou fazer um puxadinho aqui. Estou bem aqui... Eu fico aqui...". Às vezes, me preocupo, penso que exagerei, porque eu gostaria de ter netos e nenhum deles ainda se dispôs a me dar netos. Talvez isso seja uma frustração... por enquanto.

Outra coisa que eu acho importantíssima na vida é a minha honestidade profissional. Se há uma coisa que eu não admito que questionem em nenhum momento é a minha correção profissional. A ética, para mim, é tudo.

Eu entrei na faculdade numa época em que havia um código de ética do CREA, em que arquiteto não podia fazer propaganda, assim como médico, advogado. Hoje em dia, tudo é propaganda. Para mim, ainda vale aquele código de ética.

Outra coisa importante são os amigos. Tenho muitos bons amigos. Não "encho o saco" dos meus amigos para pedir favores. Amizade não depende de favor...

Mas tenho planos. Há coisas que ainda espero realizar: montar cursos, fazer novos projetos. Uma coisa que me preocupa é ficar aposentado na verdadeira acepção da palavra. Meu pai se aposentou e morreu. Eu gostaria de morrer trabalhando.

É interessante... Isso não é uma entrevista que eu daria para outra pessoa... Estou conversando com a Rose e a Rose é uma amiga muito cara... Então, de certa forma... isso é muito comovente... Estou falando muitas coisas para você, mas estou relembrando muitas outras coisas que... me são gratas... E a minha comoção não é uma comoção de tristeza, ao contrário, é de alegria, de satisfação, de realização.

Por volta dos 40 anos, tive que questionar minha vida. Eu tinha enxaquecas, dores de cabeça terríveis e avaliava que já tinha passado mais da metade da minha vida e eu não havia realizado muitas coisas, porque tinha me casado, tido filhos... Mas, aprofundando esse exame, eu percebi que se eu não tivesse constituído família, eu não teria chegado onde estou, não teria nada do que tenho (não teria porque ter) e, finalmente, concluí que realizei muita coisa, sim. E passei a olhar para frente. A partir daí, uma das coisas mais agradáveis é nunca saber o que vai acontecer no dia seguinte. Causa sempre um certo... tesão não saber o que vai acontecer no dia seguinte. Essa entrevista me fez lembrar essas coisas, então...

*um olhar profundo, comovido e um
sorriso largo de satisfação...*

Aldemy Gomes de Oliveira

"Reflexão exige distanciamento crítico"

O pernambucano Aldemy nasceu em Palmares, em 13 de abril de 1936. Arquiteto e professor, é casado e pai de três filhos. Concedeu esta entrevista em sua residência, em 6 de dezembro de 2000, deixando de lado outros compromissos para oferecer um depoimento que procurou carregar de força e profundidade.

Minha formação, no nível do ginásio, se deu num colégio evangélico, no interior do estado de Pernambuco. Esse colégio tinha como meta desenvolver o curso ginasial e colegial, além do trabalho de pregação do Evangelho. O colégio era originário dos Estados Unidos e tinha direção dos próprios americanos. Por isso, nós recebemos, nessa formação, toda uma influência da cultura americana da época – entre 1952 e 56 – se não me engano... Já faz tanto tempo, não é?...

Isso, de uma certa forma, marcou muito a minha vida. Primeiro por aprender a cultura americana, através da convivência com as famílias dos americanos, o que era muito natural acontecer; depois pelo contato com as questões morais típicas da estrutura familiar tradicional e, também, pela questão ética diante da vida. Eles tinham uma grande preocupação nesse sentido.

Nesse colégio existia uma coisa muito interessante: nós tínhamos acesso a uma biblioteca que, para o período, praticamente não existia noutro lugar no estado de Pernambuco. Era uma biblioteca muito variada, com formação humanística e informação técnica bastante variada para a época. De modo que nós tínhamos contato com essa biblioteca.

Por outro lado, havia os clubes de inglês para aprendizagem da linguagem americana, além de um clube de formação pós-curricular que se destinava às discussões sobre alguns elementos históricos, alguns seres importantes daquele período – tanto figuras brasileiras, quanto figuras estrangeiras: americanas, europeias... Nós também aprendíamos Latim, Francês, Espanhol, noções de Grego e Filosofia – pelo menos História da Filosofia. Essa era a visão que nós tínhamos.

Nós éramos a típica família nordestina: dez irmãos. Eu era o quarto na constelação. Tivemos duas gerações. Eu era da primeira geração. A segunda geração já teve uma formação diferente, inclusive em termos de decisões. Os quatro primeiros; não, os três primeiros – um, nós não podemos contar porque era doente (ele tinha problemas mentais) – então os três outros podiam decidir a respeito da vida, de tomar seus próprios caminhos. Nossos pais não tinham condições financeiras para nos cobrir, então diziam: "Filho, vai e cuida da tua vida", com o apoio sentimental típico de uma família nordestina de classe média do interior.

Meus pais se deslocaram do interior de Pernambuco para o interior do Estado do Rio de Janeiro, de uma vivência de cana-de-açúcar para uma outra vivência de cana-de-açúcar, de uma área isolada da capital para ficar próximos de uma grande cidade que é a cidade de Campos dos Goytacazes. Então, a influência da família para esses três filhos mais velhos foi mais de relacionamento afetivo, porque as decisões da vida eram tomadas e assumidas por cada um, independentemente, com rumo de vida próprio. Assim, um se tornou técnico em agronomia, ligado ao poder público, ao Ministério da Agricultura; outro enveredou pela Engenharia civil, voltado à construção de plataformas marítimas na Petrobras; e eu escolhi a área da Arquitetura.

Na minha época de garoto, se falava de Engenharia e de Arquitetura como se fossem a mesma coisa. Aliás, falava-se mais do engenheiro civil do que do arquiteto.

Ao chegar no Recife, nós pudemos começar a entender que havia diferenças, porque o arquiteto tinha uma visão mais humanista da sociedade (já naquela época, se falava disso), era mais preocupado com o espaço onde as pessoas desenvolvem suas atividades e com aquele quê de artista. Era um artista. Era aquele que criava as coisas artisticamente, diferentemente do engenheiro que tem que se preocupar em manter as construções de pé.

Na época, portanto, em termos de Brasil, a Arquitetura era um campo ainda muito pouco explorado. Podemos até falar de alguns baluartes da Arquitetura brasileira, como Oscar Niemeyer e Lúcio Costa que, quando estávamos em Recife, eram bem distantes da gente. No Rio não. No Rio, eram pessoas da nossa convivência.

Então, com aquela formação básica, nós fomos para o Recife, com a idade de 16 anos mais ou menos, no último ano do colegial. Lá chegamos num período de reboliço – meados da década de 50, e tivemos contato com a faculdade de Filosofia, faculdade de Direito, faculdade de Engenharia, faculdade de Arquitetura...

Pela própria educação que nós recebemos no colégio e pela vivência que eu tive com meu irmão, que era engenheiro numa usina de cana-de-açúcar mexendo com projetos técnicos, senti despertar essa coisa da Arquitetura.

Mas o interessante é que, no Recife, quando falo em reboliço – que é uma palavra bem pernambucana – falo em reboliço de ideias. Nós participávamos disso. Participávamos de discussões de Filosofia, de materialismo histórico marxista e de Filosofia cristã. Isso coincidia com as reuniões de partido que, na época, discutia muito o movimento Economia e Humanismo do Padre Lebret, Marx e Mao Tsé Tung (e veja que ainda estávamos no final do curso colegial...!). Isso era coisa comum. Apesar de a minha formação ser uma formação evangélica, nós tínhamos uma formação muito mais aprofundada do que se pode ver na época atual.

Fiz o primeiro ano da faculdade em Recife, mas como o sonho de todo nordestino é *Sum Paulo* ou o *sul-maravilha*, nós caminhamos para o Rio de Janeiro, para dar continuidade ao curso de Arquitetura. E encontramos um Rio – capital do país e da América do Sul – Buenos Aires e Rio de Janeiro eram os dois grandes centros de discussão, que influenciavam a nossa formação.

Tinha que trabalhar para estudar, e para me manter. Mas nós tínhamos a oportunidade, nos entremeios, de madrugada, dias de Sábado e dias de Domingo, para discutir sobre Arquitetura e problemas sociais, dentro da participação política. Nós tínhamos participação política, dentro da própria universidade e dentro do local de trabalho. Eu trabalhei um tempo num órgão como estagiário, o Conselho Coordenador de Abastecimento, que era ligado à Presidência da República. Mas eu tinha uma visão social-cristã – não era marxista, apesar de discutir constantemente o materialismo histórico, a análise científica da história. E para completar, nós tínhamos uma atividade política de rua mesmo: confrontos com a polícia, confrontos com todos os meios de repressão – isso fazia parte da formação daquela época, até o término do curso de Arquitetura, na Faculdade Nacional de Arquitetura da Universidade do Brasil, que depois se tornou Curso de Arquitetura da Faculdade Nacional do Rio de Janeiro.

Nós tivemos a oportunidade de ter contato com os grandes arquitetos da época: os irmãos Roberto, Burle Marx, Sérgio Bernardes, Lúcio Costa... Isso fazia parte do alimento diário que nós tínhamos no Rio de Janeiro.

Depois que eu terminei o curso de Arquitetura, meu sonho era desenvolver um trabalho de combinados agro-urbanos, que era uma experiência baseada nas fazendas coletivas da então União Soviética ou nas fazendas coletivas da China. Essa experiência foi feita no Brasil: começou acontecendo no Estado de Goiás, no Governo Mauro Borges, isso por volta de 1962 e parou em 1964, com o processo da ditadura militar.

Eu terminei a faculdade em 1963, porque perdi dois anos, em função das atividades políticas e, ao mesmo tempo, o trabalho. Eram as duas coisas que nós priorizávamos. Era mais importante a vida do que a própria escola.

Quando terminei o curso, ainda no final de 1963, fui para Goiás. Estava tudo acertado para que, no ano de 1964, começássemos a atuar nas fazendas. Mas, já no 1º de abril, quando se deu a mudança do golpe, fomos impedidos de continuar o trabalho (Foi mesmo em 1º de abril e não em 31 de março. Eu posso dizer isso porque estava acompanhando todo o movimento e por ter participado, no dia 12 de março, do grande comício realizado pelo João Goulart, em frente à Central do Brasil).

Como não deu para me engajar no trabalho do Mauro Borges, principalmente porque o Mauro Borges foi derrubado, foi preso – e olha que ele era um Centro-esquerda, não era de Esquerda o Mauro Borges... nós fomos para Volta Redonda, prestamos e passamos no concurso para trabalhar na siderúrgica, e ficamos lá até 1968.

Essa é uma coisa meio complicada de explicar...

Como a perseguição política subexistia, procurava-se não transparecer – nem para a família, nem para os amigos (que eram, geralmente, os da colônia nordestina e isso é bem característico da geração que, hoje, tem entre 55 e 70 anos de idade) – quais as relações e atividades em que nos envolvíamos. Hoje, posso dizer isso... Quando cheguei aqui, em São Paulo, muitos dos meus companheiros estavam correndo de um lado para outro, se escondendo num lugar ou noutro. Havia uma rede de apoio, como aconteceu com a burguesia cubana no período da ditadura Batista (quando houve a Revolução Cubana, esse tipo de coisa aclarou). Muitas vezes, nós tínhamos festas que, na verdade, eram para encobrir alguma coisa. Carros... muita gente em frente a uma casa... a polícia nunca ia desconfiar... ali estava havendo uma festa e pensavam que fosse apenas uma festa... Nesses deslocamentos, nós não deixávamos transparecer o que ocorria nem a própria família, internamente. Meus filhos vieram a saber disso há pouco tempo, depois do meu enfarto. Mesmo a minha esposa, ela podia desconfiar, mas nós não explicamos tudo para ela, porque ela sofreu muito.

Eu me casei em 59, quando ainda estudava. Nesse período, por causa da formação pequeno-burguesa, carioca da zona suburbana do Rio de Janeiro – estou caracterizando isso porque é bem típico – e com uma base do desenvolvimento familiar nitidamente religiosa... as implicações políticas não eram aventadas nesse ambiente familiar. Quando a Zila começou a conviver comigo, primeiro como estudante, depois como marido, ela conotava outra coisa: apoiava, mas não se envolvia. Ela teve uma postura espetacular, de apoio completo, quando fui preso. Estou dizendo isso, porque a gente sabe de várias famílias pequeno-burguesas, de classe média, com essa postura. Querendo ou não, ela concordava com a luta, porque havia famílias que tinham o senhor coronel, o major... e, ao mesmo tempo, o filho que estava preso, porque era perseguido político. Isso aconteceu muito.

Tenho dois concunhados que eram militares, dois majores, um do SNI. Eu sabia que não estava isolado. Tudo isso caracterizava a época. Após o Golpe de 1964, eu participei de várias reuniões de reorganização da Esquerda, em casa de almirantes, brigadeiros, coronéis das três armas. O apoio de militares era velado. São as contradições da própria sociedade. É muito interessante...

Devido às atividades políticas estarem se tornando cada vez mais difíceis – nós participamos do trabalho clandestino – em maio de 1968, nós fomos presos e a vinculação de trabalho com a CSN se encerrou por aí.

Pela própria formação cristã, eu era da Ação Popular (AP).

Mas eu não entrei na luta armada da AP, que era a vanguarda revolucionária, porque fui preso e tive que me deslocar para Mogi. Na verdade, eu fui muito felizardo: fiquei preso só dois dias. Quando me liberaram para ser levado a outro interrogatório, eles dormiram no ponto e eu consegui fugir. Em quinze dias, eu estava em São Paulo e a rede de apoio já estava preparada para me receber. Hoje, podemos dizer que viemos para São Paulo para tentar a vida aqui, porque se ficássemos por lá, voltaríamos a ser presos.

Em São Paulo, trabalhei com publicidade. Eu não era uma artista da publicidade, mas muitas coisas ligadas à agência eu podia ajudar: a parte de projeto, a organização de espaços internos, algumas ideias para organizar a parte financeira... Foi um período interessante, muito rico. Um tanto estressante, mas muito rico em termos de aprendizado.

Logo no início de 1969, eu estava aqui em Mogi das Cruzes, quietinho, calminho, para evitar qualquer marola no sentido de ser identificado com qualquer coisa... Tive que me desligar totalmente das vinculações políticas e não aparecer de maneira nenhuma, do contrário eu iria prejudicar outras pessoas, a começar pela minha família.

Então, comecei a ter uma experiência diferente, que foi a convivência com o poder público. Essa convivência começou em junho de 1969, no governo Waldemar e se estendeu um pouco ao longo do outro governo. Foram 11 anos e meio. Naturalmente, nós aprendemos algumas características do serviço público, como ele funciona como máquina administrativa, como máquina de poder. Mas eu só vim consolidar isso posteriormente, porque durante o processo – isso acontece com a maioria dos funcionários no nível municipal (bem parecido com o nível estadual e federal) – as manifestações de compreensão do que seja o poder administrativo e político só aparecem posteriormente. É preciso que as pessoas se desloquem e tenham um distanciamento para poder refletir sobre o que está acontecendo: por que é assim, como funciona, por que caminha assim e não de outras maneiras, por que não acontecem determinadas mudanças na estrutura da sociedade e por que certas coisas se fazem e por que não se cria... Ao mesmo tempo, é possível refletir sobre o repertório da população – não a população generalizada, mas segmentos da população que detêm determinados poderes, definem o poder dentro da comunidade. Esse poder é expresso na administração.

Essa relação que, muitas vezes, é conflitante, também muitas vezes é diluída na destruição do poder evitando o surgimento de novos segmentos que possam formar novos poderes. Um exemplo bem típico dessa região e que acontece em outros lugares está no perfil industrial mogiano. O mesmo poder se repete quatro vezes, com intervalos preenchidos por pessoas ligadas ou não diretamente ao mesmo grupo e com incompetência de gerir administrativamente esse poder. No conjunto, é tudo um só poder que continua agora com o novo prefeito, mas também continuaria se tivesse sido eleito o outro candidato. Na mudança do modelo econômico industrial, as indústrias que tinham um certo poder, uma certa estrutura, se esvaziam, vão embora e não aparece mais outra, o que não comporta a possibilidade de um pacto industrial (embora estejamos caminhando para uma sociedade de serviços, a indústria não desaparece porque ela é produtora de bens), não se encontra espaço para diversificação maior dos tipos de indústrias, numa região que tem possibilidades, com um potencial espetacular, já que há o deslocamento de certas indústrias dos municípios vizinhos da cidade de São Paulo para outras regiões, dando a melhor qualidade possível para essas indústrias. Isso não acontece aqui porque iria diluir o poder, aumentar as discussões sobre o poder. Isso não interessa ao poder político aqui e está muito bem expresso no edifício chamado de gaiola de ouro e nas figuras importantes da cidade: os donos das duas universidades (as fornecedoras do conhecimento), os donos dos poços de areia que fazem a exploração do solo, das indústrias regionais que não têm nenhuma ligação afetiva com a cidade e o suporte do comércio mais pesado ao poder constituído. Então, as transformações da cidade aconteceram em cima dessas diretrizes. Uma leitura que a gente faça do zoneamento da cidade mostra que ela está bem caracterizada por isso: a implantação dos edifícios altos e verticalizados, a colocação das universidades, o parque industrial que se instalou posteriormente à década de 1970, caracterizam bem o mapa do poder. Mas essa leitura, apesar de toda a minha formação ideológica de Esquerda, eu só consegui fazer após a minha saída da prefeitura, após 82. Uma leitura mais completa da realidade exige distanciamento.

Então, paramos para ter uma atividade autônoma e logo nos engajamos com o trabalho na universidade, em 1972, no curso de Desenho e Plástica, nas disciplinas Técnicas Industriais e Desenho Industrial.

A convivência nesse período foi muito interessante, porque

ainda não tínhamos a universidade. O que havia era um conglomerado de cursos, os quais, de uma certa forma, gozavam de uma autonomia de direção. O contato direto com o dono era mais fácil. Os intermediários dele também nos davam acesso, de modo que os trabalhos que nós íamos desenvolvendo na atividade educacional eram mais livres. Esse curso durou até 1976 ou 1977 e, depois, se transformou no curso de Educação Artística, que passou a ser um curso de formação de nada. Era preferível ter um curso de culinária, do que um curso de Educação Artística. Mas tentou-se, até os idos de 80, manter esse curso com características do anterior, embora a estrutura universitária, a partir de 1973, com o aumento de exigências burocráticas e as dificuldades de comunicação com papéis andando de um lado para outro, fizesse com que o curso fosse perdendo aquelas características. Aqueles artistas-professores ou profissionais-professores começaram a desaparecer e com eles a participação do artista-criador. No lugar deles, surgiam os professores com formação em Educação Artística para dirigir o curso apenas para o Ensino.

Durante um tempo, nós caminhamos com esse curso de Educação Artística, mas logo fomos para o recém-criado (em 1974) curso de Arquitetura, que surgiu, na Universidade de Mogi das Cruzes, dentro do Centro de Ciências Exatas e Tecnologia, mas era para ter surgido – e poucas pessoas sabem disso – no Centro de Ciências Humanas. A equipe que foi formada no Centro de Ciências Humanas, com a participação do Centro de Ciências Exatas foi dissolvida, por meio de uma ordem superior, e foi montada uma nova equipe, independente da primeira, que preparou a estrutura curricular do curso de Arquitetura, totalmente atrelado à visão das técnicas. Infelizmente, ainda posso acrescentar, esse ranço permanece, porque a carga percentual de disciplinas técnicas, com a visão compartimentada, estanque, continua sendo muito superior ao suficiente. Isso é muito sério...

Poucas escolas de Engenharia no Brasil oferecem uma formação generalista, porque são como as escolas de medicina: formam profissionais isolados, cartesianos... Essa foi a visão que embasou a formação do curso de Arquitetura. Entre 1976 e o início dos anos 1980, tentou-se incluir uma visão mais social, o que foi quebrado em função – novamente – da visão cartesiana. As razões disso são variadas, mas se centram em quem deteve o poder durante muito tempo, para dar as diretrizes conforme achava que deveria ser. Até hoje essa visão compartimentada permanece porque não se tem um projeto global.

Por outro lado, no curso de Arquitetura, ainda que não se falasse em trabalho final de graduação interdisciplinar, como se fala hoje, nós já tínhamos essa visão. Os professores com formação de arquitetos, economistas e geógrafos – nós já tivemos essa maravilha, essa junção de profissionais que permite uma visão mais ampla da sociedade! – conduziram práticas para que se pudesse fazer a avaliação do aluno, através de um projeto global.

Houve uma experiência interessantíssima, em 1979, sobre a realidade brasileira em seus aspectos folclóricos, sociais, econômicos, tecnológicos e regionais. Recebemos trabalhos maravilhosos sobre o Vale do Paraíba, sobre a Região Amazônica, entre outros. Isso, infelizmente, ficou apenas como um trabalho. De qualquer maneira, nós tivemos a possibilidade de, por um bom período, ter a contribuição de economistas, semiologistas e geógrafos no curso. Depois, nós os perdemos e ficamos reduzidos a certos profissionais da Arquitetura e engenheiros civis.

Estou falando muito do curso porque isso teve uma influência direta sobre a minha vida. As relações mudaram muito na universidade, passaram a ser empregado-empregador, de acordo com as exigências legais de cada momento, com toda uma barreira institucional formada por canais burocráticos que enquadram desde o pedido de um móvel até propostas para alteração curricular, sem que haja retorno, principalmente das propostas educacionais. Percebe-se que, quando não são engavetadas, às vezes são levadas em consideração, mas transformadas em outras decisões que não interessam aos professores.

A gente pode perceber três compartimentos dentro da universidade hoje: o compartimento dos professores, o compartimento da administração superior e daquela mais imediata que envolve o coordenador do curso e o compartimento dos alunos. Não existem ligações efetivas entre esses compartimentos. A tentativa que se faz é, em sala de aula, pela iniciativa de alguns professores – pelo que eu saiba, na Arquitetura e na comunicação – que procuram trabalhar uma relação diferente da relação fornecedor-usuário, buscando manter uma relação mais humana com o conhecimento. E é isso...

Eu não saberia dizer o que o rompimento com as atividades políticas significou porque... eu ainda não consegui fazer uma reflexão. Ainda não sei.

O envolvimento profissional dentro de uma estrutura, querendo evitar que aquelas situações anteriores voltassem a acontecer com a família e, ao mesmo tempo, tentando não prejudicar aqueles contatos que eu tinha em São Paulo (e que eu continuei mantendo, por meio daquelas festas de que eu falei), faziam com que eu tivesse passado a ter apenas uma atividade subterrânea de apoio, mas não tinha ação direta. O grupo não podia ser identificado. As torturas levam a isso. Uma ou outra palavra podem ser reveladoras. Então a luta esmaeceu-se.

Mas agora temos o contexto atual. A partir do momento em que o processo mundial, e da América Latina principalmente, conotou outras soluções políticas alternativas, logicamente a gente tem que se adaptar à nova realidade. Não tem sentido – essa é uma posição minha – um movimento revolucionário, de terrorismo, numa época como essa. Nós temos que fazer um outro tipo de coisa, que é muito mais difícil do que pegar em armas. É possibilitar uma consciência ideológica.

Uma grande vitória do poder americano foi ter conseguido, após o desaparecimento das ditaduras da América Latina, até 1990 ou 1992, e o surgimento das democracias, fazer surgir uma outra lavagem cerebral muito mais séria. Aqueles líderes do tipo FHC, De La Rúa, Sanguinetti e outros, foram apagados, foram dirigidos – como Esquerda – a favorecer a nova ordem mundial. É muito mais difícil lidar com o processo que se tem hoje.

Nós temos um Ministério da Educação, cujo próprio Ministro, um homem de Esquerda, de formação marxista, está induzindo toda a estrutura da educação brasileira a se adequar a essa globalização dominante.

Uma coisa é se aceitar uma linguagem globalizada, outra coisa é se discutir o domínio pela globalização. E nós estamos vivendo sob esse domínio com muito mais intensidade, porque há todo o conchavo da economia, dos bancos, das indústrias, do grande comércio de serviços (shopping centers e hipermercados) e da área educacional.

O domínio cultural já vem há muito tempo, mas a globalização está se organizando e estruturando uma maneira de pensar que é destruidora da personalidade de uma nação. Disso eu tenho consciência plena. E a maior tristeza é que nós não vemos essa consciência nos nossos colegas. Mesmo colegas que tiveram uma formação de Esquerda, hoje defendem a globalização pela globalização. A perspectiva que se tem é que a globalização é um movimento inquestionável, ligado a um conceito de mudança, quando o conceito de mudança é outra coisa. Tenho discutido muito isso, mas é como se estivesse numa sala de um estúdio de gravação. Fora dali, é adaptação à realidade. Mera adaptação.

Com isso, como não existe uma consciência ideológica de cidadania, de país, de visão de mundo, a estrutura de inter-relações das pessoas não existe mais. Aliás, não existe há muito tempo. Eu percebo isso também nas minhas assessorias na área industrial, fazendo contatos e visitando empresas, onde a competição é o ponto-chave das discussões, uma visão distorcida mesmo, típica do final da década de 1970 nos Estados Unidos.

Os próprios Estados Unidos, em muitas das suas áreas, já estão questionando isso. Não o governo americano, mas a sociedade americana. A Universidade de Buffalo, por exemplo, trabalha com a visão da "criatégia" (criação e estratégia ao mesmo tempo). Falando nisso, posso até citar o Instituto Latino-americano de Criatividade e Estratégia, que tem feito um trabalho silencioso de mudança de atitude perante essa realidade, de entender o processo de criação e não os manuais. Eles fazem uma leitura crítica dessa realidade, com um posicionamento que mostra caminhos possíveis para uma mudança da realidade. Mas... é uma gota d'água... A globalização é muito forte.

Na verdade, na minha vida, na medida em que eu me posiciono, eu me vejo como um educador, mas a estrutura só me permite ser um ensinador. Ela bloqueia toda e qualquer movimentação. Quando a gente cita uma poesia do Fernando Pessoa, é uma coisa estranha... quando a gente começa a fazer comentários sobre Sartre... os nomes soam esquisitos, não só para os alunos, mas mesmo no meio dos meus colegas.

Apesar de existir a expressão da busca de uma nova linguagem na Arquitetura e, logicamente, na sociedade, com a discussão do pós-modernismo, a maioria dos professores veem esse movimento como uma moda. Apesar de dizer que não, a atitude vai nessa direção, porque a expressão, o agir, o produzir, o ensinar como profissional continuam absolutamente cartesianos, o que é um grande problema. A crítica não se dá. Por exemplo: hoje se discute muito o edifício inteligente, quando, na realidade, o que se tem são novas tecnologias incorporadas à Arquitetura, mas que não mudam os espaços internos. É o elevador comandado pela voz, é o controle dos pontos de entrada e saída dos lugares, é o cartão magnético, é o controle do ar condicionado por sistema de computação... Tudo isso é muito interessante e a gente precisa aprender porque é tecnologia já incorporada à nossa realidade, mas não muda nada de verdade. A casca continua a mesma.

Isso cria alguns impactos interessantíssimos. Esses espaços passam a ser máquinas. Aqueles indivíduos que têm a capacidade de se adaptar a essa automação são considerados com melhor nível do que aqueles que se enrolam um pouco para usar o computador ou para passar numa roleta com um cartão magnético. Isso se localiza nos grandes centros: Rio de Janeiro e São Paulo, principalmente. Porto Alegre, Belo Horizonte, etc., são casos pontuais. Então, não refletem a realidade brasileira. Mas as pessoas começam a ser classificadas pela sua capacidade de absorção da tecnologia e, provavelmente, isso se estenderá aos outros grandes centros nos próximos vinte anos. Possivelmente, tenhamos centros decisórios na Amazônia, pela própria necessidade de comandar a Amazônia de perto, que a gente não sabe se continuará brasileira ou não. Tem gente que acha que seria muito mais fácil se livrar do peso de toda a Amazônia para pagar a dívida externa. São assustadoras essas ideias separatistas, que também incluem o Nordeste ou as colônias de ascendência europeia do Sul ou alguns grupos de São Paulo e Rio de Janeiro. Isso pode parecer estranho, mas não é. Há antecedentes. Aconteceu com a Europa. A África não permanece tão dividida por acaso. Maquiavel certamente previu muita coisa...

Eu tenho uma perspectiva da Arquitetura muito mais social do que artística. Mas isso depende do que a gente queira enfocar. Quando nós trabalhamos com a cidade – e eu trabalho com a organização do espaço externo, as edificações (apesar das suas atividades) são cenários nesses espaços. A população usa esses espaços não comprometida da mesma forma que dentro dos edifícios. O andar na rua não é comprometido, ainda que esteja fazendo parte, com uma atividade específica. Eu vejo esses espaços morfologicamente.

Em Volta Redonda, eu fazia parte de uma equipe de profissionais que tomava conta da Vila Santa Cecília, que era a cidade da siderúrgica e que, hoje em dia, está incorporada e modificada, projeto de um urbanista de formação europeia, Attilio Corrêa Lima, que mostrava o tipo de relação social do sítio. Essa experiência me mostrou que a linguagem cultural se incorpora à vida das pessoas, o que me preocupa muito, muito mais do que aquilo que vai na infraestrutura. Eu sei que é necessário rede de água, rede de esgoto, as instalações elétricas, a rede de iluminação pública, o transporte, etc., mas isso são complementos, são incorporações tecnológicas, que vão sendo absorvidas. É só dar um passo atrás na nossa formação, e nós vemos que a riqueza está nos espaços criados. Aí começa a minha visão social. Mas eu não penso o social para resolver problema econômico. Eu penso no sentido do cultural. O econômico pode ser estrutural em determinadas circunstâncias, mas é conjuntural nos momentos históricos. A partir do momento em que há mudanças na economia, aquele espaço pode permanecer com as mesmas características da obtenção cultural incorporada às pessoas. Eu nunca me aprofundei nisso. Vejo muito essa questão em leituras que eu faço, em que há uma preocupação morfológica, uma preocupação cultural isoladamente, a preocupação cultural num determinado período ou, então, se fala na tecnologia das novas cidades; as cidades feitas em cima do mar como a baía de Tóquio, as cidades subterrâneas perto de Tóquio... Mas nunca essa relação é das pessoas e das coisas criadas e incorporadas por elas...

Eu faço esse tipo de reflexão porque, quando eu volto ao passado da minha infância, da minha juventude, do meu período de formação, eu consigo visualizar aquilo e ter a minha leitura de como aconteceu, apesar de ser aculturado – eu sou um típico aculturado: sou nascido em 1936; para 1958, são 22 anos; de 1922 para 1964, são mais de 40 anos; então eu tenho uma vivência muito mais voltada para o lado de cá – Rio de Janeiro e São Paulo – do que para o lado de lá – Pernambuco; mas as raízes, elas existem. O interessante é que só consegui compreender Palmares quando já estava no Rio. Só consegui entender tudo o que vivi no Rio quando já estava em São Paulo. Só consegui entender o serviço público depois que o deixei. Parece que a gente precisa de um distanciamento para conseguir refletir e compreender as coisas, porque acontecem, como acontecem, para que ou a quem servem. Então vamos percebendo quem nós somos...

Com os meus filhos não é possível ter esse tipo de diálogo. Essa é uma contradição bem típica de classe média. Eu repito as mesmas coisas que critico em outros colegas meus de formação de Esquerda, de participação política... Pela própria atividade que a gente tem, se distancia dos filhos e os filhos criam a própria vida mais ligados à mãe, que deixou de ser professora, se voltou para o lar, reduziu-se a uma visão pequeno-burguesa – não de classe média, mas pequeno-burguesa mesmo. Então o diálogo não acontece. Ele não encontra raízes. Além disso, tem as dependências naturais... financeiro-sociais.

É interessantíssimo. Depois de muito tempo na minha vida é que eu estou encontrando alguma possibilidade de poder expressar um pensamento que, mesmo que não esteja completo – e eu espero que nunca esteja – apresenta a possibilidade de uma leitura da realidade. Eu tenho essa possibilidade quando começo a falar. Isso me dá a sensação de que estou vivo e de que estou contribuindo – tenho certeza de que é uma contribuição... Se ela vai refletir, como vai refletir não importa... É uma contribuição... pelo menos para refletir sobre a vida... e que eu posso ver reproduzida em outras situações.

Eu sempre busco essa oportunidade junto aos meus alunos. Essa oportunidade também... parece... estou tendo aqui, com você... pelo modo como você está ouvindo... Agora vejo isso acontecendo com os alunos de quinto ano, em TGI.[1] É um fenômeno interessantíssimo. A relação que existe entre o orientando e o orientador é familiar, é do cuidado que a gente tem com esses estudantes porque, primeiro, inconscientemente, se ele não se sair bem, a gente não soube orientá-los; segundo, a gente está tendo a oportunidade de ser ouvido, porque quando se discute alguns artifícios do campo profissional, é preciso fazer uma abordagem mais ampla que possibilita a gente se expressar. E a gente se vê no trabalho do outro. Pode ser até vaidade. Aquilo que está se construindo quando há uma boa relação entre orientador e orientando, considerando a personalidade do orientando, possibilita que eu me veja refletido em alguns caminhos. É isso... Se é vaidade ou não é, não estou nem preocupado com isso, me interessa a satisfação nesse sentido.

> *O relógio lembrava os compromissos, o horário do banco... Ele me pediu uma carona até um ponto próximo ao banco. No caminho, queria saber sobre meu pensamento, sobre quem eram os filósofos que orientavam minha pesquisa... Eram os mesmos que haviam influenciado grande parte de sua trajetória, principalmente Marcuse. Ficou um desejo de ambas as partes de continuar aquela conversa...*

---

1. Trabalho de Graduação Interdisciplinar

Yvonne Mautner

"A família extensa tem uma importância fundamental"

A arquiteta e professora Yvonne Mautner é brasileira, casada, nascida em São Paulo, em 25 de setembro de 1945. Sua entrevista foi concedida na manhã de 08 de janeiro de 2001, na sala em que atende os alunos, na Faculdade de Arquitetura e Urbanismo da Universidade de São Paulo. Apesar de ser período de férias e não haver nada combinado, algumas pessoas que circulavam pela Universidade foram cumprimentá-la e falar sobre projetos e pesquisas em andamento. Em três momentos, a entrevista foi interrompida, mas só numa delas Yvonne precisou de ajuda para se lembrar sobre o que falava, o que pareceu não afetar sua reflexão.

Eu acho que tem uma coisa que a gente descobre *a posteriori*, que é muito importante: eu sou de uma família nuclear. Os únicos que vieram para o Brasil foram meus pais, tanto da família da minha mãe, quanto do meu pai. Meus pais são dos antigos sudetos da Alemanha, a região da Boêmia que depois se tornou Tchecoslováquia. Meu pai veio para o Brasil em 1936 e minha mãe, em 37, antes da guerra. Então, somos meu pai, minha mãe, minha irmã e eu. Isso condiciona muito grande parte da vida. E a gente só descobre *a posteriori*. A estrutura de recepção de uma criança numa família nuclear é pequena, porque não tem tios, não tem primos, não tem avós por perto... Inclusive, é a partir disso que se monta, talvez, uma espécie de família extensa, através de amizades, que vão constituir uma espécie de estrutura de recepção particular. Só que é a gente que acaba escolhendo essa dita família extensa. Todas as pessoas fazem isso de uma forma ou de outra, mas provavelmente uma criança assim acaba dependendo mais dessas relações do que as outras que tenham uma estrutura familiar já definida.

Eu me lembro muito pouco da minha história antes do primário. Eu morei na Mooca. Quando ainda estava no pré-primário, a gente se mudou para a Alameda Tietê e eu fui estudar no Colégio Dante Alighieri.

Veja só: entrei no Dante, um colégio italiano, com essa carinha de alemã que eu tenho. O colégio era o próprio Eixo (Alemanha, Itália e Japão), então me lembro muito de coisas do pós-guerra, porque meus pais mandavam pacotes para os parentes. O clima era muito tenso, porque meu avô paterno era judeu e existiu a possibilidade de as minhas tias serem pegas na Alemanha e, mesmo o meu avô, que viveu por lá na época. Enfim... o clima era muito tenso e eu... descendente de alemães!

Alemão, naquela época, talvez até hoje, era sinônimo de nazismo. A imagem que se tinha do alemão era a pior possível. Tanto que, aos seis anos, eu me recusei a falar alemão. Meus pais falavam, em casa. Eu falo, entendo alemão, mas aos seis anos, disse a eles: "Vocês são alemães, vocês podem falar alemão. Eu não falo mais alemão, porque eu sou brasileira".

Apesar de estudar num *colégio-eixo*, com uma estrutura muito rígida – não pode isso, não pode aquilo, e a saia e a gravata –, também tinha o lado gostoso do jeito italiano. Ali, eu conheci pessoas muito importantes para mim. Amigos muito queridos. Porém, houve esse entrevero com o alemão, do qual eu me afastei, até chegar aos 20 anos.

Eu era uma pessoa muito dispersa. Eu tinha interesses os mais diversos, os mais dispersos. Mas sempre fui muito habilidosa com as mãos. Eu desenhava bem, era muito boa manualmente e gostava de fazer coisas. Tive aulas de desenho com um pintor... Não me lembro mais do nome dele... mas desenhava e desenho até hoje, razoavelmente bem. Estudar... médio. Eu comecei a estudar sério no científico. Só aí achei gosto no estudo. Antes disso não.

Minha irmã acabou fazendo literatura. Fazer faculdade naquela época era absolutamente imperativo. Não existia a discussão sobre "que faculdade você vai fazer?". A escola técnica não era bem vista. Toda a turma do Dante ia fazer faculdade e a escolha da faculdade, para mim, não representou dúvida. Eu tinha amigos da minha irmã – que era 4 anos e meio mais velha que eu – que eram arquitetos. Também tive uma amiga muito próxima – que até morou uns tempos em casa, quando minha irmã viajou, porque os pais dela moravam em Brasília – que era arquiteta da FAU, ela e o então futuro marido. Até estudei para o vestibular em Brasília. Achava fascinante! Esses amigos da FAU estudavam folclore, cultura popular... A gente ia ver curumim em Piracicaba... Enfim... essa coisa toda da cultura popular, da música, da literatura de cordel e o fato de eu gostar de desenhar e desenhar bem, me encaminhou tranquilamente para a Arquitetura, sem nenhuma dificuldade, sem nenhuma crise.

Meu pai até queria... Engraçado como eu nunca juntei essas coisas... Papai tinha uma tecelagem e foi o primeiro a fabricar linho em São Paulo. Eu me lembro de uma época que ele queria novas estampas e me pediu para criar alguma coisa. Eu não sei porque nunca fiz isso, afinal é uma coisa interessante... Mas eu acho que eu não me sentia à vontade com o negócio da indústria. Apesar de gostar do trabalho manual, de ver o produto... de gostar de ir à fábrica do meu pai, do cheiro de tecido, de fio cru, de tintura, não me identificava com a fábrica...

Por razões absolutamente pessoais, meus pais ficaram interessados que eu fosse para a Alemanha, quando eu já estava na faculdade. Eu estava no segundo ano e eles começaram a me incentivar a ir para a Alemanha, porque em Bremen tem uma escola de artes gráficas. A princípio eu não queria, achava que era manipulação... Aquelas coisas de filho que fala que não vai, que não quer, mas acaba indo. Eu fui. Inclusive me meti numa enrascada, porque como eu estava no segundo ano da Arquitetura aqui, quis entrar no terceiro ano de artes gráficas lá. Foi a maior bobagem, porque os dois cursos não tinham nada a ver, o que gerou dificuldades. Mas esse é um outro problema... A questão é que nunca me passou pela cabeça que eu pudesse ter feito um curso de estamparia... Teria sido muito interessante... Não sei porque não fiz. Entrei no curso de artes gráficas, larguei depois de seis meses, trabalhei um pouco com um arquiteto, voltei para o Brasil e acabei meu curso de Arquitetura, numa época daquelas: 1969!

Saí de um colégio certinho, cheio de regras, autoritário, arrumadinho, e entrei naquelas grandes discussões da época... "Caí de boca" em assembleias no Mackenzie, presididas pelo CCC. Eu ficava absolutamente horrorizada com as propostas horrorosas que eles faziam. Votava contra, porque pensava que eu não podia compactuar com aquilo, mas ainda não estava ligada a nenhum grupo: o pessoal que era oposição estava lá no fundo fazendo bagunça, mas eu não os conhecia ainda.

Meu pai foi um industrial socialista. Eu tinha muita afinidade com ele. As discussões políticas, em casa, tinham meu pai defendendo o Socialismo, a indústria nacional... mesmo junto aos amigos dele que, muitas vezes, não tinham nada a ver com as suas posições. Meu pai achava que o Brasil era um país cheio de recursos, que tinha muito por fazer... Meu pai adorava o Brasil. Essas discussões me levavam para a Esquerda. Então, desde que entrei no Mackenzie, eu sempre fui oposição. Aliás, não é difícil ser oposição ao CCC e a toda a Direita. Sempre participei das passeatas, sempre fui representante dos alunos para qualquer coisa.

Isso tudo me levou a uma opção pelo urbanismo dentro da Arquitetura. Em 1967, comecei a trabalhar no PUB – Plano Urbanístico Básico, da Asplan, que tinha um conjunto de técnicos muito interessantes, um pessoal que participou dos movimentos de Esquerda, das passeatas de 1968... E eu tinha que escolher isso, porque pensava que Arquitetura se faz para a burguesia e o planejamento é diferente. A gente até tinha uma mapa de São Paulo com os prédios que a gente considerava legais, com os prédios que a gente detestava... mas não tinha muita queda para esse lado do projeto arquitetônico. Tive muitos colegas que foram para as artes plásticas, alguns poucos que ficaram na Arquitetura, em projeto mesmo, e alguns outros foram para planejamento, dados básicos para planejamento urbano, enfim.

Eu adorei trabalhar no PUB, porque nós tínhamos contato com pessoas extremamente interessantes, mas ficávamos horrorizados com algumas coisas do tipo: "Precisamos acabar os mapas até tal data, para mandar para Washington" (a Asplan era um consórcio muito grande, com participação dos Estados Unidos), e nós questionávamos: "Para que tem que mandar mapa para Washington? Esses são mapas de São Paulo!", com toda a nossa veia nacionalista. Foi um trabalho absolutamente fascinante!...

Depois trabalhei um tempo com o Guedes – sempre na área de planejamento. Quem trabalhava mais com isso era a mulher dele, a Liliana. De lá, fui um tempo para o Metrô. Mas não gostei, porque construção não me atraía muito. Tanto que, logo que eu entrei, fiz uma proposta de tratamento das áreas remanescentes das desapropriações. Esse era sempre o meu interesse: o aspecto social, o que fazer com as áreas... Então, comecei a fazer pós-graduação e me convidaram para lecionar na FAU-USP. A partir daí, assumi jornada integral e trabalhei a vida inteira com ensino e pesquisa. Nessa época, inclusive, trabalhei numa pesquisa grande junto ao IPT, que acabou me possibilitando a tese de Mestrado... Sempre pensando habitação popular.

Na FAU eu desenvolvi uma visão muito mais ampla do que é a periferia da cidade de São Paulo. Não uma visão idealizada do que é favela, do que é periferia, do que é cortiço, uma visão real porque eu tinha muito contato e trabalhei muito diretamente com isso. É a minha vida.

Ironicamente, a tese de Doutorado que eu fiz na Inglaterra foi na área de construção: a construção propriamente dita e a produção do espaço periférico. E os sujeitos foram os construtores.

Tem uma outra coisa muito importante: das pessoas realmente importantes na minha vida de estudante, houve duas – a Sônia, que estudou Sociologia, e a irmã dela, Ilana, que fez Antropologia, se não me engano – que me deram uma visão muito sociológica da realidade, não por alguma coisa especial, simplesmente pela convivência. A Sônia trabalhou aqui na FAU, uma época; a Ilana também. Essa convivência não foi só a de trabalho, mas foi troca de ideias sobre a vida, o mundo, uma convivência que me levou para uma Arquitetura muito ligada à Sociologia, à Antropologia, à Filosofia, à compreensão de que o espaço é construído socialmente. Essas são influências boas que a gente tem na vida e que ajudam muito na formação.

Dos anos de faculdade – 1964 a 1969 – a maior marca é a política. Eu, em particular, não tive problemas com a ditadura, embora pessoas muito próximas de mim tivessem tido. Apesar de ter-me tornado uma petista de carteirinha mais tarde, eu nunca fui de carteirinha de nada, de nenhum partido, antes. No Mackenzie havia um grupo muito grande da AP e um grupo bem menor do PC. Como antes da minha entrada na faculdade eu tinha muito contato com a turma que era uma espécie de ala jovem do PC, eu votava com eles nas questões das assembleias, mas para participar das passeatas eu estava com a turma da AP, que era maior e mais organizada. Então eu era tida como uma verdadeira esquizofrênica!... Mas a turma do PC era mais politizada, me interessava mais, era o pessoal com quem eu gostava de conversar, tinha mais afinidade.

Nós até participamos de um concurso para um projeto de universidade, numa equipe muito grande... Uma bagunça... Mas foi muito legal. Fora isso, não me lembro de grandes altos ou grandes baixos na faculdade. Gostava de algumas matérias, de outras não – como resistência dos materiais, que nenhum aluno gosta – mas o clima que nós vivíamos na época, era suprafaculdade. A USP era mais envolvida com os acontecimentos. O Mackenzie era muito dividido, com gente do CCC andando armado dentro da universidade, surrando colegas da gente... Um horror!... Mas esse clima da época era suprauniversidade, estava além dos cursos em si. Eu tinha amigos na FAU, que ficava na Rua Maranhão, e tinha amigos que estudavam no prédio da Rua Maria Antônia. Participava de tudo.

Eu acho que a gente perdeu um pouco essa noção de *supra*, inclusive aqui na USP, em função desse campus americanizado, com cada unidade num canto. Eu só fui encontrar colegas de especialidades diferentes na Adusp, que é a Associação dos Professores, da qual eu participo para brigar por algumas coisas. A divisão do conhecimento já é uma coisa artificial. Só serve para facilitar a transmissão de certos conteúdos. Mas, na realidade, empobrece, porque todas as coisas se misturam, têm relações umas com as outras... Do que sinto que falta no ambiente universitário, hoje, nem é a politização, porque tem épocas em que a politização é maior ou menor, dependendo de outros fatores, mas é essa possibilidade de troca entre campos do conhecimento, que era muito normal na minha época. Eu sou resultado dessa convivência com outros campos. A gente tem pessoas de outros cursos que vêm lecionar aqui, mas já não tem a mesma liga, nem mesmo dentro das unidades. A liga que a gente tinha antes era o que estou chamando de *supra*, ela tinha outros elementos, dentre eles a política. Era uma liga universitária, no melhor sentido da palavra Universidade.

Eu me casei em 1971, com um também arquiteto e estrangeiro – ele é húngaro – também de família nuclear... Engraçado... sempre *a posteriori*, a gente encontra afinidades que nem imaginava... Mas... É isso.

Eu sempre trabalhei em tempo integral na FAU, com pesquisa em Arquitetura. Aqui, existem os arquitetos de prancheta – que nem sempre veem com bons olhos os arquitetos-pesquisadores, porque a estes faltaria a prática projetual (o que até faz sentido); e os arquitetos-pesquisadores – que reclamam a falta de atenção do pessoal de projeto para aquilo que a gente faz. Fica uma situação muito... paralela.

Eu sempre trabalhei com ensino e pesquisa por um lado, e por outro, eu sempre busquei trabalhar o contato com uma realidade muito pouco conhecida, muito pouco estudada (principalmente, quando eu comecei a fazer isso, na década de 1970): a periferia, o que é construção na periferia, como se organiza a construção na periferia, quais as formas de exclusão em relação ao financiamento para a construção (depois do início dessas pesquisas foi que surgiu o BNH). Fora isso, também sempre gostei muito de participar dos órgãos colegiados da universidade. Depois que voltei da Inglaterra – onde passei três anos para a pesquisa do Doutorado – também passei a participar da seção sindical dos professores na universidade. Sempre ensino, pesquisa e política.

Minha filha era recém-nascida e meu filho mais velho estava com dois anos, quando fomos para a Inglaterra, em 81, e passamos lá três anos – eu três anos, meu marido um pouco mais – e eu fiz toda a preparação do doutoramento. A pesquisa, eu fiz aqui em São Paulo, não mais com a população da periferia, mas com os construtores. Foi bem interessante...

Meu marido já lecionava na FAU-USP antes de mim, mas sempre manteve em paralelo uma prática profissional externa à universidade. Eu, fora o tempo do Metrô, passei toda a minha vida me dedicando integralmente ao trabalho na universidade.

Fora a universidade, gosto muito, muito mesmo, de cinema... e de teatro, balé, orquestra... (embora frequente menos do que eu gostaria). Fora isso, visitar amigos e conversar. Para mim, lazer é conversa. Conversar sobre o filme... sobre a vida... Também tem a ginástica, que eu já faço há muito tempo aqui na USP. Gosto muito. Acho uma delícia! E... praia. Adoro praia. E... as viagens! Sempre tive muita oportunidade de viajar, devido ao trabalho. Realmente, tenho podido viajar bastante e conhecer lugares que eu nunca tinha imaginado visitar: Japão, Moscou... lugares impensáveis... Como tenho raízes na Alemanha – meus primos estão lá, amigos... – sempre que posso vou para lá. E a Inglaterra, onde eu morei e gostei muito de ter morado. Sinto muita saudade de lá. É minha terceira pátria.

Eu acho que a viagem meio intempestiva que me ofereceram aos 20 anos foi da maior importância, porque eu consegui juntar um pouco a minha brasilidade – tão exacerbada – com o lado alemão, que é inegável. Passei lá um ano, retomei a língua – entendo, falo, embora escreva muito mal.

É engraçado... Atualmente, estou estudando o período entreguerras da Alemanha, que é uma época absolutamente fascinante. Às vezes me pergunto porque, em tanto tempo aqui na universidade, eu jamais me dediquei a estudar o modernismo alemão, tendo a chance de fazer isso, afinal eu leio alemão. Talvez, apesar da reconciliação, eu nunca tenha incorporado esse lado germânico no meu trabalho. Afetivamente eu consegui incorporar, mas no trabalho ainda não. Hoje é que eu leio alguns textos alemães e fico fascinada... Interessante... Acho que ainda não terminei o meu processo com a Alemanha...

Mas voltando ao tema dos meus recentes estudos, eu estou pesquisando a entrada dos eletrodomésticos no cotidiano da habitação na Alemanha entreguerras. Isso tem a ver com a liberação da mulher para o mercado de trabalho. As novas tecnologias vieram substituir certas tarefas do trabalho doméstico, o que alterava as relações no cotidiano e a própria Arquitetura. Acabei de escrever um artigo sobre isso. Nesse período entreguerras, os arquitetos sofrem, por exemplo, as influências utópicas do século anterior, como também uma influência grande das feministas, tentando acolher no ambiente construído, na própria Arquitetura, a possibilidade do trabalho coletivo, a possibilidade de pôr para fora coisas que antes eram de dentro da casa... Isso afeta também a organização do espaço na cidade.

Mas por outro lado é uma época interessante, porque se começa a produzir os eletrodomésticos. É uma época de industrialização intensa. A eletricidade gera uma revolução na vida doméstica, principalmente nos Estados Unidos e na Europa, e ao mesmo tempo que se pensa em coletivizar certos trabalhos internos da habitação, começam a entrar os equipamentos que diminuem o trabalho manual doméstico, produzindo um conflito entre a retirada de coisas que vão sendo substituídas por outras, que afetam a própria organização do trabalho doméstico.

Quando a gente está preocupado com a produção da vida material, com a organização do cotidiano, com as formas que as casas assumem em novas plantas, prédios de apartamentos, etc., a gente está lidando com a tecnologia. Ela muda o espaço. Ao mesmo tempo em que o computador põe a gente num espaço virtual, ele ocupa na casa um espaço real que, muitas vezes, acaba sendo local de trabalho. Isso é muito interessante!

A tecnologia aparece no meu trabalho de duas formas: tanto no sentido das novas tecnologias construtivas, quanto no sentido da informática. O computador é fantástico, facilita muito a vida da gente! Há o trabalho de um colega meu sobre o sincretismo cultural brasileiro. Em países periféricos isso é mais evidente que em países centrais: a gente tem coisas de alta tecnologia convivendo com coisas super artesanais. Quem conhece o interior das habitações na periferia, pode perceber como as casas foram invadidas pelos eletrodomésticos – porque é mais fácil adquirir eletrodomésticos: eles são financiados – mas não existe financiamento fácil para fazer a casa como para a aquisição dos eletrodomésticos. Isso gera uma coisa incrível que são aquelas casas rudimentares, sem acabamento, com vazamentos, ligações precárias... mas com uma parafernália tecnológica moderníssima. Eletrodomésticos – móveis não: o mobiliário também é precário.

Se por um lado o computador é objeto de estudo, por outro lado veio ajudar muito a nossa missão de escrever, com maior facilidade. É um instrumento maravilhoso de trabalho, que possibilita inserir tabelas, fotos, desenhos, com ótima qualidade – coisa que não era possível com a máquina de escrever. A gente escrevia à mão, pedia para alguém datilografar... Era um processo complicado. Como eu não trabalho com CAD[1], não posso falar desse aspecto, mas é inegável que o computador é um instrumento poderoso de trabalho.

Eu sempre penso que as faculdades de Arquitetura têm um traço extremamente interessante: elas acolhem muitas coisas, porque como existe uma mistura de técnica, arte e ciência, isso permite que se trace quase qualquer caminho a partir de dentro da faculdade. É possível ir para as artes gráficas, para a Arquitetura, para o planejamento, para a História, para a Crítica, além de ser possível fazer várias coisas ao mesmo tempo: é possível projetar e ter interesse em História... É possível ser músico e arquiteto! Existem várias bandas no meio dos alunos! Até vou dizer mais: minha formação foi menos os cinco anos que eu fiz no Mackenzie – que, lógico, têm sua importância, porque foi minha primeira formação, onde eu descobri meus pares (coisa importantíssima quando se está na universidade) – e mais a minha formação na FAU, porque

---
1. Computer Aided Design.

como professora eu tenho convivido com essa fartura de campos de conhecimento, de pessoas extremamente competentes em muitas áreas.

Definitivamente, a minha formação não se esgotou na graduação, ela tem se dado junto aos meus colegas da FAU. É com eles que eu discuto que pesquisa vou fazer, como vou fazer.

Com tudo isso, na Arquitetura tem arte, sem dúvida. Existem obras que, não vou dizer que são obras de arte, mas elas têm um lado que é arte. Veja os jardins do Burle Marx: aquilo é de uma beleza que não dá para dizer que é só paisagismo, é arte no paisagismo! Mas não acho esse o aspecto mais importante na Arquitetura. Arquitetura é muito técnica – e se dá pouco peso a isso. Nesse sentido, eu gosto muito da Arquitetura do Lelé, que fez metade dos hospitais de Brasília, por exemplo. É um arquiteto que trabalha muito com conforto ambiental e que tem soluções fantásticas. Ele realiza um diálogo entre a técnica e a construção, em que o conforto participa da forma arquitetônica. Então, eu acho que Arquitetura é uma prática, em que entra técnica, em que entra arte... Eu gosto muito da definição de uma tribo africana, que eu li há muito tempo, em inglês: *We have no art, we do everything the best we can.* Quer dizer, a gente faz tudo da melhor forma que consegue fazer... É difícil essa discussão da arte, mas eu acho que é uma prática mesmo, que exige conhecimento técnico – e exige mesmo – muita gente menospreza o aspecto técnico, tanto que existe essa coisa horrorosa: estrutura de vidro com ar condicionado, que não é Arquitetura – aliás, não é nada – e, por outro lado, existe a inserção, uma Arquitetura existe num lugar para que ela aconteça, talvez seja preciso tirar gente (aliás, como sempre tem sido feito: tira-se os pobres para dar lugar aos ricos). Essa inserção se faz na cidade e corresponde ao lado social. Arquitetura é tudo isso, por isso ela é complexa. O projetar não é uma atividade simples, porque há todas as resoluções anteriores ao projetar, ao projeto propriamente dito e os desdobramentos do que foi projetado.

Aplicar coisas de fora no Brasil tem sido um desastre. Quando a gente olha o Brasil, vê tantas coisas para fazer aqui e existem tantas soluções interessantes: orçamento participativo, a forma de urbanização de favela... São práticas que vêm sendo feitas ao longo do tempo, que têm uma qualidade de coisa pensada aqui, que responde a problemas da gente. Planejamento e orçamento participativo são coisas que têm que estar juntas, a realidade já provou isso, no Rio Grande do Sul e em outros lugares. Além disso, é uma forma de responsabilizar a sociedade civil dentro do campo de planejamento, para que ele não fique isolado, não se torne autoritário.

Não dá para ficar no exemplo de Barcelona, por exemplo, que foi uma coisa pontual. Eles tinham as Olimpíadas, receberam uma injeção maciça de recursos e fizeram coisas fantásticas: reviraram a cidade para o mar, porque era cortada por uma estrada de ferro que isolava a praia da cidade, dentre tantas outras coisas... Mas é uma situação totalmente particular. A própria Barcelona é uma cidade particular, as Olimpíadas representaram uma situação particular, o montante de investimento foi uma coisa particular (e que foi muito bem aproveitado, com um bom planejamento estratégico). Lá deu certo. Nem sei o quanto deu certo... mas sei que eles pensaram também na parte periférica da cidade. Obras pontuais são importantes numa cidade, até porque não dá para fazer tudo ao mesmo tempo, mas chamar isso de planejamento estratégico eu não chamo. Planejamento é mais do que obras pontuais em situações particulares.

O que eu acho importante é o seguinte: dentro das condições que, nos últimos dez anos, nós passamos a viver, com um abismo cada vez maior entre pobres e ricos, planejamento estratégico não dará certo nunca. Dentro da experiência que a gente tem na área de habitação – o número de respostas à questão habitacional, muitas respostas com êxito, outras nem tanto (mas que dão experiência) –, se a gente tivesse conseguido dar continuidade a qualquer política habitacional com um mínimo de consistência, nós não teríamos a São Paulo que temos hoje. Mas foi tudo parado, recomeçado de outro jeito, desperdiçado, destruído pela chuva... Se se consegue ter uma política consequente de inserção dessa população excluída – o que é uma coisa básica, claro que com políticas paralelas de geração de empregos – e se tenta enfrentar o problema dos oito mil sem-teto em São Paulo, claro que a cidade tem jeito. Fica pelo menos razoável. Isso está ligado a planejamento, à forma de construir, à possibilidade de abrigo (mais ou menos provisório). Enfim, qualquer estratégia nesse sentido é da maior importância e vai fazer uma diferença muito grande. Estou curiosíssima para ver o que vai acontecer no governo da Marta. Se não vai haver muita oposição... se o próprio PT não vai entrar em brigas que paralisem as possibilidades de realização... Há muito a ser feito, e dá para fazer.

A própria pesquisa em Arquitetura se defronta com uma série

de problemas para estudar, desde a questão ambiental, passando pelo novo-rural, pela reorganização regional, pelo planejamento em nível de Estado, das grandes metrópoles... Tudo isso obriga a rever certas noções a respeito da não-necessidade de planejamento ou de se considerar o planejamento autoritário, por exemplo. Numa cidade, transporte, meio ambiente, saneamento, são coisas centrais e precisam ser pensadas globalmente. Eu acho que isso vai começar a acontecer aqui e vai ser um processo da maior importância.

Com tudo isso, você vê que uma pessoa que entra na faculdade de Arquitetura tem um grande leque de opções. Essa é uma coisa boa por um lado e complicada por outro, porque pode dispersar também. Pessoas com interesses dispersos têm mais dificuldade de achar o caminho. Mas mesmo assim, vale muito a pena.

Eu sempre acho legal pensar um pouco... é você que quer saber e eu tenho que pensar um pouco para articular alguma coisa como resposta e, nessas respostas, a gente acaba achando, inclusive, novos nexos, porque a gente não repete sempre a mesma coisa nem é entrevistado todo dia!... Antes de a gente se encontrar, eu pensei algumas vezes sobre o seu convite. Eu pensei, por exemplo, em uma coisa que eu falei no começo, a respeito do que eu chamei de família nuclear, que eu não desenvolvi direito nem para mim, ainda. Mas é extremamente importante poder pensar sobre como você se desenvolve dentro de uma profissão, porque a família extensa é uma articulação social muito diferente da família nuclear. Eu não sei o que isso implica, mas sei que as escolhas são diferentes. A família extensa facilita escolhas diferentes, eu acho.

Quando a gente vai ficando mais velha, começa a pensar coisas que nunca pensou antes. Ouço minha mãe falando da minha irmã, que está nos Estados Unidos, e penso que é um comentário típico de família nuclear. Observo meus filhos e o tipo de inserção social que eles estão tendo e também vejo isso. Quando estava fazendo faculdade, ninguém nunca pôs um dedo num trabalho meu. Sempre fiz tudo sozinha. Eu construí minha vida de trabalho, assim como meu pai fez com a dele, minha irmã fez com a dela, e meus filhos, hoje, também estão no mesmo caminho – embora meu filho esteja fazendo FAU. Minha filha vai para a Hungria, fazer um pouco o que eu fiz aos 20 anos.

Às vezes leio histórias de vida de alguém... um Baden Powell... um Pixinguinha... percebo o meio em que eles estavam e penso em como eles surgem desse meio. Eles não tinham um tecido nesse meio para se desenvolver tranquilamente... assim como, de outra forma, eu também não tive... Mas não estou reclamando. Isso me fez independente. Eu estou aqui e tudo bem... São Paulo é uma cidade de *oriundi* mesmo, então estamos todos, de alguma forma, partilhando coisas semelhantes...

Foi bom falar de tudo isso...

> *...com um olhar distante no horizonte da própria história e um sorriso doce... Nos abraçamos e deixamos juntas as dependências da FAU. No caminho, entre reticências ainda presentes, Yvonne avaliava: "Puxa, nem falei da Inglaterra!... Foi um período tão rico... Tem tanta coisa ali!...". Mas o relógio dizia que eram histórias para outro momento, de uma autorreflexão que não se esgotara.*

Luciana Bom Duarte

"Buscando a perfeição"

Arquiteta, nascida em 20 de setembro de 1973 em São Paulo, Luciana narrou sua história de vida num final de tarde do dia 6 de novembro de 2000, em seu local de trabalho – a consultoria do Centro de Turismo e Hotelaria do Senac-São Paulo.

Eu, na verdade, quando tive que escolher minha carreira, tentava pensar em como seria o trabalho do profissional. Tentava pensar como seria o trabalho de um dentista, por exemplo, e se eu gostaria de ficar trancafiada dentro daquela sala fazendo a mesma atividade todo dia. E resolvi que não, eu queria fugir da rotina, eu queria buscar uma profissão dinâmica, eu queria buscar uma profissão em que eu pudesse estar mais próxima do meio artístico, da criatividade...

Eu sempre gostei de desenhar. Na verdade, quando entrei na FAU, vi que não desenhava nada. Mas enquanto eu estava na minha escola de bairro – o Colégio Santana, onde estudei – eu era uma daquelas que se destacava nisso. Naquele grupo, o meu desenho era satisfatório. Claro que na FAU se convive com pessoas de muito talento e eu fiquei pequenininha lá dentro...

Na escola eu fiz testes vocacionais e todos os meus testes (que eu acho que são muito sugestionados), sempre apontaram para a área artística: música, dança, que são coisas que eu curto mesmo. Então eu acabei resolvendo fazer Arquitetura, por isso e também pelo glamour da profissão: um arquiteto, um designer, eu achava que tinha uma coisa legal por trás.

Sou muito privilegiada com relação à família. Minha família sempre me apoiou muito em tudo. Me apoiaria se eu tivesse escolhido Oceanografia... Qualquer que fosse a área que eu escolhesse, eu sei que teria o apoio da minha família.

Meus pais são educadores. Minha mãe fez o Normal, foi alfabetizadora na prefeitura e, depois, coordenadora pedagógica. Ela já se aposentou, mas continua trabalhando numa outra escola particular como coordenadora pedagógica. Meu pai é economista, mas foi traçando o currículo dele na área de hotelaria. Já está aposentado, mas continua trabalhando nessa área.

Meu pai, principalmente, foi muito importante para mim na época da faculdade. Quando fiz meu trabalho de graduação interdisciplinar, que é o trabalho que a gente faz no último ano, mais profundo, mais complexo, eu decidi projetar um hotel e meu pai me ajudou muito a montar o programa do hotel, saber os setores, ver as relações e fluxos internos...

Sou filha mais nova. Tenho uma irmã mais velha. Minha irmã já casou. Tem uma filhinha, minha sobrinha, com um ano e meio e é médica, coisa que jamais eu escolheria. Primeiro, porque lidar com morte não seria para mim. Eu não tenho sangue frio como ela. Segundo, porque o estudo exige muito. Eu não teria a dedicação que ela tem.

Eu fiz um colegial tradicional. Fiz os três anos, tentei a USP, não passei, fiz um ano de cursinho específico para Arquitetura, estudei bastante, porque tem o exame de habilidade específica e, a partir daí, eu comecei a ter algum contato com o desenho técnico, o desenho artístico e um pouco da História da Arquitetura. Até então, o que eu tinha feito era escola de desenho, porque eu gostava de desenhar por prazer mesmo.

Quando eu escolhi a Arquitetura, eu não vacilei não. Estava realmente decidida. Depois que visitei a FAU, vi a dinâmica do prédio, como os alunos se relacionavam lá, vi que era realmente o que eu queria, pelo tipo de alunos, pelo tipo de escola, que é fascinante! Eu me senti bem naquele espaço e não tive nenhuma dúvida, nunca. Aliás, isso é uma característica minha, eu sou muito determinada. Quando decido que vou fazer alguma coisa, eu faço. É uma coisa bastante forte em mim.

Durante o primeiro e o segundo ano da faculdade, eu diria

que só zoneei. Como eu não esperava entrar na FAU e consegui, no primeiro ano, que foi 1992, eu relaxei, aproveitei a vida. O desempenho escolar foi muito baixo. O que eu aproveitei mesmo foi a estrutura da faculdade. Aproveitei muito o clube, fiz amigos, procurei encontrar minha tribo. A FAU tem tipos muito específicos de pessoas, grupos com características específicas, então os bichos-grilos andam com os bichos-grilos, as patricinhas com as patricinhas, os grupos são muito distintos e eu tentei ver qual era o grupo em que eu ia me encaixar melhor.

No primeiro ano, tudo era muito novo. Todas as aulas de História me fascinavam bastante e eu gostava de assisti-las. A parte de projeto era muito difícil, porque a escola tem uma postura de não ensinar desenho técnico ao aluno, à parte prática. Eles vão pedindo projetos como se você já soubesse o que é Arquitetura, já soubesse o que é projetar. Então foi um ano bastante difícil para colocar os pés no chão e entender o que eu estava fazendo ali.

Em termos da minha atividade profissional, hoje, não posso falar do que eu teria aprendido naquele primeiro ano, porque o aprendizado foi como pessoa, trabalho em equipe... mas não o aprendizado específico da Arquitetura. Assim foi para mim.

Até a metade do segundo ano, eu levei nesse mesmo esquema. Mas comecei a sentir muita falta do desenho técnico, de não saber representar uma porta, uma janela... eu nunca tinha aprendido, e lá ninguém ia me ensinar. Então fui procurar um curso de desenho técnico na Protec. Nesse momento eu comecei a aproveitar melhor a parte acadêmica, estudar mais, assistir mais às aulas.

No terceiro ano eu já comecei a fazer estágio, porque eu queria ganhar dinheiro, e prejudiquei algumas atividades da FAU, porque matava aulas para trabalhar. Quando apertava demais a FAU, eu saía do trabalho. Eu conseguia os estágios por indicação de colegas, o que rola muito no ambiente da faculdade, além dos anúncios de estágio das empresas nos murais. Normalmente, esses trabalhos eram bem braçais mesmo. Mas de qualquer forma, estar no escritório já significava estar vivendo a dinâmica da profissão, o que era mais legal do que ficar só no espaço acadêmico. Para mim parecia que era importante e instrutivo. Muitas vezes eu sentia que aprendia mais naqueles escritórios do que na própria FAU.

O trabalho braçal era tratar da parte burocrática de prefeitura, cuidar de detalhes, desenhar em nanquim (o que eu fiz muito), projetar no AutoCAD, que é um programa que a gente usa para o desenho no computador. Era um trabalho que não exigia criação, eu não estava doando nada meu.

Com o tempo, conforme eu fui me sentindo mais segura num dos escritórios onde eu trabalhei e fiquei mais tempo (foram 11 meses, enquanto nos outros, eu ficava no máximo três meses e caía fora, porque a FAU apertava), eu ganhei mais espaço para fazer algumas coisas minhas, embora fossem projetos pouco complexos e rápidos: lojas de shopping, por exemplo, que não exigiam muito detalhamento. Então eu conseguia doar um pouquinho mais de mim. Assim foi ao longo do terceiro e do quarto ano.

No quinto ano, a faculdade tem uma estrutura curricular mais leve para quem não tem nenhuma dependência. A gente tem o TGI para desenvolver e uma disciplina que dá para cumprir num período pequeno. Apesar de poucas aulas, eu sinto que aprendi e cresci muito no meu quinto ano, porque eu resolvi que queria fazer um bom projeto. Quem consegue tirar nota 10 com o orientador e com a banca – que tem mais três pessoas – é indicado para o prêmio Ópera Prima, que é um prêmio para revelação de jovens arquitetos. Eu pus na cabeça que queria as quatro notas 10 e fiz tudo o que pude pelo meu projeto. Fiz com muito prazer e posso dizer que esse projeto me abriu portas profissionalmente. Eu acho que, embora o trabalho do último ano seja muito sofrido, todo mundo deve se esforçar, porque vale a pena.

Terminei o curso em 1996. Mas tive um episódio durante a minha formação que vale a pena ser contado. Tive um orientador, um arquiteto muito famoso, o Paulo Mendes da Rocha, que fez o Museu da Escultura e que é um professor que todos admiram pelo estilo, pela pureza dos traços, pelas ideias... Ele faz obras sempre muito valorizadas. Na FAU, no período da tarde, não há aulas em salas de aula, mas atendimentos em grandes ateliês, onde ficam os professores com um grupo de alunos em volta, avaliando os projetos que a gente desenvolve a partir dos temas que eles propõem. Alguns professores orientam o aluno, mostrando como se deve fazer o projeto, outros discutem conceito e acabam transformando o atendimento num grande show sobre Arquitetura e arte. O Paulo é um deles. Eu tinha feito um projeto sem muito afinco, de última hora, só para apresentar e conseguir a nota; mas ainda assim, tinha passado a noite trabalhando nele. Levei para o professor, ele olhou para o meu projeto, achou que estava uma droga e não teve papas na língua. Ele dizia: "Isso aqui está uma droga! Eu não sei qual é a sua raça, qual é a sua religião, porque Arquitetura não é raça, não é religião...". Começou a extrapolar, fez um discurso belíssimo e eu fui ficando menorzinha, menorzinha, até que ele acabou de falar, eu peguei o meu projeto e fui chorar atrás do prédio da faculdade. Fui chorar, porque estava cansada, sem dormir, debilitada e me sentindo um fracasso. Eu me perguntava: "Nossa! O que eu estou fazendo nessa faculdade? Eu não me destaco aqui dentro...".

Acho que muitas pessoas sentem isso. Quando você está no ambiente pequeno do seu bairro, você se destaca por qualquer qualidade. Mas essas pessoas que se destacam em determinadas qualidades, quando são colocadas juntas... a gente se vê pequenininha. Vê que não é realmente um talento. Há talentos muito maiores do que a gente. Essa foi uma frustração terrível para mim. O tempo todo tive que me deparar com os meus limites. "Não sei fazer melhor. Não consigo fazer melhor. Tem muita gente melhor do que eu". Esse conflito pegou bastante para mim durante a faculdade, embora minha família sempre tenha me ouvido e me apoiado bastante.

Nunca tive amigas íntimas para falar dessas coisas. No segundo ano eu comecei a namorar. Conheci o Sérgio, com quem vou me casar em maio, e ele esteve sempre muito presente. Foi ele quem me consolou nesse episódio. Ele é médico oftalmologista.

Eu não gerei muita expectativa quanto à FAU, naquela época, pelo que ela representava. Eu tive muita expectativa de passar no vestibular. Não fiz castelos mirabolantes. Só fui descobrindo com o tempo o que aquilo era. Frustrações sim, eu tive. Talvez eu esperasse ter um desempenho melhor...

A passagem da faculdade para o mercado de trabalho é facilitada pelo fato de você poder estar trabalhando, efetivamente, já no quinto ano. Se eu não estivesse trabalhando naquela época, eu ia me sentir insegura. De repente, não ter mais um chão, não ter para onde ir todos os dias da semana, assistir aula. Como a FAU tem essa estrutura mais leve no quinto ano, em que você vai à faculdade uma vez por semana e às vezes nem vai, porque vai buscar orientação no escritório do seu orientador, isso já ajuda a fazer a transição.

Eu vejo que meus amigos que deixaram muitas matérias para o final do curso, por dependência, e não conseguiram trabalhar no último ano, acabaram ficando mais perdidos para entrar no mercado. Eu tive sorte de logo conseguir um trabalho como arquiteta. Assim foi mais fácil para mim.

Foi importante ter feito um curso técnico. Aprender a parte técnica faz diferença. Aliás, é uma diferença entre o curso da USP e do Mackenzie. O pessoal do Mackenzie tem essa parte técnica em sala de aula. Acho que essa é uma carência da FAU: não ensinar a representação gráfica. Isso prejudica o aluno, quando ele vai buscar estágio, quando vai buscar emprego. Os escritórios preferem contratar o pessoal do Mackenzie porque querem gente que tenha noção de certas coisas. Por outro lado, a FAU abre muito seus horizontes, porque forma o arquiteto com um leque mais amplo: urbanista, desenhista industrial, comunicador visual, paisagista. Na minha turma mesmo, tem de tudo, tem gente trabalhando com programação visual, com projeto arquitetônico, com paisagismo... Isso traz mais oportunidades. Eu mesma pude construir meu currículo voltado para hotelaria. Eu mesma tracei meu caminho. Essa é uma vantagem da FAU.

Mas eu acho que, quando escolhe uma carreira, a gente dá um tiro no escuro. É sorte acertar ou errar. A gente sente que prefere a área de Humanas ou a área de Exatas pelo desempenho escolar, mas um pouco é sorte. A pessoa sempre foi bem em Química, em Biologia, se forma em Farmácia e, de repente, não encontra mercado de trabalho... São tantas variáveis... Eu não vivi isso. O que eu vivo até hoje é o fato de o profissional ser muito mal pago. É difícil ganhar bem como arquiteto.

A alternativa que eu vejo para o meu momento é ter um trabalho que me dá um valor fixo, para que eu possa estar pagando minhas contas e ir me mantendo, me sustentando, e pegando o que eu consigo de projeto em tudo o que pintar, casinha de cachorro... o que for pintando para ganhar experiência, cobrando o que eu sei que pessoa está podendo pagar e, também, para poder ir fazendo um pé-de-meia.

Tem pouco emprego em que o profissional seja bem remunerado. Como profissional liberal, é bastante difícil crescer – eu acho assim. É difícil conseguir bons projetos e é difícil quem pague projeto. Muita gente não quer pagar projeto de Arquitetura, porque acha que é muito caro, que é coisa para gente muito rica. Essa é uma visão muito tacanha, porque fazendo o projeto, o arquiteto economiza muita coisa na sua obra. Ele é um planejador. Se você não planeja a sua obra, você vai ter maiores gastos. Cortar o planejamento não é uma boa opção.

Meu momento de vida está assim. O Senac é uma empresa que valoriza muito o crescimento do profissional. Eu posso fazer cursos, posso fazer intercâmbios entre as unidades do Senac. Eu já tive até uma bolsa para fazer um curso de Especialização em administração hospitalar na Fundação Getúlio Vargas.

Fiz o curso por dois motivos: primeiro porque hoje em dia se fala muito em hotelaria hospitalar. É uma tendência que os hospitais estão vendo com muita clareza. Os hospitais estão se humanizando em termos de Arquitetura, além de estarem pensando num lucro maior enquanto empresas. Daí essa tendência da hotelaria hospitalar estar chegando com bastante força. Você pode ver o Einstein, o Sírio Libanês, a Maternidade Santa Joana, todos preocupados em ter uma estrutura hoteleira mais forte, pensando no paciente que não está tão doente, que não está debilitado e no acompanhante.

Essa área me interessa desenvolver como tese de Mestrado. Eu voltei para a FAU como aluna ouvinte, depois da Especialização, para pensar nessa questão. A humanização dos hospitais aparece como uma tendência de eles se parecerem com hotéis. O saguão do hospital se parecendo com o saguão do hotel, com átrio, com água, com cores, com música, até a própria unidade habitacional ou – no caso dos hospitais – a unidade de internação – também tem uma infraestrutura de serviços como a hoteleira. Às vezes, você tem frigobar no quarto dependendo da dieta do paciente, ou que vai atender o acompanhante. Há carrinhos nos corredores com revistas, aperitivos para acompanhantes e visitantes. Isso com relação a serviços.

Com relação à Arquitetura, você pode ter cores diferentes daquele branco total ou daquele verde hospitalar. Você pode ter uma iluminação mais adequada, tanto para o paciente quanto para deixar a ambientação mais suave, mais gostosa. E por aí vai.

Na verdade eu quero desenvolver uma tese sobre isso. Então fui buscar mais embasamento para entender a hotelaria hospitalar, na Especialização da Fundação Getúlio Vargas. Quero poder projetar algum dia um hospital. Nunca projetei hospital, nem trabalhei em algum escritório que tivesse projetado. Eu me interessei muito pela estrutura do curso da FGV, que tinha duração de um ano, com boa carga de disciplinas na área de Administração – o que também me interessava – depois, eu tinha aulas todas as noites e passou muito rápido. Eu tive algumas disciplinas que eu achava que tinha que ter tido: Economia, Teoria Geral da Administração, Contabilidade e Administração Financeira. Certas coisas que, até para quem tem um escritório, são importantes. Por isso só me acrescentaram, embora eu não vá fazer uso direto daquilo que eu aprendi. Tive uma matéria explicando o sistema de saúde brasileiro em comparação com o mundo. A disciplina de planejamento físico deixou muito a desejar, porque eu não vi uma planta... Mas o curso valeu pela parte administrativa e financeira, tanto quanto pela parte hospitalar.

Eu também quis fazer essa Especialização como currículo, para não ficar parada e porque eu tenho um prazo na minha vida pessoal: em maio eu me caso. Então eu queria fazer tudo, ou antes de maio ou depois, porque é uma vida até maio e, de maio em diante, é outra. Estarei começando uma outra etapa. Tem um divisor de águas aí. Eu não sei efetivamente o que vai mudar na minha vida, mas sei que alguma coisa vai mudar. Muitas coisas vão mudar. Então estou me planejando para maio e, depois de maio, vou ver como as coisas vão ser.

O fato de eu estar aqui no Senac tem muito a ver com meu momento de vida. Para mim é importante ter uma segurança, não só porque eu assumi certos gastos – estou procurando uma vida independente e tenho que honrar meus compromissos – mas também porque estava precisando de uma situação estável para estar organizando a minha vida, fazer as coisas certinhas...

O Senac é uma empresa que valoriza a qualificação do profissional, no sentido de oferecer oportunidades de aprendizado. Tem uma equipe de trabalho, a melhor que eu já tive até hoje, principalmente porque é multidisciplinar. Então a gente tem muita troca de informações, o que é muito interessante para mim agora. Melhor do que ganhar dinheiro, agora eu preciso estar aprendendo, construindo, me enriquecendo, para depois vir a colher...

As pessoas ainda criticam muito a presença do computador na Arquitetura. Eu tive uma fase na faculdade em que não se permitia entregar um projeto feito no computador ou, quando era permitido, não era visto com bons olhos.

Durante a faculdade, eu fiz o curso para aprender a lidar com o AutoCAD, mas não usava. Passei a usar, quando comecei a trabalhar.

No TGI, que foi um trabalho mais completo, todo o processo inicial de criação foi feito à mão. Eu ainda acho que é mais fácil começar alguma coisa desenhando, rabiscando, croquisando, mesmo que o seu croqui não seja lindo como o do Paulo Mendes da Rocha. Ainda é mais fácil para apagar, refazer e pensar. Em contrapartida, uma vez que você já tenha um partido, um programa inicial, um estudo preliminar pronto, é muito mais fácil estar levando isso para o computador, porque as alterações que você vai fazer são pequenas. Aí a tecnologia possibilita fazer alterações, reproduzir diversas cópias, ampliar, reduzir, fazer coisas com uma facilidade que você não faria há alguns anos atrás, quando se dependia só do nanquim. Tinha época que nem xerox existia. Eu vejo a tecnologia de uma forma muito boa, porque veio para contribuir, otimizar os processos e não para substituir a parte de criação, a parte artística.

Arquitetura é arte e técnica, porque ela tem que ser funcional, tem que corresponder ao que o mercado precisa. Arquitetura não é só uma questão filosófica. Depende do seu público-alvo, depende de para quem você está trabalhando. Tem muito arquiteto que não gosta de ver esse lado, porque vê isso como Arquitetura comercial. Mas eu discordo. Nós vivemos num país capitalista e a Arquitetura é comercial, sim, muitas vezes. Não que você não tenha que ter uma preocupação com o todo, com o pensamento global. Eu não vou fazer aqui um prédio estapafúrdio, que não tenha nada a ver com o ambiente, com o entorno, com o impacto que ele vai causar. Esse, sim, é um pensamento maior. A Arquitetura tem a parte estética, a parte plástica muito forte, o que a difere da Engenharia. Mas você deve estar fazendo alguma coisa funcional, correta, que seja efetivamente para o uso a que se destina, mas que tenha uma plasticidade, uma estética, uma beleza, que tenha criatividade, que tenha inovação, e por aí vai... Acho que essas coisas não andam separadas.

Eu vejo, por exemplo, os prédios do Niemeyer. Quando ele faz um edifício que tenha um partido arquitetônico mais livre, como uma catedral, eu acho que o resultado é belíssimo. Eu sou fã do trabalho dele, em termos de projetos de partidos livres. Só que quando ele faz um Memorial da América Latina, em que você tem um partido mais específico, um público mais específico, você tem que obedecer a certa funcionalidade, nem sempre essa estética consegue se adequar à funcionalidade que esse edifício precisa ter. Então, muitas vezes, essa plasticidade toda dos espaços é "por fora bela viola, por dentro pão bolorento". Depois você fica tentando adequar os espaços internos, em função da linda calota branca que você criou. Eu acho que isso não faz sentido. Eu acho que o belo é você conseguir fazer uma determinada forma inusitada, inesperada, que combina com o *skyline*, mas que também seja racional, que também tenha sua racionalidade de fluxos internos, sejam espaços bem desenvolvidos, tecnologicamente corretos em termos acústicos, em termos técnicos. Acho que isso também é papel do arquiteto, e não só a parte estética.

Como lazer, gosto muito de viajar. Se eu pudesse, seria o que mais faria, principalmente viagens culturais, para conhecer lugares. Mas também ir para a praia, relaxar, brincar com a minha sobrinha, sair com meu namorado, cinema, filmes no vídeo e coisas pacatas, assim. Curto muito meus amigos, principalmente minha turma da FAU, com quem sempre me relacionei muito bem. A gente continua saindo, mesmo depois de quatro anos que a gente está formada. Tenho um pequeno grupo das meninas que estudaram comigo, desde a quinta série. Uma vez por mês, a gente se encontra. Cada uma está numa área. Uma delas é psicóloga. E todo mês a gente se encontra para fofocar. Esse é o meu lazer. Embora eu faça o meu trabalho com bastante prazer, não me sinto obrigada, cansada. Claro que nem sempre a gente consegue fazer o filé mignon, digamos assim, que é a parte criativa, desenvolver partidos arquitetônicos, começar projetos, traçar as linhas gerais. Depois desse primeiro estalo, de você conseguir criar alguma coisa, é que vem a parte mecânica e braçal, que vai concretizar a ideia. Esses, para mim, são os "ossos do ofício" do arquiteto.

É bom falar sobre a vida. Acho que a gente passa muito tempo sem falar das coisas importantes. A gente se vê numa rotina, executando o trabalho, apagando incêndios, e não para para avaliar.

Esse depoimento tem o caráter de avaliar, lembrar dos fatos, organizar as ideias, colocando tudo numa linha de tempo. Acho que eu nunca tinha pensado sobre tudo isso que eu falei agora para você, tão rápido, resumindo tudo que eu vivi ao longo desses anos. Tem um caráter de retrospectiva, uma análise. É bacana isso!

Tem um pouco de saudosismo, porque foi um tempo muito bom na minha vida o da faculdade. Por mais que eu tivesse responsabilidades, a vida era muito mais leve. Tenho um pouco de saudade.

Naquele tempo eu era mais leve. Eu podia brigar com você

hoje, e amanhã já tinha esquecido. Hoje não. Hoje as coisas são mais complicadas. Eu estou percebendo que eu já não sou mais a mesma. Eu perdi um pouco dessa leveza, porque eu complico um pouco as coisas. A gente sempre complica quando fica analisando todas as coisas, as pessoas, os meandros, os envolvimentos com os outros. Por outro lado, acho que eu ganhei, porque talvez tudo isso represente um pouco de amadurecimento, que vem com o tempo. Eu vejo alguns colegas que ainda não se encontraram, que parecem ainda não ter conseguido traçar os caminhos da vida, os objetivos. Eu vejo que é importante traçar objetivos, saber o que se quer fazer a médio e longo prazo. Então, eu perdi e ganhei.

Talvez as pessoas vivam melhor quando estão mais leves, sem pensar no que vão fazer amanhã, mas eu sei que já não conseguiria voltar a ser quem eu era quando não tinha essas responsabilidades, quando não fazia tantas cobranças de mim mesma. Eu vejo que não conseguiria ser mais assim, mas vejo que há pessoas que ainda são.

Acho que, no fim, tem mais ganhos do que perdas. Eu não sou uma pessoa de falar muito de mim. Na minha relação com meu namorado, eu mais ouço o que ele tem para dizer do que falo, até porque ele é bem mais aberto. Nesse tempo todo, eu tenho me fechado muito com a minha própria família, por motivos pessoais. Acho que quando entrei na FAU, eu era bem mais aberta, mas à medida que fui ganhando a minha independência, fui me fechando no meu mundo, nas minhas coisas, nas minhas atividades. Então, para mim, é bom poder contar, parar para avaliar isso tudo, refletir, tentar me entender.

Durante um ano, eu fiz uma terapia. Foi muito bom. Parei porque eu não queria pagar. Era muito caro. Eu procurei essa terapia porque eu estava namorando, havia três anos e a minha cunhada faleceu, no acidente da TAM. Ela tinha 27 anos, estava casada havia seis meses. Eu participei dos preparativos do casamento dela, da festa... Então, foi um baque para mim, para o Sérgio e para toda a família dele, com quem eu já estava muito envolvida. Isso gerou muitos reflexos no nosso namoro, muitos reflexos em mim mesma. Então eu achei que precisava procurar uma terapia. Acho que foi muito bom. Aprendi muito e acho que todo mundo deveria fazer essa experiência, para aprender a se conhecer melhor, você começa a olhar as coisas sob um ponto de vista que eu nunca tinha olhado. Foi muito bom, porque a psicóloga não me dizia o que eu tinha que fazer, ela só me induzia a pensar às vezes. Ao falar, eu mesma pensava sobre as coisas.

Nesse momento da nossa conversa, eu vejo que a gente não faz isso no dia-a-dia, a gente não para para pensar. Acho que a gente se envolve demais com a rotina. Acho que a gente tem uma tendência a ficar, não com o todo, mas com aquilo que é pequenininho, as tarefas, as coisas mecânicas. O todo envolve seus objetivos de vida, é você. É difícil dizer...

Muitas vezes eu não sei o que eu gostaria de ser ou de fazer para ser feliz. O que poderia acontecer agora para que eu fosse muito feliz? Não tem. Talvez porque não seja uma coisa, seja um conjunto de coisas. Ou talvez a gente seja muito exigente. Se tem uma coisinha que não está legal, a gente não enxerga as coisas boas. Então, acho que esse todo, é não perder de vista quem eu sou, porque estou aqui, e não só o que estou realizando na minha vida, como estou interagindo com as pessoas ao meu redor, o que eu produzi. Eu fico mal-humorada quando não produzo, porque fico me cobrando aquilo que não produzi, porque parece que eu não vivi. Mas será que é assim?

Eu não sou só Arquitetura. A FAU estimulou mais o meu perfeccionismo, mas eu sou resultado de um conjunto de coisas, um projeto que não tem fim.

... e que continua no olhar brilhante
e sorridente do "ainda-não"...

Tatiana Ferreira Damasceno

"A gente precisa fazer coisas que alimentem a vida"

> *A arquiteta Tatiana, nascida em São Bernardo do Campo em 13 de julho de 1973, concedeu esta entrevista no dia 08 de dezembro de 2000, data de seu aniversário de casamento, num horário de almoço saborosamente prolongado, no escritório em que trabalha.*

Não sei bem porque escolhi a Arquitetura. Normalmente, as pessoas com quem eu convivo, com quem eu trabalho, tinham um arquiteto presente na formação, um parente ou amigo. Eu nunca tive isso. Minha família é de origem humilde. Meus pais não fizeram faculdade. O contato que tive com a Arquitetura foi por meio das construções.

Eu me lembro de uma época em que a gente foi à inauguração de uma biblioteca no bairro onde eu morava, e o prédio era novinho, bonito, diferente das construções habituais a que a gente tinha acesso; e eu comecei a olhar as construções de um modo diferente, a perceber que cada uma tinha uma intenção própria. Esse olhar as construções de um modo diferente foi fazendo com que me voltasse para a Arquitetura.

Eu tenho para mim que a Arquitetura é uma coisa que comove as pessoas, ela as toca de alguma maneira, assim como quando você está lendo um poema: ele também tem poder de comover.

Voltando aos meus pais. Como eu disse, eles são humildes, não estudaram, são da Paraíba, vieram de lá para tentar a vida em São Paulo e acabaram se instalando no ABC, por causa das montadoras. A minha família tem o perfil operário. Meu pai é uma pessoa em que eu me espelho muito. Ele é muito inteligente, além de ser uma pessoa muito esforçada, muito idealista. Parece que ele tem o perfil típico das pessoas da geração dele que, eu acho, eram muito idealistas.

Meu pai filiou-se ao PT logo que o partido foi fundado, participou de todos os movimentos e de todas as greves, e eu sempre admirei muito isso – apesar da ausência dele – porque ele tinha a preocupação política e era muito ativo e muito presente na luta pelo fim da ditadura e pela democracia. Ele foi operário da Volkswagen e sempre participou da comissão de fábrica. Acabou sofrendo perseguições e sendo demitido pela atuação política, mas eu continuei admirando o envolvimento dele.

Como filha mais velha, logo comecei a trabalhar e, antes de entrar na faculdade, fiz curso técnico já voltado para formação em Arquitetura, porque nunca pensei em outra coisa que pudesse fazer na vida como profissão. Não sei exatamente porque, mas sempre foi Arquitetura que eu quis fazer.

Quando eu fiz o curso técnico – edificações –, a formação ainda não envolvia informática. A gente tinha que desenvolver o desenho técnico, usando alguns instrumentos específicos. Quando entrei na faculdade, nenhum dos meus colegas conhecia aranha, normógrafo e outras coisas. A revolução da informática, para mim, tem sido gritante. Quando entrei na faculdade, não precisava mais usar aqueles instrumentos que eu aprendi a usar um pouquinho antes, no colégio. A partir do segundo ano, quem não soubesse trabalhar com o AutoCAD não conseguia estágio. As coisas mudaram muito rápido! No começo do curso eu tive dificuldade de conseguir estágio, porque não estava inteirada sobre o uso do computador. E a faculdade dá uma formação muito básica nesse aspecto. A gente aprende a trabalhar com o AutoCAD na prática do estágio mesmo.

Já no cursinho, passei a ter acesso a uma literatura mais especializada. Comecei a ler Artigas, sobre o papel social da Arquitetura, e isso foi casando com a formação que eu tinha em casa, sobre a preocupação com o social, com o coletivo, e com tudo o que eu admirava nessa formação. Daí a minha opção por estudar urbanismo. Quero fazer Mestrado e Doutorado nessa área. Inclusive, meu trabalho de graduação foi sobre planejamento urbano. Eu fiz um estudo sobre o grande ABC mesmo, porque acho que é uma forma de a minha formação estar acrescentando alguma coisa para a região em que nasci; além de retribuir a ajuda que recebi com a bolsa para poder estudar.

Meu estudo foi muito interessante e teve o sentido de contribuir com o plano de (re)desenvolvimento econômico do Grande ABC, pontuado pelas prefeituras do PT, que têm toda uma preocupação com planejamento urbano e econômico com desenvolvimento social.

Sou a filha mais velha, com 27 anos, e tenho dois irmãos: minha irmã tem uma história completamente diferente, ela leciona Espanhol e não quer saber de estudar; meu irmão tem 18 anos, está terminando o colegial e agora que vai decidir os rumos, eu percebo nele uma angústia de não saber exatamente para onde ir, o que fazer, que eu nunca tive... É até estranho, porque aquelas dúvidas sobre "que será que eu vou fazer? será que eu vou me dar bem? será que eu vou ganhar dinheiro?", nunca passaram pela minha cabeça. Eu sou sincera ao dizer que eu nunca soube de outra profissão que eu quisesse ter na vida.

Houve muita preocupação com dinheiro porque, como disse, minha família é humilde, não tinha dinheiro, e uma decisão dessas quando não se tem um berço-de-ouro obriga a correr atrás, trabalhar muito. Nessa época eu já estava trabalhando como telefonista na Prefeitura de São Bernardo do Campo para poder pagar o cursinho. Quando passei no vestibular, foi muito difícil sair da Prefeitura, porque eu tinha carteira assinada, 13º salário e todos os benefícios e, trabalhar como estagiária – como as pessoas brincam – é quase um trabalho beneficente. Então eu vivi uma grande crise, porque tinha que trocar o certo pelo completamente duvidoso. Por sorte eu consegui a bolsa de estudos. Trabalhei muito para isso, mas consegui... Então comecei a estagiar.

Meu primeiro estágio foi com a ajuda de uma prima do meu marido, que é arquiteta da Frontal Arquitetos Associados, uma empresa que desenvolve embalagens. Trabalhei com eles durante uns três meses. Também trabalhei na Textura Arquitetos Associados, que fazia estudos de cor. Eles tinham um convênio com a Suvinil para o desenvolvimento dos estudos (lá, eu comecei a aprender como lidar com o CAD) Depois, para pagar a bolsa de estudos, trabalhei na Prefeitura de São Bernardo, onde mexia com arquitetura de postos de saúde, creches, escolas, e na Prefeitura de São Paulo, com a legislação na área de desapropriações, que era um trabalho bem burocrático. Em seguida, fui para a Blanco & Jatobá, que fazia principalmente arquitetura de lojas. De lá, trabalhei com a Maria Fernanda Fernandes, uma arquiteta de Alphaville que mexia mais com decoração. Depois, trabalhei com o Jorge Bonfim, que é um dos maiores arquitetos do Grande ABC, um profissional com muita credibilidade: quando se diz "Esse prédio é do Jorge Bonfim", logo se vendem todos os apartamentos. O Jorge é uma pessoa muito difícil, mas é um excelente arquiteto. Eu aprendi muito com ele e foi lá que eu conheci o Sr. Toru, que é arquiteto colaborador do Jorge. De lá, vim para este escritório, para trabalhar com o Roberto. O Roberto é um arquiteto muito legal. É uma pessoa muito aberta e muito correta também. Eu tenho tido sorte de me cercar de pessoas idealistas e corretas. O Roberto tem uma produção muito variada. A gente tem trabalhado com lojas, residências, supermercados, hotéis... Aqui você faz tudo no computador. Se falta energia elétrica, não dá para trabalhar, porque está tudo no computador.

Eu acho que, de certa forma, a minha família não tem a verdadeira noção do meu trabalho. Quando fiz a monografia sobre o Grande ABC, eu levei para o meu pai, mas ele não conseguiu captar como isso tem a ver com toda a preocupação social dele... Talvez porque ele tivesse sofrido um enfarto quando eu estava terminando a faculdade e logo depois tenha falecido... Mas eu dediquei a monografia a ele. Para a minha família, agora que estou formada, eu estou com a vida feita, não tenho mais que me preocupar, já tenho o diploma na mão e está tudo muito bom. Eles têm essa mentalidade mais simplória: primeiro filho que fez faculdade, o primeiro diploma da família... e fica nisso... Na época da faculdade, a preocupação maior deles era, realmente, como dar a formação que eu queria. Nisso me apoiaram muito.

Quando entrei na faculdade (em 1993, no Mackenzie), eu estava deslumbrada!... Criei uma imagem e fiquei nela muito tempo... Até hoje, acho que eu sou muito inocente... Às vezes eu fico muito irritada comigo mesma por isso. Eu queria fazer tudo o que os professores mandavam. Eles indicavam 50 milhões de livros e eu queria ler todos ao mesmo tempo. Mas não era possível. Eu não tinha tempo. Depois que entrei na faculdade, saí da Prefeitura e já comecei a estagiar. Mas, isso também acabou sendo bom para mim, porque agora eu tenho um currículo razoável. Não que eu tenha trabalhado com grandes arquitetos ou feito obras muito grandes, mas eu tenho experiência em várias áreas: residencial, comercial... Agora a gente está trabalhando com hotéis e supermercados. Então, foi muito importante para mim trabalhar desde o começo.

Talvez aquele deslumbramento seja normal, porque a gente passa pelo cursinho com aquela preocupação do vestibular, parece que a vida está resumida àquele final de ano. Mas é aí que começa de verdade.

No Mackenzie eu tive contato com professores muito legais que puderam canalizar essa minha vontade para o que era importante, conseguiram direcionar isso. Na época a gente trabalhou muito com projetos de mutirões e organização de favelas. O próprio centro acadêmico tinha essa preocupação. Havia cursos e concursos, porque havia a preocupação de que a gente tivesse contato com as pessoas, descobrir qual a casa ideal para o povo. Meu contato mais forte foi com o planejamento urbano mesmo. Fizemos várias visitas a escritórios que trabalhavam com isso, prestamos assessorias a cooperativas, mas sempre acompanhando e percebendo como as coisas aconteciam, como alunos. Uma participação mais efetiva a gente realmente não teve, mas acompanhar e perceber o que estava acontecendo foi muito legal, porque dava a sensação de estar colocando a mão na massa, vendo o que funcionava, o que não funcionava e o que as pessoas esperavam, mas sem preocupação com dinheiro. A preocupação era com outros ideais... É... foi mais ou menos por aí.

O que eu acho que para mim foi muito legal foi aquela coisa que eu falei sobre comover. Os prédios que eu visitei não eram sempre prédios de grande valor arquitetônico, mas eram prédios que tinham algum tipo de interesse e iam trabalhando a nossa intuição, a nossa percepção. Os professores criavam os roteiros: MASP, Memorial da América Latina, Centro Cultural São Paulo... e você começa a entender o... desígnio. É... acho que a palavra ideal mesmo é desígnio: quando você está projetando, é preciso saber que ideia quer passar para quem está entrando lá, como comover, que ponto sensibilizar. Isso eu acho muito interessante.

Por outro lado, também tive muitas frustrações na época da faculdade. As mais sentidas eram as materiais: não poder participar das excursões que o pessoal organizava para vários lugares, para a Europa... Mas também tem a frustração de ver que aquilo que você idealizou e que achou que era tão fácil, como a questão dos mutirões, encontra tantos entraves burocráticos, financeiros, sociais, políticos... Boas intenções, parece que todo mundo tem, mas depois acabam abandonando para se preocupar com o dia-a-dia, com as suas coisas.

O maior problema no planejamento urbano é que os interesses não são os da coletividade. Existem muitos estudos maravilhosos de estudiosos e acadêmicos, que poderiam melhorar – e muito – circulação, transporte... mas começam a entrar em jogo interesses financeiros... e as coisas se perdem. Aí... aquele idealismo todo... a gente começa a ficar adulto, na verdade...

Acho que ainda não fiquei adulta. Ainda me acho muito inocente e idealista. Mas ainda tenho um tempinho para isso, até os 30 anos pelo menos... Algumas pessoas dizem que se você continua idealista depois disso, é por falta de imaginação. Eu não quero pensar assim... Eu não queria abrir mão do meu idealismo. Tive oportunidade de trabalhar com arquitetos que tiveram a condição de criar coisas, trabalhar, ter sua vida profissional, sem ter cedido, sem ter perdido o ideal. Eu trabalhei com o arquiteto Toru Kanasawa, que estudou no Mackenzie e já está bem velhinho, com uns 85 anos. Ele conta que já teve oportunidade de fazer prédios de apartamentos, que os empresários queriam diminuir medidas aqui e ali, mas ele não aceitava essas coisas: ou ele conseguia impor seu ponto de vista ou abria mão do projeto, porque ele queria fazer coisas arquitetonicamente boas, que tivessem funcionalidade, que tivessem qualidade para habitar. Ele não cedia a certas pressões. Hoje em dia, mesmo os prédios de alto padrão espremem tudo para achar um preço legal e aumentar o lucro. O Sr. Toru não aceita isso. Ele foi arquiteto da Prefeitura de São Bernardo, criou o Paço Municipal, entre outras obras, e conta que o seu maior orgulho é poder deitar a cabeça no travesseiro e dormir tranquilo, por sempre ter lutado pelo que acredita. Trabalhar com ele foi uma lição, porque ele está na época de fazer um balanço da vida e vai falando bastante de todas as coisas que ele viveu, até mesmo das desilusões com a carreira, que não teve tantos louros e glórias, mas que teve muita dignidade.

Aquela biblioteca de que eu falei que conheci quando era criança, foi projeto do Sr. Toru. Foi uma grande emoção quando eu soube que estava trabalhando com o arquiteto que projetou aquele prédio! Profissionalmente, o arquiteto Toru Kanasawa é a pessoa em quem eu me espelho. Mas, se eu for falar dos ícones, tem principalmente o Lúcio Costa e Artigas.

Outra coisa que eu acho importante é a tecnologia da construção. Outro dia, estava lendo uma revista da área, que mostrava um sistema pré-fabricado de construção, semelhante às casas americanas, que possibilita construir muito mais rápido – em coisa de três meses – com um custo muito menor, até porque já estão fabricando as peças no Brasil. Mais rápido, mais barato, e o sonho da casa está realizado. Eu acho que a gente está perdendo uma grande chance de desenvolver essa tecnologia seriamente, para a habitação popular. Já existem algumas coisas... O Cingapura, apesar de todas as críticas, utilizou alguma coisa disso, mas não existe uma vontade política real para resolver a questão da habitação popular, que daria dignidade às pessoas... Na minha monografia eu trato um pouco disso, da questão da cidadania ligada à habitação popular, mas acabam achando que é "discurso ideológico de pós-adolescente". Eu não acho.

Eu acho que cidadania começa por ter um lugar decente para morar. Quantas vezes, a gente pergunta para alguém onde mora e a pessoa diz o nome do bairro, e logo emenda "mas, pode deixar que eu venho, não precisa ir lá"? Isso acontece porque não existe dignidade onde ela mora, ela não se sente feliz onde está. Como o governo tem resistência em resolver esse problema, isso fica nas mãos de outras instituições, das ONGs. É uma luta...

Meu marido é músico. Ele é baterista. Então eu comecei a traçar paralelos entre a Arquitetura e a música, que também é muito legal. Comecei a pensar sobre a modulação, o ritmo, a sincronicidade em que as coisas acontecem. Para mim, tudo isso é uma espécie de ciência da sensibilidade humana. Mas, além disso, há a questão de o espaço servir ao que as pessoas esperam: um espaço que acomode, um espaço que induza a trabalhar... Isso eu também acho muito interessante: existir uma *ciência* que direcione essas atitudes, certos dispositivos que possam estimular a pessoa a trabalhar, a descansar, a se sentir segura – que eu acho que é o principal na construção, ser um abrigo.

Eu conheço meu marido há 11 anos. A gente começou a namorar, eu tinha 15 e ele 17. Chegou um ponto em que a gente casava ou separava (namoro muito comprido é complicado), então... casamos. Ele sempre me apoiou muito nessa escolha profissional e tem me ajudado muito a ir adiante. Normalmente, em relacionamentos que começam muito cedo, cada um acaba desenvolvendo um interesse diferente e cada um vai para um lado. No nosso caso, a gente tem conseguido evoluir junto. Agora ele está cursando a faculdade de música e, de vez em quando, eu assisto a uma aula com ele, sobre contraponto, porque o contraponto na música tem muitos paralelos com a Arquitetura. Eu tentei pensar a elaboração do meu projeto na faculdade, buscando criar um ritmo diferente, um diálogo entre cheio e vazio... Por isso, a convivência com meu marido tem sido muito enriquecedora – isso só para falar do plano profissional... No plano pessoal, nem se fala... A gente tem a vida inteira pela frente! Ele é o meu eixo, mesmo.

A gente gosta muito de cinema. Sempre vamos ao cinema... cinema de arte. Eu tive acesso a alguma coisa nesse sentido na faculdade, e comecei a desenvolver o gosto. Meu marido partilha isso comigo. Também gostamos de ir a exposições e shows. O Alê acompanha muito os amigos dele e, mesmo outros artistas de quem a gente gosta, a gente costuma acompanhar. Teatro a gente não frequenta muito, mas eu gostaria de ir mais, porque me interesso muito por cenografia. Para mim, a cenografia é o ponto mais poético que se pode ter em Arquitetura. É a ponte entre as duas artes. Também gosto muito de poesia e tenho me dedicado a isso. Depois que me formei, decidi me dedicar a tudo que eu queria fazer e não podia. Por isso tenho me dedicado à poesia e à literatura em geral, principalmente os clássicos da literatura francesa e alemã.

Ultimamente, os dois grandes escritores da minha vida são Marcel Proust e Jean-Paul Sartre. A coleção do Proust – *O tempo perdido* – foi uma lição. Tem uma apreensão do ser humano muito comovente. Aquela coisa de comover de que eu falo, o Proust consegue isso. É uma coisa direta. Li também *A idade da razão*, do Sartre. É superpessimista, mas é superimportante para refletir, porque a gente chega numa idade que começa a olhar o que tem feito da vida, o que está colhendo. Ler esse livro é cair em si, perceber a maturidade adquirida... Fora tudo isso, eu adoro andar de bicicleta.

Eu acho que é muito importante fazer essas coisas todas, porque elas têm a ver com a Arquitetura. Quando a gente escolhe uma área como essa, a gente precisa fazer coisas que alimentem a vida. A área de Humanas tem muita coisa que preenche você. Para mim, a arte é isso: é humana, toca você, comove. Mas a arte é muito ampla, tem milhões de portas e de fechaduras. São zilhões de opções artísticas, propostas artísticas, influências artísticas... mas não são todas que vão influenciar. Aquilo que me influencia, talvez não influencie você ou outra pessoa. O grande barato da arte é esse: estabelecer a ligação entre quem dá e quem recebe e possibilitar que quem recebe dê o seu testemunho sobre o que recebeu e possa expressar isso também...

Falar sobre tudo isso está sendo melhor que uma terapia! A gente nunca tem tempo para falar sobre si mesmo. Você é formada – mais ou menos – para pensar, formada para agir, mas não tem espaço para se sentir. Claro que a gente tem angústias e diálogos internos sobre a carreira e tudo isso... Às vezes, tem algumas pessoas muito próximas, o marido... no máximo o pai e a mãe ou um amigo com quem você pode falar algumas coisas. Mas estou pensando, agora, que a gente não fala de si...

No momento em que se exterioriza, parece que você se autoafirma, fica mais forte. É gratificante poder verbalizar e sentir quem a gente é, o que a gente faz, como a gente sente... além de poder imaginar que isso pode ser uma contribuição para alguém!...

> *Os grandes olhos verdes de Tatiana sorriam vivazes, todo o tempo de nossa conversa. Sempre meiga, ela parecia sorver de sua própria narrativa mais uma lição sobre si mesma. Quando essa perspectiva parecia presente, sorria ainda mais, como que desfrutando a viagem pela própria história...*

Marcelo Pucci

"A gente nunca sabe o dia de amanhã"

Arquiteto, solteiro, nascido em São Paulo em 6 de novembro de 1971, Marcelo Pucci procurou ser prático ao marcar o encontro em que contaria sua história, buscando um local de fácil acesso a ambos – narrador e pesquisadora. Assim, o ouvi numa sala de aula de uma faculdade em que leciono, em 27 de novembro de 2000, num final de tarde que já mostrava a intensidade do verão.

Desde pequeno, vendo revistas e jornais, me chamava a atenção plantas, perspectivas e desenhos... Aquilo aguçava minha imaginação e eu ficava imaginando como ficaria depois de pronto, como seriam os ambientes, os tamanhos, as formas...

Sempre que tinha uma casa construindo ou reformando, eu gostava de ver o que estava sendo feito, como, qual era o resultado. Isso era intrigante para mim. Eu observava que onde antes havia um terreno baldio, agora existia uma casa com gente morando. Isso alimentava a minha imaginação. E também gostava brincar com Playmobil e com bloquinhos. Ficava horas montando casinhas, predinhos, cidades... Era brincadeira, mas também tinha algo de realidade.

No dia em que eu comecei a pensar o que fazer da minha vida, a primeira coisa que veio à mente foi Engenharia, porque é a profissão em que todo mundo pensa quando se fala em construção. Mas já havia três arquitetos na família. Cada irmão do meu pai tem um filho arquiteto. Minha prima mais velha foi quem mais me incentivou, trazendo materiais e livros para eu observar. Eu sabia que Engenharia era uma área mais técnica e que Arquitetura era uma área mais criativa. Então decidi pela Arquitetura. Passei em três faculdades: a de Guarulhos, a Belas Artes e a FAAP, porque sempre achei que entrar na USP seria muito difícil: a FAU é muito concorrida. Acabei optando pela FAAP.

Apesar dos três outros arquitetos na família, meu pai não conhecia muito sobre Arquitetura. Ele perguntava: "Mas, o que arquiteto faz? Arquiteto ganha dinheiro?" Eu colocava meus argumentos para ele e dizia que ele podia conversar com meus primos arquitetos sobre isso também. Chegou a me aconselhar a fazer algum curso mais ligado à área de Administração, mas nunca recriminou minha escolha e sempre me apoiou. Meu pai não teve oportunidade de fazer faculdade e sempre quis que os dois filhos tivessem uma formação completa. Embora eu já estivesse trabalhando e ajudasse a pagar o curso, mesmo com uma contribuição simbólica, toda vez que a mensalidade subia de preço ele perguntava: "Será que vale a pena?" Eu dizia que sim e ele não criava problema. Já minha mãe, me apoiava e adorava acompanhar meus trabalhos.

Quando entrei na faculdade, tinha a expectativa e o interesse de participar tanto da vida acadêmica quanto da profissional. Por outro lado, meu pai me incentivava a trabalhar na área e ter meu próprio dinheiro, para criar responsabilidade e pegar experiência. A gente nunca sabe o dia de amanhã. Por isso eu aceitei a primeira oportunidade que surgiu e não parei mais. Eu achava que não tinha nada a perder e só ganhei mesmo. Aprendi muito mais nos diversos estágios do que na própria faculdade. Nas aulas, eu tinha uma complementação do que aprendia no trabalho. Algumas matérias do terceiro ano eu já conhecia, porque havia aprendido na experiência prática.

O primeiro ano de curso foi de adaptação total. A FAAP tem um perfil de alunos de classe econômica mais elevada e, embora em casa nunca tenhamos passado dificuldades, meu pai sempre lutou por tudo que tem e levávamos uma vida simples. As aulas eram à tarde e eu era o único da turma a trabalhar até a metade do segundo ano. Aquilo tudo para mim era um choque. Houve momentos em que eu me anulei um pouco. Até cheguei a tentar transferência, mas as adaptações de currículo e o custo não compensavam, então continuei na FAAP e fui me adaptando. A gente nunca sabe o dia de amanhã. No primeiro ano, eu não tinha muitas amizades e contatos, mas todo mundo acabou virando amigo mais tarde. Mesmo o fato de estar trabalhando também me diferenciava, porque eu já tinha mais responsabilidades e deveres que os meus colegas.

Ao longo do curso as coisas foram mudando, a turma foi amadurecendo, desenvolvendo maior responsabilidade, começando a trabalhar. Fui me adaptando melhor e passei a me interessar pelos assuntos da faculdade, pelo diretório acadêmico, pela representação estudantil. Eu queria dar minha contribuição à comunidade acadêmica. Acho importante isso e por causa desse envolvimento, acabei conhecendo alunos de todos os cursos. Sinto saudade dessa época!... Essa participação foi o que mais marcou meu tempo de faculdade. A gente desenvolve mais responsabilidade e uma visão mais ampla. Eu trabalhava de manhã, assistia às aulas à tarde e ficava às voltas com as atividades do diretório à noite. Mas foi uma experiência excitante aprender a lidar com as pessoas, entender como elas veem os mesmos problemas que todos estão vivendo. A gente nunca sabe o dia de amanhã. É muito interessante.

Eu não me sentiria bem sendo um mero aluno, que assistia às aulas e voltava para casa, sem participar de mais nada. Onde eu estou eu me envolvo, eu visto a camisa. Se puder ajudar, eu ajudo. Isso é muito importante na minha personalidade.

Uma das coisas mais importantes dessa época foi a participação no reconhecimento do curso, além da participação no processo de discussões para as mudanças nas diretrizes curriculares do curso de Arquitetura no Brasil. Também criamos um jornalzinho que, até hoje, eu tenho o primeiro número guardado! Mas tive algumas frustrações também: acho importante alguns laboratórios, poder fazer experiências com materiais, saber porque esse ou aquele material é melhor ou é mais usado. O curso ainda fica muito preso ao aspecto teórico. Acho que a faculdade tem que pensar mais para fora, tem que dar a sua contribuição social. Vivemos num país com um déficit habitacional enorme. As faculdades não poderiam ajudar, através dos seus professores e alunos, desenvolvendo projetos, criando mutirões? Acho que poderiam, e muito!

Arquitetura não pode ser só o bonito e o agradável para quem tem dinheiro. Aquele que mora na periferia tem que ser orientado para fazer construções adequadas e também tem direito a conforto, à dignidade. A Arquitetura tem que atender a sua função social também.

Eu nunca alimentei muitas fantasias quanto à profissão. Talvez pelo fato de ter começado a trabalhar cedo e perceber a realidade. Mesmo sendo um simples estagiário, eu podia observar e ter boas noções de como as coisas acontecem. A gente nunca sabe o dia de amanhã.

A Arquitetura é uma área complexa, que depende muito do convívio social do profissional. Também há muita vaidade em jogo. Além disso, a profissão é muito instável. Em geral, ninguém emprega mais arquitetos. As empresas contratam o projeto. Apesar disso, eu nunca fui pessimista. Sou otimista nato e acho que temos que alimentar sonhos. Eu tenho sonhos e batalho por eles: ser reconhecido – não por ganhar rios de dinheiro ou aparecer nas colunas sociais, mas por ter um trabalho sério, criativo e profissional para mostrar. Eu não sonho ter dinheiro para comprar iate, avião... quero ter dinheiro para fazer o que eu gosto, quando eu quero. Só isso.

Quando me formei, fiquei seis meses parado, só desenvolvendo um projeto de uma portaria para um condomínio fechado com uma colega. Depois entrei num escritório que projetava prédios comerciais. Saí de lá porque os arquitetos iam se separar. Fui para um escritório que trabalha com entretenimento e diversões. Não gostei desse trabalho, talvez pela pessoa com quem eu trabalhava, uma decoradora que também era arquiteta, mas tinha um temperamento difícil.

Tenho plena consciência de que estou aprendendo todos os dias e que tenho muito para aprender. A gente nunca sabe o dia de amanhã. A Arquitetura é uma área muito ampla, que envolve muitas atividades. Tem gente que se encaminha para as artes plásticas, para a cenografia, para o paisagismo, para interiores, para pesquisa, para comunicação visual, para restauro...

Quando eu ainda trabalhava no escritório de projetos comerciais fiz uma boa amizade com uma das minhas coordenadoras, que acabou saindo de lá também. Um tempo depois, ela me ligou convidando para fazer parte da equipe que ela estava coordenando, de todo o levantamento para a restauração da Estação Júlio Prestes, que viria a se tornar a Sala São Paulo. Aceitei, acabei gostando, e estou nesse campo há três anos. E nunca tinha pensado que algum dia fosse trabalhar nessa área, mas acho que a gente tem que estar preparado para as oportunidades e sempre se atualizar.

A gente nunca sabe o dia de amanhã. Restauro é um campo recente para o arquiteto no Brasil. Agora é que as faculdades estão começando a se preocupar com isso. Eu mesmo estou pensando em fazer uma Especialização em restauro. É um campo que envolve História, pesquisa de materiais, análise de materiais. A restauração do patrimônio histórico está também ligada ao turismo, seja urbano, rural ou ambiental.

Eu gostei muito de ter participado da equipe de arquitetos na obra de restauro da Estação Júlio Prestes. Na verdade, nem conhecia o prédio. Todo mundo conhece ou já ouviu falar da Estação da Luz, mas da Estação Júlio Prestes, da Estrada de Ferro Sorocabana, ninguém lembra. No começo fiquei encantado com a dimensão do projeto. Tínhamos que fazer todo o levantamento métrico, arquitetônico e histórico do prédio, organizar todas as informações no computador, elaborar plantas, cortes, fachadas... Era desafiador e começamos imediatamente.

O trabalho foi crescendo. Trinta dias depois, avaliaram que a equipe estava pequena. Vieram estagiários... Chegamos a uma equipe de dez arquitetos, mais estagiários, todos trabalhado numa sala enorme, cheia de computadores, gente entrando e saindo... Uma loucura... Terminamos o levantamento para a licitação. Foi contratado o Arquiteto Nelson Dupré para assinar o projeto. Ele já tinha uma boa experiência. Já tinha feito o Teatro Dom Pedro II de Ribeirão Preto, entre outras obras. Ainda fizemos todo o levantamento e o projeto básico do prédio ao lado, que é o antigo prédio do DOPS. O trabalho adquiriu um vulto que a gente não esperava. Quando começou a obra, também participamos do projeto executivo. Eu fazia o acompanhamento, fotografava, elaborava os relatórios de obra. Participei de tudo, até os últimos dias da obra. Eu me divertia, porque muitas coisas lembravam aquelas brincadeiras de criança.

Quase no final das obras, fui convidado a colaborar na Secretaria de Recuperação de Bens Culturais do Estado de São Paulo, onde estou trabalhando agora. O Secretário foi um dos idealizadores da Sala São Paulo e nos conhecemos pela convivência durante todo o projeto. Essa Secretaria foi criada por um decreto do Governador, em 1997, porém não recebe verba do Estado. Os projetos se beneficiam da Lei de Incentivo à Cultura, patrocínio ou doação espontânea de empresas.

Tem sido muito interessante, porque atuamos no estado inteiro, viajamos para as cidades do interior a pedido dos prefeitos, para conhecer uma fazenda histórica, uma chaminé, uma antiga residência, uma igreja... conhecemos muita coisa e muitas pessoas. Além disso, tenho uma certa autonomia porque sou um dos coordenadores, com uma equipe grande que eu acompanho. Nosso papel é prestar assessoria no sentido da recuperação do patrimônio histórico. Feitos os levantamentos técnicos, nós também elaboramos os projetos para os encaminhamentos da Lei Rouanet. As empresas se interessam bastante por isso, porque são beneficiadas no Imposto de Renda. Nesse caso, o Instituto de Recuperação do Patrimônio Histórico – IPH – instituição sem fins lucrativos ligada à Secretaria – recebe e administra as doações. Também há obras em que a empresa patrocinadora paga diretamente ao prestador de serviço, sem que o dinheiro precise passar pelo Instituto que é, na verdade, uma espécie de mediador do Programa.

Além disso, nós também trabalhamos com presidiários em regime semiaberto do sistema penitenciário. O pessoal vem aprender e trabalhar durante o dia. O trabalho não é remunerado, mas a cada três dias de trabalho liberam um dia de pena. Nós temos gente trabalhando em restauro de móveis, em jardinagem, em manutenção... Esse é um trabalho social que a Secretaria foi autorizada a desenvolver e que está funcionando muito bem. É raro acontecer problemas, mas já houve um ou outro caso. Criar problemas não interessa ao presidiário, porque se ele não cumpre o acordo e foge, se for recapturado perde o direito a participar do projeto, voltando ao regime fechado. A gente percebe que eles gostam de participar, porque estão aprendendo um ofício e podem pensar num futuro diferente. Essa experiência tem dado tão certo, que já está se ampliando: o Parque Villa-Lobos já tem presidiários trabalhando na manutenção. Outras secretarias vêm se interessando pelo programa também.

Eu trabalho bastante, mas até mesmo as viagens de trabalho acabam se tornando lazer. As pessoas acolhem muito bem a gente e faz parte do trabalho conhecer a cidade, as pessoas que sabem histórias fantásticas sobre a região e a cultura local. Mas também gosto de passear, andar de bicicleta, fazer supermercado, visitar lojas de material de construção para ver as novidades, conversar... Sou sossegado, mas não gosto de fazer sempre as mesmas coisas. Gosto de variar as atividades. Também gosto de navegar na internet – nada de ficar muitas horas, não aguento – mas a gente tem que ter consciência de que o computador é uma ferramenta que está aí e deve ser usada. Não adianta ter acesso ao computador, que pode fazer mil maravilhas, mas não entender o que está por trás, não ter conhecimento. Computador é só ferramenta. Arquiteto precisa trabalhar as ideias na mão, no desenho, que ajuda a desenvolver, a amadurecer melhor essas ideias. Na faculdade mesmo, a gente aprendeu muito pouco de informática, porque também havia muita resistência dos professores sobre a influência da tecnologia de informação no trabalho do arquiteto.

Pode ser que chegue o dia em que você coloque um sensor e o computador leia as suas ideias e projete na tela, mas acho que isso não vai ser muito bom. Vai perder a graça. O interessante do processo criativo todo é sentar com os colegas ou clientes, discutir, trocar ideias. A tecnologia é ótima para substituir o trabalho braçal.

Na Arquitetura, a gente também tem que estar por dentro das inovações em tecnologia de construção. Há muita coisa interessante sendo desenvolvida em novos materiais.

Ontem eu fui a uma loja de material de construção para comprar um material de que eu estava precisando. A loja estava cheia de gente olhando, pesquisando, comprando. Fiquei pensando... Acho que todo mundo tem um pouco de arquiteto. Tem gente de bom gosto e gente de mau gosto. Alguns cuidam muito bem da sua casa, sem nunca ter precisado chamar um arquiteto para qualquer coisa. Eu acho que precisamos quebrar essa ideia de que o arquiteto é quem sabe de tudo, como se o arquiteto fosse o "dono do bom gosto". Por outro lado, as pessoas também pensam que o trabalho do arquiteto é muito caro. Isso não é sempre verdade: dependendo da obra, o arquiteto pode ajudar a gastar menos, pode oferecer soluções econômicas e de bom gosto, que a pessoa leiga não conhece.

Com o leque enorme de opções de atuação na Arquitetura, não dá para ficar só com a interpretação do lado artístico. Tem o lado humano, que envolve a capacidade de entender o outro, o jeito que ele vive, o que ele sente... Alguém que vive nos Jardins é diferente de quem vive na Freguesia do Ó. Não é melhor ou pior. É diferente. Para trabalhar esse lado, o que atrapalha muito o arquiteto é a vaidade. Tem gente que acha que o seu projeto é intocável e não admite ter suas ideias questionadas. Além disso, a categoria profissional é muito desunida, embora a formação seja superabrangente.

Em se tratando de Arquitetura como arte... é uma coisa complexa. Acho que depende muito do momento. Tem coisas que, em determinado momento, são encaradas como arte, depois deixam de ser. Se eu encontro uma casa em estilo colonial no meio do mato, encaro aquilo como arte, porque tem a simplicidade, o fato de estar inserida na paisagem sem agredir... Então, eu acho que a questão da arte é muito pessoal, depende do olhar de cada um. Eu, por exemplo, acho que o prédio nasceu para ser feio. Ele não está inserido numa paisagem, ele está *pregado* num lugar. Fazem pracinhas, laguinhos e outras coisas para enfeitar; essas coisas viram moda, todo mundo quer usar, fica batido, logo perde a graça... Arquitetura, então, pode não ter a beleza, mas ter a funcionalidade... A arte pode estar na humanização de um espaço funcional. É assim que um edifício vai se tornando agradável e se inserindo na paisagem urbana. É preciso pensar nas pessoas que vão ocupar aquele espaço que está sendo criado. O espaço é para as pessoas, por isso ele precisa ser humanizado. Não é fácil humanizar um caixote. A Arquitetura se utiliza da técnica para humanizar os espaços e essa técnica possibilita pensar o amanhã. As construções duram um determinado tempo para que só se pense no momento presente.

A casinha simples no meio do mato é bonita pela simplicidade, porque ela está ali sem agredir a paisagem. Ela pode ficar ali muito tempo e estará compondo um cenário agradável ao olhar das pessoas. Isso promove sensação de bem-estar, então é um lugar humanizado. Mesmo assim, algumas pessoas poderão dizer que preferiram uma casinha na beira da praia porque não se sentem atraídas pelo mato. Então, é um conceito muito pessoal.

Humanizar um espaço, então, tem a ver com a adequação do espaço para as pessoas que vão se utilizar dele. Alguma coisa que possa ser feia para mim, pode representar a sensação de bem-estar para o outro que acha aquilo fantástico. Por isso o arquiteto precisa perceber e entender o seu cliente. Hoje ele quer, ele precisa do espaço de uma determinada maneira. Daqui a algum tempo, ele se modifica e passa a ter novas necessidades. A gente nunca sabe o dia de amanhã. As razões para essas mudanças são as mais diversas. O arquiteto precisa ter sensibilidade para entender e atender isso.

Na área em que eu estou trabalhando hoje, me deparo com situações incríveis. Estamos restaurando um casarão em Itatiba, que tinha sido emprestado para a polícia, que modificou demasiadamente a casa. Pintaram de cinza, encheram de grades... É impressionante ir retirando aquilo tudo e descobrir a casa original por baixo, que é linda! Mas não basta somente restaurar o original. Agora a casa vai ter outro destino. O Prefeito queria que fosse um centro cultural, mas isso porque falta um pouco de orientação. Lá na cidade, já existe um centro cultural que atende bem às necessidades da população, então a gente procura pensar outras possibilidades. Estamos sugerindo que o casarão se torne um centro de capacitação de professores, que a cidade não tem. Ele gostou da ideia, mas ainda depende da decisão política e da própria interferência da população. Um exemplo disso aconteceu em Itatiba mesmo: foi restaurada uma escola muito antiga do centro da cidade e havia a proposta de que ela se tornasse um centro cultural. Quando a população soube, houve um grande alvoroço, com manifestações, abaixo-assinados... Era uma escola tradicional, de 1908, e a população queria que continuasse sendo escola. Argumentamos que o prédio não estava mais adequado às necessidades e aos padrões atuais, que poderia ser construído um prédio novo, ao lado daquele, atendendo melhor às novas necessidades, que não seria um "puxadinho" do prédio antigo, mas seria uma escola com toda a infraestrutura... Não adiantou. A população queria o prédio antigo como escola. Apesar disso, o Prefeito decidiu por construir a nova escola, pensando que quando ela estiver pronta, as pessoas vão ver o prédio novo, bonito e vão esquecer da insistência com o antigo, que já estará preparado para se tornar o centro cultural. Tudo isso acontece... É o lado complexo das relações sociais na Arquitetura...

As relações sociais são sempre complexas. E a gente tem que estar preparado, evitar a vaidade, porque nunca se sabe o dia de amanhã... Daqui a dois anos eu posso estar trabalhando numa área completamente diferente. Tenho vontade de estudar turismo e hotelaria. Acho que essas áreas têm conhecimentos importantes para mim – já no que estou fazendo hoje –, além de serem áreas que têm futuro no Brasil.

Arquitetura não é só projeto de casas e apartamentos. Tem muita coisa nova surgindo e a gente precisa tirar a cabeça da fumaça e ver quais são os horizontes possíveis...

Interessante... Tracei uma linha de tempo da minha vida... É muito legal... Espero que isso sirva para alguma coisa... para melhorar o ensino, a formação das pessoas... Não sei... Mas traçar essa linha do tempo faz pensar em coisas que mostram a evolução, a minha evolução.

Alguns conceitos de dez anos atrás, quando entrei na faculdade, já mudaram em mim completamente. Fico pensando que, daqui a dez anos, vou estar diferente. Cada um tem a sua história, mas eu espero que a minha história, na convivência com outras pessoas, possa ser aproveitada.

> *...como "as sementes de trigo guardadas nas pirâmides", que poderão germinar porque é essa a sua natureza e elas também não sabem o dia de amanhã...*

PARTE III

SENTIDOS

I

O pensamento aguarda que, um dia, a lembrança do que foi perdido venha despertá-lo e o transforme em ensinamento.

Adorno

A *práxis* esconde a subjetividade sob o caráter de aparência do sujeito que se dissolve na massa quando lhe é demandada uma ação esvaziada de razão. A ação vazia é aquela requerida pela racionalidade econômica: o trabalho alienado.

Ao mesmo tempo, e contraditoriamente, a cultura é o lugar onde se produz a alienação e onde se dá o embate do sujeito consigo mesmo pela sua libertação. Daí a importância do pensamento, porque "pensar é opor resistência a abrir mão de si" (Adorno, 1995, p. 208). Pensar é um agir. Teoria é uma forma de *práxis*. Assim, ao duplo caráter da teoria corresponde o duplo caráter do sujeito. Se a teoria é uma forma de *práxis* e o sujeito também é objeto, é através do pensamento que o indivíduo pode desenvolver a consciência, se não como superação, ao menos como forma de resistência à regressão.

Por isso, pensar aquilo que tem sido sistematicamente negado contém vários desafios. O próprio esclarecimento produziu uma relação de descontinuidade entre teoria e *práxis* que deve ser mediada pela reflexão histórica. A *práxis* sofre tensão frente à reflexão teórica, quando é particular e arbitrária, enquanto a teoria visa à totalidade, mas é impotente, e a teoria amarrada à prática fica reduzida a qualquer prática, a uma prática alienada e alienante.

Nesse sentido, a escolha de uma perspectiva de análise de histórias de vida corre risco duplo: ao se fundar nos blocos temáticos sugeridos para roteirizar a abordagem sobre como a arquitetura entrou na vida de cada um e fez dele(a) quem é, pode tornar-se mera repetição do que está presente na superfície de cada narrativa (nesse caso, a narrativa se encerra como aparência que descreve a vida simulada, apenas); por outro lado, ao se referenciar na teoria, pode predispor-se a tornar cada narrativa mera ilustração do que já foi dito, por vezes numa forma de interpretação forçada do particular.

Pesados os riscos, nota-se a razão de Adorno ao afirmar que a crise da *práxis* é experimentada por meio do não saber o que se deve fazer, do não se ter referenciais para a ação concreta, o que explica a predominância da estratégia, da astúcia; ou seja, vive-se a independência dos meios que se alienaram dos fins por falta de reflexão, a independência da técnica frente ao homem, a quem deveria servir.

Pode-se supor que grande parte dos indivíduos – nas mais diversas circunstâncias – viva essa contradição no mundo contemporâneo: a consciência é impedida de emergir, enquanto a alienação se espraia pelas perspectivas de uma vida simulada pela *práxis* predominante na cultura que se desenvolve e se afirma sob a lógica do capital. E, mesmo que os elementos que permitem a autorreflexão estejam presentes nessa mesma totalidade, eles não parecem suficientemente fortes para produzir a superação da *práxis* alienada e alienante.

Assim, opta-se pelo que poderia ser considerado mal menor: a análise das narrativas a partir do recorte conceitual da teoria crítica da sociedade, na forma de um diálogo que não visará ao esgotamento daquilo que cada uma delas possa sugerir, mas à busca, na teoria, de elementos que permitam a reflexão e a autorreflexão.

Nesse caso, se as histórias de vida, quando narradas, não produzem necessariamente a autorreflexão, o que delas se extrai – seus conselhos, como diria Benjamin – talvez possibilite a autorreflexão de outrem pela via da teoria. De qualquer modo, são sempre as histórias de vida que remetem a determinadas abordagens do recorte teórico.

Duas narrativas, em particular, fazem pensar sobre a relação entre teoria e *práxis*: a de Carlos Alexandre e a de Marcelo. Ao refletir sobre suas escolhas, o primeiro se refere ao que poderia ter sido, ao que poderia ter feito, aos caminhos que poderia ter trilhado e que escolheu não trilhar. Seus horizontes ainda parecem abertos, mas a vida vai restringindo suas escolhas pelos critérios que ele estabeleceu para si, mas que também são dados pela cultura afirmativa do capitalismo. No caso de Marcelo, merece destaque uma frase recorrente: "A gente nunca sabe o dia de amanhã". Seus horizontes parecem abertos, mas os caminhos a trilhar não estão decididos por ele. As circunstâncias se sucedem e ele as abraça, buscando preparar-se para o que possa vir a ser. Nesse sentido, parece ceder sua autonomia ao *acaso*. Na verdade, ambos têm trajetórias regidas pelo que a cultura afirma, pelo que ela nega e por aquilo a que ela impele os indivíduos – o mal menor – como diria Adorno (1991).

As trajetórias dos demais também contêm esse traço. Todos foram impelidos em direções determinadas e têm tido que segui-las num universo ao mesmo tempo aparentemente aberto e restrito de possibilidades. Algumas direções parecem ter restringido mais, como no caso de Aldemy. Ele não revela diretamente um sentido de perda, talvez porque sua autorreflexão lhe dê elementos para compreender o que teve de deixar para trás, mas a maneira como as circunstâncias se apresentaram na sua vida foram dominantes em relação às escolhas possíveis em determinados momentos. Assim, a vida possível, simulada numa cultura que se impõe sobre o indivíduo, exige a reflexão crítica a essa cultura, capaz de apontar as razões pelas quais a dominação se estabelece e impede a liberdade.

Não há evidências que permitam inferir que as entrevistas suscitadas pela narrativa das histórias de vida possibilitem essa autorreflexão, assim como, de resto, o que se pode observar é que a sociedade tem mantido a dimensão da consciência como um processo de superação emperrado num ciclo vicioso entre a possibilidade de emancipação e a regressão a uma nova barbárie.

A saída desse ciclo vicioso envolve a autorreflexão, o pensamento sobre a própria condição na sociedade; ainda que essa autorreflexão não se desenvolva por si só, está nela o caminho para o desenvolvimento da consciência. Consequentemente, também, para a superação da dominação, em favor do reconhecimento – não da incoerência como algo inerente à natureza humana, mas como encontro com o que tem se tornado imanente a ela, para ir além.

Para tanto, o que Adorno (1995a, p. 202-29) defende não é a

unidade/identidade entre teoria e *práxis*, bem como entre sujeito e objeto. Isso perpetuaria a dominação. Entre teoria e *práxis* há ruptura e não identidade. Uni-las é apontar para o dogma. A teoria é *práxis*, mas a *práxis* não é teoria. Portanto, a dialética entre teoria e *práxis* mantém proximidade, mas não simetria: "A aversão à teoria constitui a fragilidade da *práxis*". Porém, a teoria representa a possibilidade de superação da *práxis* regressiva.

Se teoria é *práxis*, o pensamento, então, tem algo de concreto e, embora a teoria seja determinada em função da sofisticação dos processos de dominação, ela permite vislumbrar outras possibilidades que a *práxis* encerrada em si mesma não permite. Se teoria ou *práxis* fecham-se em si mesmas, devem ser superadas, porque a dominação do mundo continua sendo econômica, mas agora por motivos políticos à medida que a lógica do capital ganha universalidade por meio da cultura. E, embora a teoria não vá trazer necessariamente a solução para esse problema, ela se constitui elemento importante para a manutenção da crítica e, assim, para a possibilidade de transformação do mundo.

Note-se que o nível de autorreflexão possibilitado pelas narrativas das histórias de vida não se apoia, em todos os casos, numa perspectiva teórica específica. Os indivíduos tendem a justificar seus posicionamentos frente à questão do trabalho fundamentados em visões sobre a arte e a técnica – todas diversas no que se refere à arte, mas muito próximas no que diz respeito à técnica. É como se a técnica amalgamasse os elementos que vão constituindo a cultura capitalista e a arte fosse se destituindo do seu elemento crítico, tornando-se apêndice na caracterização do campo de atuação. Às vezes ela fica reduzida à perspectiva do belo, outras vezes aparece como possibilidade de comoção, envolvimento, prazer ou algo que se confunde com mero entretenimento.

Abordar a arte ou o aspecto artístico do trabalho com a arquitetura torna-se desafiador para os entrevistados, como se a arte estivesse se convertendo em algo indefinível, quase insondável ou mesmo superado pela técnica e pelas necessidades que se apresentam no mundo contemporâneo. Essa constatação permite uma consciência sobre o próprio problema da arte como abordagem da realidade já destituída de seu elemento crítico, como *práxis* fetichizada, mas que ainda permanece como algo cujo estado pede por revisão e transformação. Se, para atingir tal transformação, a filosofia não basta – pois não transformamos o mundo apenas com ideias – sem dúvida não podemos prescindir dela.

Por outro lado, essa *práxis* fetichizada está apoiada sobre a ideologia que, na concepção adorniana, é "a *práxis* que encobre com o ópio do coletivo a sua própria e real impossibilidade" (Adorno, 1995, p. 210). Além disso, a ideologia se converte em formação (ou em pseudoformação) e se dissemina por meio dos veículos de comunicação de massa, exercendo a violência sobre os indivíduos, enquanto produz uma identificação artificial das massas aos princípios e normas que regem a indústria cultural, subsistindo como "um conjunto de modelos de comportamento adequados à hegemonia das condições vigentes" (Horkheimer e Adorno, 1973f, p. 203).

É o que Carlos Alexandre exemplifica quando afirma que a arte, hoje, está na publicidade. Propaganda é entretenimento: contém a perspectiva de emocionar, de impactar, como no exemplo dos bichinhos da Parmalat. Porém, naquilo que causa o impacto está presente uma forma de adestramento da percepção na direção do que interessa ao capital: o consumo. A ideologia se converte em fé e destrói a perspectiva de crítica e de transcendência. Quanto ao indivíduo, este se adapta ao coletivo, *identifica*-se com ele e recebe a graça de pertencer ao grupo, amortecendo seu medo regressivo. Parece compensar suas possíveis frustrações aderindo aos clichês oferecidos pela cultura afirmativa.

Esse processo de identificação também pode ser observado nas narrativas de Luciana, Tatiana e Marcelo. Eles procuram captar e se ajustar às tendências que a atividade profissional oferece: o turismo e a hotelaria; restaurar o patrimônio histórico que se converte em centros culturais; transformar hospitais em áreas que contenham a função do descanso, do lazer, do cultivo à saúde (em lugar do tratamento da doença); oferecer bem-estar num tipo de habitação adequada aos grupos sociais economicamente menos favorecidos – tudo isso envolto numa aura de dignidade e cidadania, mas uma cidadania voltada à capacidade de consumo de novos serviços que o mundo capitalista disponibiliza, como forma de adaptação dirigida.

As viagens de turismo parecem não ser pensadas como experiências relacionadas à diversidade cultural; a hospedagem parece não ser pensada como hospitalidade; a cidadania parece não ser pensada como direito de participação, mas todos esses conceitos parecem ser pensados – *naturalmente* – como necessidades de consumo de serviços prestados dentro de determinados critérios de qualidade do mundo globalizado. Assim, de modo *natural*, o indivíduo vai se entregando ao coletivo, adaptando-se a este como alternativa de subsistência. Entretanto, as *boas intenções* estão sempre presentes: a preocupação com o social, com as pessoas, com o humano. E as boas intenções parecem tornar-se clichês.

A descrição do processo de entrega do indivíduo ao coletivo remete à necessidade de compreensão da distinção entre consciência individual e consciência social – daí a busca de elementos para a interpretação dessa questão na psicanálise freudiana, "a única que investiga seriamente as condições subjetivas da irracionalidade objetiva" (Adorno, 1991, p. 136) – perseguindo a compreensão de uma racionalidade que é sempre uma medida de sacrifício vão, tanto quanto é irracional que o homem se constitua sem sacrifício algum, que não precise de nenhuma razão. Adorno entende que Freud descreveu o indivíduo burguês e, mesmo que esse indivíduo já não seja o mesmo, compreender sua formação oferece pistas para superá-la, em direção à superação da própria dominação.

Adorno entende que "a psicanálise denuncia a falta de liberdade e a degradação dos seres humanos em uma sociedade sem liberdade, de forma semelhante ao que faz a crítica materialista com uma situação governada às cegas pela economia". Desse modo, a teoria crítica da sociedade se beneficia com a descrição do indivíduo burguês, "esse ser humano tão dominador, cuja falsa liberdade, cuja avidez neurótica continua sendo 'oral', pressupondo a ausência de liberdade mesmo", porque "a autoconservação só faz feliz o indivíduo na medida em que frustra a formação de seu si-mesmo, mediante uma regressão que ele mesmo ordena" (Adorno, 1991, p. 168).

Para Freud (1974) três são os fatores que causam o sofrimento do indivíduo, gerando o mal-estar na civilização: o próprio corpo que degenera em direção à morte, as ameaças constantes do mundo externo, e a relação com os outros homens. Esse sofrimento se faz acompanhar de ansiedade e exerce forte pressão sobre os homens, no sentido de moderarem suas expectativas e reivindicações de felicidade.

Dialogando com Freud, Marcuse (1968) observa que essas fontes são históricas e têm sofrido consideráveis alterações ao longo do processo civilizatório. O homem tem buscado formas de adiar a morte, tem desenvolvido substancialmente sua capacidade de dominar as ameaças da natureza e, quanto à organização das relações sociais, tem se valido da divisão social do trabalho como principal forma de enfrentar essa contradição de sua existência.

Luciana, Marcelo e Tatiana validam essas abordagens. A primeira, em busca da perfeição, sofre sentindo perder a ingenuidade sobre o que pensava a respeito de si mesma até entrar na faculdade (ela se considerava boa em desenho); luta para conquistar o reconhecimento de seus esforços no sentido de fazer alguma diferença, de ser alguém no meio universitário; percebe que se tornou uma pessoa mais fechada e mais séria, porque o mundo do trabalho lhe apresentou um universo de relações mais complexas, em que "é preciso estar atenta todo o tempo, para entender intenções". Marcelo sofre ao ver-se num meio em que se compartilhava um estilo de vida diverso do seu, em que a necessidade do trabalho "para adquirir responsabilidade" o diferenciava e distanciava dos demais membros do grupo e, somente quando aqueles se iniciaram no mundo do trabalho, as relações começam a se tornar possíveis. Tatiana sofre por não poder compartilhar de todas as oportunidades que o meio universitário lhe oferecia, porque suas condições financeiras não permitiam. Mas todos encontram meios para justificar o sofrimento que embala o que entendem como suas frustrações, voltando o olhar para o que percebem como contrapartida, como ganho: conhecimento, responsabilidade, experiência – que são aplicadas ao mundo do trabalho.

Para a geração formada nos anos 1960, a reflexão avança noutra direção: Carlos Alexandre formou um respeitável círculo de amizades, Yvonne ampliou a "família extensa", Aldemy pode desenvolver formas de pensar as próprias experiências. De algum modo, todos parecem ter construído algo que ampliasse sua visão de si mesmos, do sentido de suas vidas. São olhares diferentes que se lançam sobre o passado à luz do momento presente, talvez próprios da idade, que vão explicando as circunstâncias, justificando os caminhos trilhados, visando à positividade desses caminhos.

Para Marcuse (1997, p. 94), a civilização, defendendo-se da possibilidade de um mundo que possa ser livre, fez com que o indivíduo se tornasse, por meio do processo de reificação, um instrumento "sensível, diferenciado e permutável" para a manutenção da ordem da dominação, cuja racionalidade tem progredido a ponto de ameaçar seus próprios alicerces. Então, essa cultura passa a buscar reafirmar-se de forma mais efetiva, assumindo a forma de administração. Nossos narradores administram suas possibilidades nos limites da organização do trabalho na cultura vigente.

Marcuse argumenta que, na época burguesa, operou-se uma mudança radical acerca do pensamento sobre a relação entre o necessário e o belo assim como entre trabalho e prazer, fazendo surgir a "tese da universalidade e validade geral da 'cultura'", na qual se impõe a livre competição entre os indivíduos como compradores e vendedores da força de trabalho, convertendo todas as relações ao imediato (cf. Marcuse, 1997, p. 94-5). Diante de tal constatação, nota-se que a cultura sofre uma transformação histórica, sob a égide da ideologia burguesa, tornando-se *cultura afirmativa*, porque afirma "um mundo mais valioso, universalmente obrigatório, incondicionalmente confirmado, eternamente melhor (...) que qualquer indivíduo pode realizar para si 'a partir do interior', sem transformar aquela realidade de fato" (Marcuse, 1997, p. 96).

Assim sendo, o conceito de cultura não representa apenas o "todo da vida social, na medida em que tanto os planos da reprodução ideal (cultura no sentido estrito, o 'mundo espiritual') quanto também da reprodução material (da 'civilização') formam uma unidade histórica e apreensível", mas sofre a retirada do mundo espiritual do todo social e, "por essa via a cultura é elevada a um (falso) coletivo e a uma (falsa) universalidade" (Marcuse, 1997, p. 95).

Dentre os sujeitos desta pesquisa, a geração formada nos anos 1960 tornou-se formadora das gerações da década de 1970 para cá. Eles cultivam valores como a ética, tão cara para Carlos Alexandre; a responsabilidade social, enfatizada por Yvonne; a herança do conhecimento, como pensada por Aldemy. Essas parecem ser as formas de preservação do mundo espiritual encontradas por esses indivíduos, ainda que os princípios que regem esses valores sejam os que a própria cultura afirma para a manutenção do mundo administrado.

O indivíduo, como instrumento sensível, diferenciado e permutável, entrega-se ao mundo administrado e as consequências de sua adaptação – o sofrimento, a frustração e a impotência – são encobertas pela produtividade e pela eficiência desse mundo que lhe ofereceria uma suposta melhor qualidade de vida material e, talvez, mental e espiritual.

A suposta melhor qualidade de vida se revela no prazer de boas conversas para Aldemy; tanto quanto para Yvonne, que ainda desfruta do cinema, da ginástica, da praia; quanto para Carlos Alexandre, que se alimenta do prazer de estar com a família, do conforto da roupa velha e de tomar uma boa cachaça, de vez em quando. Para Luciana, estar com os amigos, com a família, viajar, desfrutar dos bens culturais; bens imprescindíveis para Tatiana, que busca as manifestações artísticas como "coisas que alimentem a vida". Para Marcelo, conversar e observar as pessoas nas compras, nas ruas, nos lugares. Parece uma busca por coisas simples, mas que trazem alguma satisfação. O sofrimento suportado espera premiação.

O indivíduo abstrato, sujeito da *práxis*, passa a exigir uma nova forma de felicidade – cobrando a promessa de liberdade da ideologia burguesa. Mas, às necessidades do indivíduo isolado, essa cultura afirmativa responde com a sua "característica humanitária universal": à miséria do corpo, a beleza da alma; à servidão exterior, a liberdade interior; ao egoísmo brutal, o mundo de virtudes do dever. Assim, a cultura afirmativa conduz ao reconhecimento da autoridade pela renúncia à autonomia, que:

> significa subordinação da própria razão e da própria vontade a conteúdos pré-determinados, e isso de tal modo que tais conteúdos não constituem apenas "material" para a vontade transformadora do indivíduo, e sim que constituem, tais como são, normas obrigatórias para sua razão e vontade. (Marcuse, 1981, p. 56)

Apesar de seu caráter universal, a cultura afirmativa não responde às necessidades humanas básicas: não libera o homem de seus temores e não cumpre a promessa de felicidade. O indivíduo vai do mito à ciência, passando pela religião, pela arte e pela filosofia, em busca de explicações e de formas de superação do seu medo de ser destruído. Mas o que encontra apenas reafirma a cultura, porque as interpretações da realidade já se encontram perpassadas pelos interesses daquela.

Nesse processo, poder-se-ia pensar que o medo de ser destruído como fora descrito por Horkheimer e Adorno (1997) estaria se autonomizando por formas cada vez mais sutis – e sempre atualizadas

– que levariam o indivíduo a submeter-se ao poder dominante na cultura. Essas formas mais sutis se desenvolvem a partir do conceito de autoridade:

> na relação de autoridade, a liberdade e a não-liberdade, a autonomia e a heteronomia são concebidas conjuntamente e unificadas na pessoa única do objeto de autoridade. O reconhecimento da autoridade como uma força essencial da prática social remonta às raízes da liberdade humana: significa (em um sentido sempre diferente) a renúncia à autonomia (de pensamento, vontade, ação), significa subordinação da própria razão e da própria vontade a conteúdos pré-determinados, e isso de tal modo que tais conteúdos não constituem apenas "material" para a vontade transformadora do indivíduo, e sim que constituem, tais como são, normas obrigatórias para sua razão e sua vontade. (Marcuse, 1981, p. 56)

Nesse sentido, a autoridade, plena da contradição entre liberdade e subordinação, se apresenta de modo a tornar o indivíduo capaz de adaptação permanente, preparado para o acostumar-se que gera a submissão, ao mesmo tempo que – pela negação – lhe possibilita a identificar e criticar o que se converte em dominação. Para tanto concorrem, ao longo de todo o processo de formação do indivíduo, a religião, a família e a escola e, mais modernamente, a mídia sob todas as suas formas.

A força da ideologia burguesa, então, mantém e aperfeiçoa a lógica da autoridade, ensinando que a liberdade somente se realiza na propriedade livre: "Na realidade da sociedade burguesa a própria pessoa se transformou em propriedade, sendo oferecida como mercadoria no mercado", sendo que "o que decide da liberdade do homem, das possibilidades de sua vida, é, diretamente, a situação do mercado, e esta última depende em cada caso da dinâmica da sociedade global" (Marcuse, 1981, p. 133-4).

Assim como Marcuse, Horkheimer (1990) também elaborou – e na mesma época – uma pesquisa sobre autoridade e família, no campo da cultura, conferindo-lhe uma ênfase mais centrada na história. Tomando como ponto de partida o conceito de cultura, Horkheimer afirma que este conceito "abrange também aqueles fenômenos que, sob o rótulo de civilização são limitados muitas vezes pela cultura no sentido mais estreito e que derivam, de uma maneira especialmente transparente, da prática da vida da sociedade e se relacionam com ela" (p. 179), de modo que a forma mais adequada para encarar a cultura naquele momento, a década de 1930, referia-se ao "papel das esferas individuais de cultura e às suas condições estruturais mutáveis na manutenção ou dissolução do respectivo regime social" (p. 178).

O autor propõe que o momento histórico seja analisado à luz do que esteja ocorrendo em relação ao regime social que, certamente, envolve a questão política, não desvinculada da econômica, como Marcuse também concluiu. Horkheimer argumenta ainda que a compreensão do problema do funcionamento de uma sociedade exige o conhecimento da constituição psíquica, da formação do caráter dos indivíduos nos diversos grupos sociais, relacionados a todas as forças culturais da época, representadas pelo que denomina *instituições sociais fixas*: a família, a escola, a igreja, as instituições de arte e outras. Por isso, toda cultura – suas esferas e o entrelaçamento entre elas – deve ser incluída na dinâmica histórica, produzindo um conceito também dinâmico de cultura, como amálgama espiritual da sociedade.

Isso permite inferir que, apesar de a cultura ser tão dinâmica quanto a história, em relação ao homem primitivo, o homem civilizado foi sofisticando e acirrando as formas psíquicas e culturais de dominação, que já poderiam ter sido superadas pelo esclarecimento, pela ciência. No entanto, o próprio esclarecimento mantém a mentira do mito, enquanto repõe e aprofunda a dominação do homem sobre a natureza e do homem sobre o próprio homem. Isso porque o mecanismo que rege as instituições culturais fixas se vale da autoridade como motor humano, em parte produtivo (enquanto possibilita a produção e reprodução social), em parte obstrutivo (por atuar no impedimento da emancipação do indivíduo rumo à liberdade).

De acordo com as histórias de vida narradas, a participação na vida política do país deixou marcas importantes nas trajetórias da geração formada nos anos 1960. Aldemy, para quem esse envolvimento foi mais dramático, mudou a direção de seus projetos profissionais e pessoais. Para Carlos Alexandre, embora ele não se aprofunde muito no tema, significou a decisão de naturalizar-se brasileiro, observando ter vivido sob duas ditaduras – a portuguesa e a brasileira. Para

Yvonne, representou uma formação "suprauniversitária", à qual ela reputa grande valor, mas não sem conflitos.

Talvez se possa dizer que as reivindicações populares, naquele momento histórico, tenham sido frustradas pela ditadura militar que se instalou por mais de vinte anos. Mas a abertura política parece não ter trazido de volta o mesmo *glamour* para a democracia. A geração dos anos 1990 – embora tenha vivido o momento histórico do primeiro impeachment de um presidente eleito pelo voto direto no país – não fez qualquer referência ao fato ou à participação nele. Apenas Marcelo relata seu desejo de atuação política, mas sob o enfoque das reivindicações estudantis por melhor qualidade na formação profissional. As preocupações dos três representantes dessa geração estavam, então, mais voltadas para o trabalho, para a adaptação dirigida às novas e crescentes exigências do mercado.

A análise de Horkheimer mostra seu vigor: a ordem ameaçada no Brasil foi rapidamente restabelecida e ainda desfruta de um longo período de restauração, tendo em vista que os mais de quinze anos de abertura política não recuperaram o desejo de participação, talvez *minimizado* pela nova ordem global que vem se instaurando pelos caminhos das novas tecnologias e das finanças.

As formas de dominação que se estabelecem são mediadas pelo trabalho que, desde o mito, é encarado como castigo dos deuses à *desobediência* do homem. O que poderia possibilitar a libertação do fardo do trabalho tem mentido ao seu princípio, ao escravizá-lo de maneiras cada vez mais requintadas, dimensionadas pelos requisitos de qualificação que são exigidos do indivíduo, em função das próprias inovações técnicas.

Luciana, Tatiana e Marcelo indicam a necessidade de acompanhar as inovações e compreender os obstáculos para a implantação de propostas que poderiam possibilitar maior qualidade de vida, por meio do acesso a uma moradia digna àqueles que pouco desfrutam disso. Já Yvonne se ocupa em pesquisar a revolução causada pelos eletrodomésticos no entreguerras europeu, observando como essas inovações se fazem presentes na vida das populações de baixa renda do Brasil contemporâneo, dadas as facilidades de financiamento para sua obtenção – ao tempo em que as inovações em termos de tecnologias construtivas são utilizadas pelas construtoras para baratear o custo das edificações, embora tal benefício não seja estendido ao consumidor final, como ressalta Carlos Alexandre, ficando restrito ao capital e, certamente, aprofundando as diferenças distributivas, nitidamente desumanas.

O progresso tecnológico é bem recebido e as contradições que o acompanham são percebidas, observadas, pesquisadas – mas não superadas. O trabalho alienado parece exercer influência maior sobre os indivíduos que as possibilidades de superação das contradições tão visíveis.

Uma vez que corresponde à *práxis* fetichizada, é necessário o fim da centralidade do trabalho alienado, que reifica o homem. Isso é possível porque o trabalho material alienado contém a fagulha para a superação do predomínio da *práxis* que o caracteriza, mas ainda não se realizou porque a ordem social burguesa também não foi superada. Ao contrário, ela continua se afirmando historicamente, como tem sido demonstrado.

Ao fazer a leitura dos Manuscritos Econômico-Filosóficos, Marcuse (1981) resgata os conceitos marxianos, afirmando o caráter predominantemente filosófico desse estudo, no qual, diferentemente das interpretações vulgarizadas, o autor entende que, em Marx, o homem não se realiza no trabalho, porque não se reconhece no produto deste trabalho. O trabalho é meio, não fim. O que poderia formar o homem não seria propriamente o trabalho, mas o fruto deste, porque neste sim o homem poderia reconhecer-se.

Nessa direção interpretativa, Marcuse identifica nos Manuscritos e analisa:

> o trabalhador deve até mesmo "vender a si mesmo e sua humanidade" (p. 44), transformar-se ele mesmo em uma mercadoria, para poder existir como sujeito físico. Assim, o trabalho em vez de uma manifestação de todo o homem, se transforma em "exteriorização", em vez de plena e livre realização do homem, se transforma em total "desrealização": ele se apresenta de tal forma como desrealização que o "trabalhador é desrealizado até o estado de inanição" (p. 83). (...) A exteriorização e a alienação atingem, além da esfera das relações econômicas, a essência e a realidade do homem "como homem", e somente por este motivo é que a perda do objeto do trabalho tem uma significação tão importante. (Marcuse, 1981, p. 17)

A perda é importante porque é por meio dela que o objeto do trabalho pode ser emancipador, não o trabalho em si. Por isso Marcuse (1981, p. 19) argumenta que o conceito de *trabalho exteriorizado* de Marx, ao pressupor uma relação do homem com o objeto e consigo mesmo, pressupõe também que "no conceito de trabalho como tal esteja contida uma relação humana (e não uma situação econômica)".

Para Marx (apud Marcuse, 1981, p. 32), "a exterioridade é (...) o que se exterioriza e para a luz, para o homem sensível a *sensibilidade aberta*". Assim, é possível entender por que a sensibilidade, as paixões, os sentimentos humanos, como sugere o próprio Marcuse, só são aceitos como idênticos, devendo ser percebidos e vividos dentro de um mesmo padrão, segundo rege a autoridade sob a cultura afirmativa. A lógica capitalista exige que a exterioridade do trabalho se processe de tal forma que não permita ao homem reconhecer-se no produto deste trabalho, fazendo com que a objetivação se converta em coisificação.

Nenhum de nossos narradores vê o fruto de seu trabalho como seu, mas sempre como propriedade de outro. Aldemy observa que todo o seu trabalho de planejamento urbano foi boicotado pelo poder dominante e se tornou capaz até mesmo de mapear esse poder numa cidade. Yvonne ressalta a existência de soluções viáveis para a questão urbana, assim como Tatiana, que partilha das mesmas preocupações sociais – mas ambas ressaltam a impotência diante de poderes econômicos e políticos que se fazem maiores. Mesmo a perspectiva de sensibilidade – como pensada por Carlos Alexandre quanto àquilo que produz para o atendimento às necessidades e o bem-estar do outro, procurando respeitar sua privacidade e intimidade – é regida pela cultura afirmativa da dominação. Afinal, em que medida todos eles podem reconhecer-se no fruto do seu trabalho?

Poder-se-ia pensar na emancipação do indivíduo, permitindo-lhe desfrutar de uma liberdade, que ainda não foi experimentada pela humanidade, mas que existe na medida da sua própria negação. Se ao indivíduo tem sido exigida a renúncia à emancipação e à liberdade, pode-se supor que naquilo que está sendo negado reside a subjetividade que não pode ser experimentada, que permanece aprisionada na lógica capitalista e sua cultura afirmativa, a qual vem produzindo a alienação humana, o sentimento de impotência, a eterna adaptação ao idêntico.

Também é possível inferir que, da perspectiva da teoria crítica, nas visões de Adorno, Marcuse e Horkheimer, possibilitar ao indivíduo refletir sobre seu próprio trabalho, sobre sua trajetória biográfica no processo de qualificação, é permitir-lhe a reflexão sobre sua *práxis*, é possibilitar-lhe o pensar como forma de resistência à barbárie que se expande em função da *práxis* fetichizada, que vem negando a humanidade.

Entretanto, não se trata de um pensar qualquer, mas de um pensar articulado ao conhecimento dos determinantes culturais da realidade sob a qual se vive. Trata-se de um pensamento radical e rigoroso, que leve em conta a relação entre a vida e o trabalho que a cultura capitalista *afirma* e parece pasteurizar.

Para os autores, essa reflexão revelaria que o modo de *afirmação* da cultura burguesa ainda possui um aspecto emancipatório, sem o qual a ideia de liberdade não seria possível, mas a fragmentação do próprio pensamento, a teoria fetichizada, a promessa não cumprida do esclarecimento não faz mais que anular a perspectiva da crítica ou fazê-la tão frágil que a reflexão pareça se tornar impotente para transformar a *práxis*, mantendo congelada a vida que simula. Será isso?

II

Identificar a cultura unicamente com a mentira é o que há de mais funesto no momento em que aquela está se convertendo efetiva e inteiramente nesta, exigindo uma tal identificação, de modo a comprometer todo pensamento que pretenda resistir.

Adorno

O conceito de cultura, em sua dinamicidade histórica, foi discutido, de acordo com a argumentação de Adorno, Horkheimer e Marcuse, enfatizando que a cultura burguesa é uma cultura afirmativa que exige do indivíduo desenvolver um comportamento predominantemente adaptativo ao sistema econômico e político, submetendo-se às formas de autoridade que se organizam no próprio sistema, fundadas no trabalho alienado. Tal exigência tem impedido o indivíduo de emancipar-se como sujeito da história, ainda que sua lógica contenha a ideia de liberdade.

Ao fazer essa denúncia, a teoria crítica objetiva desnudar as contradições que permeiam as relações sociais e mantêm a minoridade do indivíduo, fazendo-o presa – desde o cerne do progresso – da regressão bárbara. Ao alcançar tal objetivo, essa teoria avança em direção a outro maior: o resgate da possibilidade de pensar uma cultura que possa ser verdadeiramente humana, que permita a emancipação do indivíduo em direção à liberdade, a qual não se dará noutra perspectiva que não a cultural, mas que exigiria a superação do trabalho alienado da cultura burguesa.

Em sua interpretação do Terceiro Manuscrito Econômico-Filosófico de Marx, Marcuse (1981) destaca os conceitos com que aquele desenvolve o pensamento – trabalho, objetivação, alienação, superação e propriedade – identificando-as como categorias filosóficas de que Marx teria se utilizado numa espécie do que Marcuse chama de *ajuste de contas* com Hegel. Em assim sendo, o texto marxiano visaria:

> a derrubada da sociedade capitalista pelo proletariado em luta econômica e política. Exatamente isso é que deve ser visto e entendido: que a política e a economia, fundamentadas em uma interpretação filosófica bem determinada da essência humana e de sua concretização histórica, se transformam em base político-econômica da teoria da revolução. (p. 11)

Entendendo que a crítica à economia política é uma crítica filosófica e que isso lhe confere o caráter práxico – o que Marcuse reafirma ao longo de toda a sua exposição – identifica-se que o objeto de análise é o próprio homem, tornado mercadoria na sociedade capitalista, ou seja, alienado de suas *forças essenciais* e, portanto, da realidade objetiva como *verdadeira propriedade humana*.

É a partir desse *trabalho exteriorizado* que Marx se permite discutir a *propriedade privada* como origem da alienação do homem na economia política, pois é por meio da propriedade privada que o homem se torna "objetivo para si mesmo e objeto estranho e inumano", o que leva a inferir que "a superação positiva da propriedade privada é (...) a apreensão sensível da essência e da vida humanas". Mas, como a economia é a-histórica, o trabalho que produziria o ser humano, é *exteriorizado* mantendo-o alienado de si mesmo.

De acordo com o entendimento de Marcuse (1981, p. 17), o argumento marxiano indicaria que "a exteriorização e a alienação atingem, além da esfera das relações econômicas, a essência e a realidade do homem 'como homem', e somente por este motivo é que a perda do objeto do trabalho tem uma significação tão importante" – pois esta representaria a coisificação do homem ou uma forma alienada, determinada da sua objetivação.

O trabalho como forma de subsistência no universo do econômico fragmenta o indivíduo e mantém a alienação, separando essência e existência. Assim, o trabalho como "atividade vital" desvia-se do objetivo de manutenção da vida para pôr-se a serviço da propriedade privada. Superar a coisificação que essa relação implica significaria que todos os sentidos do homem fossem objetivados como "sua obra e sua realidade", não como indivíduo isolado, mas como homem social, transcendência do isolamento da mônada como abstração na sociedade.

Quando Aldemy reflete que o diálogo produzido na sua narrativa não poderia ser mantido com os próprios filhos, porque as relações estabelecidas estão aprisionadas no papel social de provedor que sua circunstância de vida lhe cobra; ou quando Carlos Alexandre se questiona sobre aquilo que oferece aos filhos ser, talvez, impeditivo para a emancipação que espera deles; ou quando Yvonne percebe que seus filhos estão reproduzindo de algum modo a vivência dela quanto à produção de suas conquistas, não estariam dando o testemunho do que Marcuse reflete fundamentado em Marx? O *trabalho exteriorizado* tem sido historicamente reduzido à mera *práxis*, porque a reflexão que permitiria a objetivação que levaria à superação da propriedade privada é mediado pela astúcia e reproduz a dominação. Nesse caso, parece impossível enxergar no trabalho a possibilidade emancipatória. A lógica da dominação desmente essa possibilidade na cultura afirmativa da sociedade burguesa.

Além disso, o atual estágio do capital ultrapassa a exploração econômica e parece não apontar para uma superação da sua face perversa ao estabelecer, como estratégia de reprodução, uma alternância sistemática (e contraditória) entre abundância e penúria. Contraditoriamente, é essa mesma estratégia que traz à tona a necessidade de resgatar ou discutir a questão da subjetividade. Isso porque, ao invadir e buscar organizar esferas da vida privada que antes não atingia, o capital se utiliza de elementos cada vez mais sofisticados de gestão da subjetividade, integrados às novas técnicas de organização do trabalho. Note-se o encantamento com que nossos narradores (e, certamente, não só eles) discorrem sobre a tecnologia, sobre o computador e seus usos na vida e no trabalho. Sem dúvida, a subjetividade não sai ilesa dessa circunstância.

Para Horkheimer e Adorno (1997), historicamente, as formas de subjetividade se transformam à medida que a sociedade se altera, na sua relação com a natureza e com o próprio indivíduo mediado pelos papéis sociais e pelas relações econômicas. Por isso, embora não haja uma subjetividade livre, pode-se pensar na possibilidade de libertação por meio da consciência – a qual deve fazer-se cada vez mais presente como forma de resistência à barbárie – de que o que leva o indivíduo a lutar pelo econômico-racional é o medo de ser expulso da coletividade.

Esse medo tem sua origem no terror que o homem primitivo nutria de ser destruído pela natureza. Já poderia ter sido atenuado, mas, ao contrário, vem se perpetuando pela ação da cultura, justificando a dominação do homem pelo próprio homem, e promovendo a alienação por meio de um tipo de trabalho que se torna cada vez menos socialmente necessário. É desse modo que a sociedade vem eternizando o sacrifício do indivíduo: pela primazia do todo em detrimento do particular (Adorno, 1986).

Uma vez que Horkheimer e Adorno (1997) avaliam a necessidade do trabalho alienado como puramente ideológica, podemos supor que a centralidade do trabalho possa ser entendida como um elemento de coerção social, afirmando que o seu fim representaria uma aposta factível em direção à liberdade.

Adorno (1986, p. 71) aprofunda essa discussão, quando argumenta que o atendimento às necessidades de sobrevivência que justificariam o trabalho torna-se por isso mesmo um fetiche, pois "ao tender à aparência, a necessidade contamina os bens com o seu caráter de aparência" e ameaça os indivíduos de destruição caso não se curvem a atendê-las, entregando-se não só ao trabalho alienado, mas à totalidade do mundo administrado.

O depoimento de Tatiana remete a essa questão. Ela se refere à "simplicidade" com que sua família vê o fato de já ter uma profissão como garantia suficiente de sobrevivência, não enxergando que a realidade do mundo do trabalho é mais complexa, exigindo atualização e atendimento aos sempre renovados requisitos de qualificação. Por outro lado, as preocupações de Luciana, quando se refere à dificuldade em conseguir trabalho bem remunerado, até que conquiste a experiência e a qualificação exigidas pelo mercado, tanto quanto as preocupações de Marcelo em estar preparado, porque "a gente nunca sabe o dia de amanhã", parecem ir na mesma direção.

Compreender o que há de verdadeiro e de falso no âmbito das necessidades, exigiria uma visão geral da estrutura da sociedade que abrangesse, também, todas as suas mediações. Mas essas mediações são negadas pela totalidade, impedindo que haja espaços para o questionamento do significado real daquilo em que os indivíduos se envolveram de modo quase que imperceptível, inconsciente ou alienado mesmo. Assim, da necessidade básica de sobrevivência derivam todas as outras que a ela recorrem para justificar-se e o encobrimento da consciência se mantém:

> O fictício que hoje deforma todo e qualquer atendimento das necessidades é inconscientemente percebido sem questionamentos; provavelmente contribui para o mal-estar na cultura. Mas muito mais importante, mais até do que o quase impenetrável *quid pro quo* entre necessidade, satisfação e interesse de lucro ou poder, é a constante e incessante ameaça de uma necessidade da qual todas as outras depois dependem: o puro e simples interesse em sobreviver. (Adorno, 1986, p. 71)

A reflexão de Adorno permite destacar o quanto o mundo administrado relaciona-se intimamente às estratégias de dominação social. Não é apenas o lucro que interessa à reprodução do capital e não é só por causa dele que suas estratégias vêm se autonomizando na cultura, mas por causa da manutenção do poder que os homens exercem uns sobre os outros.

O que vai se tornando cada vez menos perceptível nesse jogo, porém, é que as estratégias de dominação já não permitem que os grupos sociais que, principalmente durante e após a revolução industrial, eram dominantes se mantenham nessas circunstâncias, mas tornem-se eles próprios objetos da dominação exercida pelo processo econômico, à medida que se convertem em "funções de seu próprio aparelho de produção" (Adorno, 1986, p. 67).

Por essa razão, os homens vão prolongando a sua minoridade, não conseguem se tornar senhores autônomos de suas vidas que ficam presas ao destino e, assim sendo, a consciência permanece mitificada, sem espaço para o esclarecimento nem das massas – às quais isso jamais foi franqueado, nem mesmo dos senhores – já que a deformação do mundo administrado fez deles peças de sua própria engrenagem.

Com isso, pode-se verificar o quanto as relações de produção encontram-se engessadas, enrijecidas pelo avanço das forças produtivas, que evoluem com vistas à totalidade. "Dentro das relações de produção vigentes, a humanidade é virtualmente seu próprio exército de reserva" (Adorno, 1986, p. 69), uma vez que a lógica das forças produtivas tem atendido às exigências econômicas para sua expansão, não só no âmbito da produção material, mas para além dele, toma para si a administração, a distribuição e a própria esfera da cultura afirmativa.

As relações entre os homens, então, vão sendo mediadas pela tecnologia que marca o avanço das forças produtivas, caracterizada pelo poder de inovação acelerado e por uma imensa capacidade de inserir-se e exigir sua integração à vida social. De extensão do humano, a técnica fetichiza-se como tecnologia articulada pela lógica do capital e torna-se elemento da cultura afirmativa, forçando a adaptação do indivíduo às exigências do mundo administrado, não só no âmbito do trabalho, mas em todas as esferas do social:

> A concepção de que as forças produtivas e as relações de produção formam hoje uma identidade e de que, portanto, se poderia construir a sociedade diretamente a partir das forças produtivas constitui a configuração atual da aparência socialmente necessária. Essa aparência é socialmente necessária porque, de fato, momentos do processo social anteriormente separados, inclusive os seres humanos vivos, são levados a uma espécie de denominador comum. Produção material, distribuição e consumo são administrados conjuntamente. (Adorno, 1986, p. 74)

Na mesma direção, Marcuse (1969) argumenta que, pelo modo como vem se desenvolvendo, a sociedade industrial só aponta para o fato de tratar-se de uma sociedade irracional, uma vez que seus critérios de produtividade se chocam com a possibilidade de desenvolvimento autônomo da humanidade. A sofisticação da tecnologia e dos meios de comunicação de massa prometem um crescimento no padrão de vida das populações, não obstante realizem uma alarmante força coercitiva sobre o indivíduo no sentido de negar-lhe superar a dominação social enquanto produzem a paradoxal destruição.

Na mesma medida com que a produtividade industrial é capaz de entregar mercadorias, a sociedade que se constitui em seu nome é capaz de transformar os homens em mercadorias, integrando ao capital esferas da vida social – tanto quanto o indivíduo e a família – as quais, devido a essa integração, vêm perdendo sua capacidade de resistência, tendo em vista a pressão adaptativa que sofrem:

> A própria categoria "sociedade" expressava o conflito agudo entre as esferas social e política – a sociedade

antagônica ao Estado. Do mesmo modo, "indivíduo", "classe", "família" designavam esferas e forças ainda não integradas nas condições estabelecidas – esferas de tensão e contradição. Com a crescente integração da sociedade industrial, essas categorias estão perdendo sua conotação crítica, tendendo a tornar-se termos descritivos, ilusórios ou operacionais. (Marcuse, 1969, p. 17)

É, portanto, no ambiente tecnológico que a cultura, a política e a economia vão se fundindo num sistema onipresente que molda a ação, reificando toda a *práxis*, fetichizando o próprio indivíduo que se acomoda a uma espécie de "falta de liberdade confortável, suave, razoável e democrática", cuja tranquilidade só é perturbada pelo aumento da violência, que recebe como justificativa – numa interpretação fácil e ideológica, diga-se de passagem – a falta de identidade, ou seja, a dificuldade de adaptação ou de integração do indivíduo ao projeto capitalista (Marcuse, 1969, p. 23).

Falsas necessidades vão sendo criadas a fim de uniformizar um estilo de vida e um nível de consumo compatível com a manutenção, quando não com o aumento, das taxas de lucro. Assim, até mesmo as necessidades básicas como alimentar-se, vestir-se, descansar, são falseadas pelas estratégias mercadológicas. São fatores que põem as necessidades humanas no campo da heteronomia exigida pelos interesses da dominação e sufocam as verdadeiras necessidades de liberdade, fazendo, desta última, poderoso instrumento daquela.

As distinções de classe são *minimizadas* por uma pseudodemocratização da informação, de algumas formas de entretenimento, de algumas mercadorias, na intenção ideológica de fazer crer que aquelas distinções estão superadas. Há um agravamento das condições que levam as pessoas a se reconhecerem tão-somente nas mercadorias que adquirem e não no produto do seu trabalho, as mercadorias passam a ser mais importantes para a manutenção da ordem do que as pessoas. Até o espaço privado "se apresenta invadido e desbastado pela realidade tecnológica", como coloca Marcuse (1969).

É assim que o indivíduo passa a se reconhecer nas coisas que o moldam, como uma forma de aceitação das leis da sociedade. E é a própria ciência que produz essa compreensão da realidade, tornando o esclarecimento – que poderia ser libertador – totalitário.

Enquanto isso, a própria ciência, tanto quanto o mito, a arte, a religião, e até a filosofia misturam-se nas formas da cultura de massa, sob a falácia do fácil acesso à informação e para a venda da ideia do poder do conhecimento. Mas o homem não conhece senão o poder da dominação e já não se reconhece como homem, posto que o que vê de si é um espectro daquilo que poderia ser – e, por não sê-lo, apenas assusta que o que tem sido denominado indivíduo ainda exista de algum modo, uma vez que toda a diligência científica aponta para que o "universal substantivo" vise qualidades que superem qualquer experiência particular.

Nesse sentido, todos os sujeitos desta pesquisa mostram-se exemplares: nem mesmo a geração dos anos 1960, qualificada pela vivência tanto quanto por um maior acesso ao conhecimento, escapa à subordinação ao universal substantivo da cultura afirmativa. Alguém escapa? Aldemy, que se propôs uma reflexão mais profunda ao longo da narrativa, não deixa de ser vítima do mesmo universal. Sua história o demonstra.

Por outro lado, Adorno (1986) denuncia que as próprias relações de classe são fetichizadas, porquanto a existência de classes seja atestada por critérios econômicos, para os quais os indivíduos não passam de mercadorias, em cuja lógica a existência da consciência não é considerada. O proletariado como fora descrito por Marx não mais existe, uma vez que os trabalhadores assimilaram a visão de mundo e o modo de viver da burguesia. Predomina, então, uma só forma de ver a realidade: a forma velada da lógica capitalista, que cristalizou as relações de produção.

No caso dos arquitetos, evidências históricas como as documentadas no filme "Arquitetura da Destruição" revelam o seu trabalho artístico usado em nome da construção de um projeto de sociedade pautado pela grandiosidade das obras monumentais, em nome da dominação. A crítica de Adorno, nesse caso, ainda que resguarde a teoria marxiana, não deixa de apontar o que esta não apresentou e o distanciamento que o próprio desenvolvimento do capital faz surgir em relação à *práxis* teórica de Marx:

> O pudor de Marx ante as receitas teóricas para a *práxis* mal foi menor que o de descrever positivamente uma sociedade sem classes. *O Capital* contém um sem-número de invectivas, em sua maior parte, aliás,

dirigidas contra economistas e filósofos, mas nenhum programa de ação; qualquer orador da ApO (Oposição Extraparlamentar) que tenha assimilado o seu vocabulário deveria tachar o livro de abstrato. Não se poderia deduzir da teoria da mais-valia de que modo haveria de ser feita a revolução; o antifilosófico Marx quase não foi além, em relação à *práxis* em geral – não nos problemas políticos concretos – do filosofema segundo o qual a emancipação do proletariado só poderia ser obra do próprio proletariado; e, naquela época, o proletariado ainda era visualizável. (Adorno, 1995, p. 228)

Neste início de século XXI, se o proletariado não é visualizável, isso ocorre porque a própria lógica do capital, ao autonomizar-se, converteu simbolicamente todos os indivíduos em proletários. Por outro lado, se se pensa em retomar, por critérios não-econômicos, a possibilidade da consciência, tem-se que não é possível imaginar um indivíduo destacado da sociedade ou produzido fora das relações sociais; nem uma sociedade que possa existir sem indivíduos. O indivíduo – produto e antítese social – torna-se projeto social possível para uma sociedade livre, desde que a sociedade se transforme e supere o medo que atravessa a relação entre a consciência individual e a social. Nesse sentido, pensar a liberdade é pensar no ressurgimento da consciência. E pensar a consciência exige a elaboração do passado, da dimensão histórica do humano.

Essa dimensão é destacada por Horkheimer e Adorno (1997) enquanto dissecam o conceito de esclarecimento. A abordagem dos autores vai buscar a origem do indivíduo burguês, encontrando seu protótipo em Ulisses, cuja epopeia mostra-se ilustrativa da constituição daquele que, para enfrentar o medo de ser destruído pela natureza, diferencia-se dela.

A estratégia de diferenciação que faz com que o homem se separe da natureza; degenera-se em dominação, quando a autoconservação se objetiva por meio da astúcia. Ao fazer uso dessa estratégia, acaba perdendo a dimensão de seu intento por sucumbir à tentação de estender a dominação aos outros homens. A si, Ulisses – o senhor – é capaz de impor o sofrimento que o conduziria à maioridade; aos outros homens – começando pelos seus homens – ele passa a vê-los como natureza a ser dominada:

> Os companheiros de Ulisses não se transformam como hóspedes anteriores nas criaturas sagradas das regiões selvagens, mas em animais domésticos impuros, porcos. (...) Em todo caso, todas as civilizações posteriores preferiram qualificar de porcos aqueles cujo instinto buscava um prazer diverso daquele que a sociedade sanciona para seus fins. Magia e contramagia estão ligadas, na metamorfose dos companheiros de Ulisses, a ervas e ao vinho; à embriaguez e ao despertar, ao olfato como o sentido cada vez mais reprimido e recalcado e que mais próximo está tanto do sexo quanto da lembrança dos tempos primitivos. Mas, na imagem do porco, o prazer do olfato já está desfigurado no fungar compulsivo de quem arrasta o nariz pelo chão e renunciou ao andar ereto. (Horkheimer & Adorno, 1997, p. 73-4)

A consequência que a epopeia deixa entrever é que a estratégia da astúcia acaba por voltar-se contra o protótipo do indivíduo burguês, tornando-o refém do que ele criou para se libertar, porque a dominação vai tomando formas cada vez mais sofisticadas, como temos visto, enredando o próprio astuto em suas malhas, anestesiando sua consciência, impedindo-lhe a autorreflexão ou produzindo o sentimento de impotência naqueles que se aproximam da consciência, enquanto o impele à barbárie.

Porém, a ideia de barbárie costuma vir associada à horda de excluídos daquilo que é tido como civilização. Não se costuma pensar que os *incluídos* de toda espécie também regridam à barbárie quando seus instintos são tão reprimidos, quando suas ações são tão *disciplinadas* no sentido da privação da liberdade e da autonomia. Por isso, não se compreende quando alguém que desfrute de condição socioeconômica tida como favorável cometa desatinos contra os do seu meio. Não se pensa que os critérios econômicos não dão conta do humano na sua totalidade.

Contraditoriamente, portanto, o que permitiria ao homem a superação do medo de ser destruído pela natureza é o que eterniza esse medo sob nova forma: agora se trata do medo de ser expulso da coletividade. E ele não parece presente nas narrativas de Luciana, de Tatiana e de Marcelo? É preciso "perceber as intenções das pessoas", "ganhar experiência", "estar preparado para o dia de amanhã". A ameaça é real. A regra vigente define que, quanto mais adaptado, menor o risco de exclusão da coletividade regida pelo capitalismo, escamoteando, porém, o verdadeiro risco: se só houver adaptação à regra, não haverá chance de conhecer a própria humanidade.

Quando a astúcia se degenera em dominação, produz a ilusão breve de formações distintas para o senhor e para o escravo. O primeiro se concede o direito à astúcia (embora esta se constitua o embuste no qual ele mesmo se aprisionará e, por isso a ideia de distinção de sua formação ser ilusória). O projeto da dominação exige que a formação do dominador seja imposta ao dominado que, contraditoriamente, não pode alcançá-la e buscar emancipação.

Aparentemente, a análise de histórias de vida num trabalho cujo título destaca a vida simulada revelaria a infâmia contra a vida possível de quem confia sua narrativa a um pesquisador. Entretanto, a verdade por traz da aparência é que a crítica que se pretende cada vez mais profunda busca resgatar a liberdade que caracteriza o humano, pensar a possibilidade da existência do sujeito, o que não é imediatamente visível nas entrevistas, uma das razões que justifica o modo como estão sendo analisadas – pelos conceitos da teoria crítica, nas abordagens de Adorno, Horkheimer, Marcuse e Benjamin.

Para produzir a liberdade possível ao longo do desenvolvimento da história – uma conquista que proíbe qualquer teleologia sobre o significado da subjetividade, para não mantê-la aprisionada em novas armadilhas de um pensamento ideologizado – é preciso superar a dominação burguesa, o que exige a autorreflexão como forma de resistir à barbárie para a qual a alienação reinante conduz:

> A força do Eu, que ameaça perder-se e que, antes caricaturizada como autocracia, continha-se no ideal de personalidade, é a força da consciência, da racionalidade. (...) Somente ao acolher a objetividade dentro de si e adaptar-se a ela, em certo sentido, ou seja, conscientemente, pode o indivíduo desenvolver resistência contra ela. (Adorno, 1995, p. 68-9)

Entretanto, a ideologia burguesa, por meio do trabalho alienado, potencializa a dominação, à medida que a conserva, quando já poderia estar superada. Se houve tempo em que essa superação poderia se dar pela consciência da diferenciação entre homem e natureza que, na reconciliação entre ambos, encontraria o caminho da emancipação do sujeito, hoje, a autorreflexão é urgente para a consciência da diferenciação entre os homens que se relacionam na coletividade e sua reconciliação:

> Existe a fundada suspeita de que, naquilo que já não deve ser porque não foi nem pode vir a ser, oculta-se o potencial de algo melhor. (...) O impedimento da formação do Eu ou, com mais clareza ainda, a tendência da sociedade que se forma a si mesma parecem constituir algo mais elevado, mais digno de promoção. Sacrifica-se o momento que em outros tempos, embora corrompido pela ideologia, repercutia no ideal de personalidade. O conceito de personalidade não é redimível. No entanto, na fase de sua liquidação, haveria nele algo que convém conservar: a força do indivíduo, o potencial para não confiar-se ao que cegamente se lhe impõe, para não identificar-se cegamente com isso. (Adorno, 1995, p. 68)

De algum modo, Carlos Alexandre, Aldemy e Yvonne já podem refletir a respeito: para o primeiro, o estabelecimento de um limite à adaptação cega ao que o sucesso profissional lhe cobrava; para o segundo, a capacidade reflexiva que se propôs desenvolver ao longo de suas experiências; para a terceira, a própria perspectiva de sentir-se, ainda, em formação. Ainda assim, as próprias narrativas sugerem que a reflexão ainda não se completa, permanecendo como fragmento reflexivo de um momento privilegiado que o cotidiano normalmente nega.

Por outro lado, o progresso técnico carrega em si, de forma sempre contraditória, tanto a possibilidade de emancipação, ao considerar-se o estágio de evolução tecnológica e os recursos existentes para a superação dos piores problemas sociais, quanto a tendência à regressão, como se pode observar com a injustiça distributiva e o consequente aumento da miséria e da violência nas sociedades tidas como as mais avançadas.[1]

---

1. Um exemplo disso pode ser extraído do Festival de Woodstock, nos Estados Unidos da América. Em 1969, o festival envolveu meio milhão de pessoas das mais diversas origens, crenças e raças, cujo lema era "Paz e Amor". Em sua reedição comemorativa, em 1999, o que ocorreu foi um espetáculo macabro de violência, agressão e destruição, em que se envolveram mais de cem mil jovens. Tal paradoxo poderia encontrar explicações contextuais mais complexas, mas atesta a dupla face do progresso: emancipação e barbárie, que têm caminhado lado a lado na história humana.

Também é inegável a existência de uma tal dimensão de diversidade em relação à consciência nas sociedades atuais, que fazer previsões sobre o que possa ser a subjetividade livre ou qualquer idealização a esse respeito nega, por si, a ideia de liberdade, aprisionando o devir tanto quanto o presente já o aprisiona. Como entendem Horkheimer e Adorno (1997), qualquer perspectiva de superação dessa realidade conduz ao conhecimento e à resistência contra tudo o que vem negando historicamente a subjetividade, permitindo que ela possa emergir tal como é e ainda não pôde ser conhecida pelo homem. Mas a lógica capitalista impede de modo cada vez mais sofisticado, e por meio do próprio trabalho alienado, essa libertação.

Aldemy, por exemplo, viveu a experiência de ser afastado de seus projetos profissionais devido ao exercício da participação política. Enquanto isso, Marcelo mostra-se preocupado com a preparação para o futuro. São experiências de exclusão e do medo desta, enquanto a ameaça da substituibilidade desconsidera a humanidade de cada indivíduo, levando pouco em conta a capacidade de cada profissional, porque a medida da dominação antepõe-se às possibilidades humanas.

Enquanto as estratégias da cultura afirmativa capitalista voltam-se à produção e à reprodução do capital, a ideia de sociedade que ela apresenta desconsidera o indivíduo, uma vez que seus critérios são predominantemente econômicos. Pode-se inferir, então, que qualquer ideia de coletividade que desconsidere os indivíduos é totalitária e fascista.

A interpretação de Horkheimer e Adorno sobre a epopeia de Ulisses, tanto quanto a própria história, indicam que não se resolve a questão do coletivo pela anulação do indivíduo ou pela dominação de um indivíduo por outro, pois embora a própria formação do eu, de acordo com a psicanálise freudiana, exija um grau de sofrimento, este deve se tornar consciente (e não apenas justificado), a fim de que possa se estabelecer a resistência contra a barbárie e a superação da negação da liberdade.

Seria possível afirmar que todos os nossos narradores possuem algum grau de consciência de seu sofrimento. Mas esse grau de consciência ainda não parece ser suficiente para que resistam à negação de sua subjetividade. Trata-se, então de uma consciência medida pelos parâmetros da cultura burguesa, uma consciência coisificada pelo existente, cuja anestesia não impede o sofrimento de não ser livre e nem mesmo conhecer o que o aprisiona na totalidade.

Se o senhor burguês adere à astúcia para a dominação dos outros homens, considerando-os inferiores a si, ele nega a esses *inferiores* a possibilidade da consciência, mas – ainda que de outro modo – o faz também consigo mesmo, porque se aprisiona em sua própria armadilha e perpetua não só a dominação desnecessária, mas também o sofrimento que já poderia ter sido superado. Assim sendo, o próprio sofrimento é reificado, perdendo-se de seu caráter emancipador, e a dominação passa a ser *aceita* como natural do humano e, por isso mesmo, tende a parecer, nessa consciência, insuperável.

Quando as forças produtivas ganham a autonomia a que se assiste na contemporaneidade, o elemento regressivo se expande: tanto aqueles que antes eram dominados e que já assimilaram as estratégias dos seus senhores, quanto os que já foram senhores, sucumbem à lógica da administração total e têm sua consciência reificada. De que estratégia poderia valer-se o indivíduo para autoconservar-se em direção à possibilidade de libertação, quando sequer pode identificar-se como pertencente a uma classe social, uma vez que a dominação autonomizou-se através das forças produtivas? Quando muito, lhe é permitido pertencer a uma classe econômica, caracterizada pela capacidade de consumo.

Horkheimer e Adorno (1973) entendem que o que chamamos de indivíduo é a máscara do verdadeiro indivíduo. Na relação indivíduo/sociedade, o indivíduo se encontra cindido, tendo que desenvolver um comportamento econômico-racional para se manter. Vive-se uma situação em que indivíduo e sociedade não se reconhecem um no outro, mas é preciso que o indivíduo desvele essa cisão para poder transcendê-la. Justifica-se, então, a necessidade de entender como se forma o indivíduo burguês e como este empreende a dominação social para que se liberte do engodo de sua própria astúcia, superando a falsa racionalidade do mundo administrado.

Luciana, Tatiana e Marcelo fazem referência a algo que chamam de *vaidade* como aquilo que separa os arquitetos, como categoria profissional, quase se queixando da dificuldade encontrada para fazer parte de um grupo que se celebra como seleto. A geração dos anos 1960 também se refere a essa vaidade, à atomização existente no próprio meio: Carlos Alexandre conheceu de perto o que caracterizava essa vaidade e renunciou ao que entendeu como requisitos para o sucesso e a fama. Yvonne destaca e vê sentido nas queixas que separam os arquitetos-de-prancheta e os arquitetos-da-pesquisa, que não conseguem estabelecer um diálogo, porque cada grupo valoriza mais o seu próprio nicho. Aldemy também enxerga essas contradições, das quais parece buscar proteger-se ao voltar suas energias à orientação dos seus alunos. Três arquitetos que encontraram como alternativa reflexiva o papel social da docência, da formação de novos arquitetos. Terá sido a alternativa de resistência deles, ainda que as novas gerações que se formam não se reconheçam mais livres?

O indivíduo como produto e antítese social se torna projeto para uma sociedade livre, mediante a alteração dessa sociedade, que deve trilhar o caminho da democracia, lidando com a relação entre o coletivo e o particular, embora de forma contraditória, uma vez que em seu interior estão presentes tanto o germe da liberdade quanto o da dominação totalitária. Essa compreensão passa, sobretudo, pelo *esclarecimento* de como a cultura vai amalgamando os elementos contraditórios da formação e enrijecendo a cisão do indivíduo.

Para Adorno (1973), o universal possibilita a existência do particular; em tese, a sociedade permite a existência de universais e, portanto, admite a existência do sujeito. Mas o que se objetiva sob a forma da cultura vem negando essa possibilidade porque, ao invés de ser produzido pela lógica das relações entre os homens, vem sendo produzido sob a lógica do capital, ou seja, o desenvolvimento do indivíduo encontra-se mediado por algo que se infiltra nas relações, uniformizando estilos de vida, obrigando-o a adaptar-se às regras do jogo da publicidade. Não é o que faz Luciana quando adere à ideia de especializar-se dentro das novas tendências da arquitetura hospitalar, associada à caracterização do mercado hoteleiro? E quem a criticaria por isso?

É por participar desse universo desenvolvido pela cultura afirmativa capitalista que a sociedade vai perpetuando o sacrifício da subjetividade por meio da primazia do todo, que se traduz, na objetividade, como fascismo, que vai sendo incorporado ao sistema de valores do indivíduo. A manutenção da falsa necessidade do trabalho alienado, sob as novas tecnologias, atesta esse argumento. São as próprias forças produtivas que atuam em função da manutenção do modo de produção capitalista, negando ou adiando a possibilidade de que o indivíduo se emancipe.

Tanto Carlos Alexandre, quanto Yvonne e Aldemy já poderiam estar aposentados; poderiam escolher dedicar-se a outras alternativas de vida – o que a própria cultura afirmativa promete desde que se cumpra o tempo em que os indivíduos devem ocupar-se do *trabalho socialmente necessário*. Mas nenhum deles desvinculou-se, ainda, desse trabalho. Quando muito, amenizou sua participação, como afirma Carlos Alexandre. Deixar de trabalhar parece ser sinônimo de envelhecimento, de morte, de não ser mais útil, importante, necessário como parte da sociedade.

Essa constatação mostra que a discussão acerca da relação entre o reino da necessidade e o reino da liberdade contém alto grau de complexidade, pois as necessidades são sempre mediadas socialmente pela ideologia burguesa e suas regras de mercado. Daí a dominação que se produz nesse embate se tornar cada vez mais sutil pela via do aparelho tecnoburocrático, que, voltado à melhoria da qualidade da produção, aprofunda as contradições entre forças produtivas e relações de produção:

> a sociedade é capitalismo em suas *relações* de produção. Os homens seguem sendo o que, segundo a análise de Marx, eles eram por volta da metade do século XIX: apêndices da maquinaria, e não mais apenas os trabalhadores têm que se conformar às características das máquinas a que servem, mas, além deles, muitos mais, metaforicamente: obrigados até mesmo em suas mais íntimas emoções a se submeterem ao mecanismo social como portadores de papéis, tendo de se modelar sem reservas de acordo com ele. (Adorno, 1986, p. 67-8)

As forças produtivas poderiam avançar muito mais do que já o fizeram se a humanidade não tivesse se tornado exército de reserva do capital. O caminho trilhado por essas forças tem gerado a sua fetichização – a fetichização dos homens que se relacionam mediados por supostas leis de mercado. É assim que o indivíduo deixa de reconhecer sua historicidade, porque só se reconhece nas coisas que se vê capaz de possuir. Essa passa a ser a sua medida, uma medida artificial, baseada na conquista de mercadorias e no exercício de um falso poder sobre outros.

A narrativa de Carlos Alexandre apresenta uma elaboração nesse sentido. Em determinado momento de sua vida, repensou os critérios pelos quais avaliava seu próprio sucesso profissional e os rumos que esse sucesso definiam para sua vida pessoal. Essa avaliação levou-o a abrir mão daquilo com que julgava não ser capaz de lidar e que lhe parecia fazer parte do pacote da fama. Quantos indivíduos dão-se essa oportunidade? Escolhas como essa denotam uma coragem bastante diversa daquela tida como necessária para assumir as exigências do sucesso e da fama, porque implica lidar com critérios de avaliação compartilhados culturalmente que tendem a exercer forte pressão sobre o indivíduo que se nega a acolhê-los. Essas pressões devem ter estado presentes, pelo que se pode inferir da narrativa, quando Carlos Alexandre faz breve referência aos momentos difíceis pelos quais passou após a decisão de mudança.

A cultura reificada vai produzindo uma história ou muitas histórias possíveis para a aventura humana e sua verdade não importa mais que os benefícios mercadológicos que dessas histórias possam ser extraídos. A ideologia faz uso desses elementos ficcionais "que se apoiam na pretensão de literalidade e de realidade", alinhando-os ao mercado e a uma proposta falsa de formação. Assim, a consciência se vê impossibilitada de emergir:

> No clima da pseudoformação, os conteúdos objetivos, coisificados e com caráter de mercadoria da formação cultural, sobrevivem às custas de seu conteúdo de verdade e de suas relações vivas com o sujeito vivo, o qual responde de certo modo à sua definição. O fato de que seu nome tenha adquirido hoje as mesmas ressonâncias, antiquadas e arrogantes, de "formação popular" não denota que este fenômeno tenha desaparecido, e sim que o seu contraconceito, precisamente o de formação – único que lhe era legítimo – propriamente já não é atual, Neste último só participam, para sua dita ou desdita, indivíduos singulares que não tenham caído inteiramente neste crisol e grupos profissionalmente qualificados, que se celebram a si mesmos com muito boa vontade, como elites. (Adorno, 1971, p. 152-3)

Assim, a cultura mostra seu duplo caráter: "remete à sociedade e é mediadora entre a sociedade e a pseudoformação" (Adorno,

1971, p. 143); mantém o feitiço da consciência ingênua por meio do mito; cultiva a ilusão da emancipação para além do humano por meio da religião; radicaliza a angústia mítica por meio da ciência – e até mesmo a arte, que poderia conservar algum teor crítico, vê ameaçada essa condição ao ser ela própria envolvida, *administrada* pelos critérios do mercado.

A esse processo, Carlos Alexandre responde com adaptação. Sim, ele faz coisas para serem consumidas pelo grande público, não objetos de arte para serem consumidos por uma elite. Cria espaços para pessoas e leva em consideração seus desejos e características, sem desprezá-las em nome de modismos ou tendências. Ele assume um diálogo com o outro; faz, de seus clientes, amigos. Adia trabalhos remunerados para atender alunos. São suas formas de *burlar* a adaptação total.

As histórias de vida analisadas pertencem a pessoas que formam um grupo profissionalmente bem qualificado, uma elite que, nem por isso, torna-se menos administrada que a sociedade em geral. Ao tornar-se profissão, ao ser açambarcada pelo mundo do trabalho, a arte parece fetichizar-se, convertendo-se em mero instrumento do mercado, para manutenção da ordem estabelecida. Mas a profissão molda aqueles que a assumem, constituindo determinadas características que vão se incorporando ao modo de ser, de agir, de ver o mundo, atravessadas por formas próprias de pensar a arte envolvida na profissão – todas diferentes.

O capitalismo vai se impondo, portanto, por formas cada vez mais sofisticadas e vai mantendo a ilusão sob o manto de verdade. E quando algo que pode conduzir à percepção da verdade se apresenta, não é enfrentado senão com uma suposta rebeldia, não é visto senão com conformismo. Teria Aldemy se conformado com a mudança de rumo a que foi impelido? O que o faria continuar buscando expressar seu pensamento em diálogos nos quais sente como se falasse em um estúdio à prova de som? Será que, ainda que pense que sua voz não ecoe para além de si mesmo, ela não estaria garantindo sua autorreflexão?

Como já foi dito, para Adorno, a relação entre sujeito e objeto, particular e todo, deve dar-se por meio da consciência da alienação como forma de produzir a reflexão do esclarecimento. O pensamento é, então, um dos elementos básicos da consciência e a verdadeira liberdade passa pela ruptura com as estruturas básicas de dominação. Mas a própria lógica em que se desenrola o desenvolvimento humano tem sido impeditiva disso e cada nova geração é exposta às mesmas estruturas, como forma de condicionar seu comportamento. Daí não termos uma formação que possibilite a autonomia e a liberdade, mas uma pseudoformação, que nos mantém regredidos em relação à nossa própria humanidade.

Quantas pessoas têm a oportunidade de desenvolver a autorreflexão de Aldemy? Por outro lado, por que essa capacidade reflexiva não está presente no processo de formação das novas gerações? Por que é tão rara nas salas de aula? Por que nesses espaços privilegia-se a reprodução?

A alienação se refere à coisificação da psique, à coisificação da consciência; a experiência negada do conhecimento é equivalente à ruptura com a perspectiva da liberdade. Por isso, ela é a base da subjetividade requerida no trabalho sob a administração total, moldada por meio de um sistema de (pseudo)formação e representa grande parte dos elementos regressivos da própria civilização:

> Só uma consciência cultural que, já não tendo esperança de dar à humanidade a forma de liberdade e consciência, a entende (...) como algo análogo ao florescer e murchar dos vegetais, pode chegar a essa separação rigorosa entre Cultura, como produto e forma da alma, e Civilização, como exterioridade, absolutizando a primeira, pondo-a contra a segunda, e abrindo, com frequência, as portas ao verdadeiro inimigo – a barbárie. (...) O que toda cultura nada mais fez, até hoje, do que prometer, será realizado pela civilização quando esta for tão livre e ampla que não exista mais fome sobre a terra. (Horkheimer & Adorno, 1973, p. 97-9)

Sob a égide dos novos requisitos de qualificação profissional, num mundo do trabalho marcado pela mudança e pelas inovações tecnológicas sem precedentes na história, a lógica capitalista parece enfrentar a última fronteira em direção à modelização do indivíduo e ao adestramento de sua subjetividade. Sob o nome de subjetividade, na cultura afirmativa, o que se apresenta mesmo é o seu espectro, a sua negação.

Como afirma Marcuse (1968, p. 96): "o valor social do indivíduo é medido primordialmente em termos de aptidões e qualidades de adaptação padronizadas, em lugar do julgamento autônomo e da responsabilidade pessoal". E, para que essa mediação se dê, as relações sociais são modificadas dentro da própria família, sobretudo quando se observa que, no conflito de gerações, as mais jovens "representam o princípio maduro da realidade", afirmando-se em contraposição às formas consideradas obsoletas preconizadas pelas gerações mais velhas.

Nesse aspecto, pode-se dizer que é comum um tipo de resistência das gerações mais velhas às mais novas que, via de regra, buscam incluir algo de mudança nos *hábitos* que permeiam a vida social. Entretanto, ainda que representem "o princípio maduro da realidade", como preconiza Marcuse, tal característica não é logo percebida (se não for negada), talvez porque os mais velhos se recusem a enxergar suas contradições espelhadas pelos mais jovens. As pessoas se queixam da juventude de hoje, comparando-a à do seu tempo (que teria sido muito melhor), tentando talvez manter escondido até de si mesmas o ressentimento pela perda da vitalidade e da inocência daquele tempo. É possível que esse ressentimento as torne resistentes à ideia de que as novas gerações possam viver melhor; ele se reproduz e o conflito de gerações fica impedido de revelar seu lado emancipador.

As posturas mais abertas não parecem significar a eliminação do conflito. Ao falar da família, Carlos Alexandre – que se estende mais sobre o tema – revela muito da influência paterna, de como a enfrentou e, possivelmente não por acaso, procura refletir sobre a própria influência que exerce sobre os filhos; Aldemy explicita seu papel de provedor como expectativa social que molda as relações numa direção que seria impeditiva de certo tipo de diálogo com os filhos; Yvonne vê os filhos como que reproduzindo a trajetória construída por ela e pelo marido, mas não se detém nessa questão. Enquanto isso, Luciana se percebe mais fechada do que já fora em relação à família; Tatiana revela a ingenuidade da família que acaba por tornar-se fator de distanciamento da perspectiva de diálogo, apesar daquilo que mantém a proximidade (sua posição de filha mais velha e a relação de admiração com o pai, por exemplo); Marcelo é econômico em suas análises nesse tema, talvez por não julgar importante enfatizá-las, ou por discrição. Seja como for, percebe-se que o assunto não é tranquilo para nenhuma das gerações. Emoções e sentimentos se misturam, o tom de voz se modifica, o olhar sugere conflito. E o que os discursos revelam é uma busca pela eficiência, por estar oferecendo sempre o melhor de si e, ainda assim, parece manter-se a sensação de não ser reconhecido por esses esforços. Porém, até mesmo as relações familiares são mediadas pelo que se possa *conquistar*, respeitados os critérios de desempenho social e econômico.

Pode-se pensar, então, se aquilo que era entendido por Marcuse como *princípio de maturidade* não estaria cedendo espaço a um novo conceito que supera o anterior, porque aquele estaria sendo considerado velho e deveria ser descartado em favor do novo. Um novo que não chega a formar-se, mas conforma-se com maior velocidade e menor (ou nenhuma) resistência às novas exigências. Parece ser esse o funcionamento do sistema do mundo administrado, com alta produtividade e eficiência, às quais o indivíduo confia a satisfação e o controle das suas necessidades, tanto quanto a organização da própria vida, que se mantém presa à ideia mítica de destino, para o que os papéis sociais contribuem.

Marcuse (1968) não critica a produtividade ou a eficiência, e nem mesmo a tecnologia, pois está claro que os benefícios que daí provêm são reais. Ele entende que o que é regressivo é a contenção da tecnologia e o encobrimento dos pressupostos do mundo administrado sob o manto de falsas liberdades, uma vez que o que o indivíduo pode comprar por meio do seu trabalho não recompensa o que vende junto com sua força de trabalho: o tempo livre.

Carlos Alexandre se preocupa com a questão a que se refere Marcuse e procura enfatizá-la em sua vida. Entretanto, todos os demais parecem aprisionados, de alguma forma, à rotina de trabalho e desenvolvem expectativas simples em relação ao que possa ser o seu lazer. Num mundo de sofisticação crescente na oferta de serviços e entretenimentos que ocupem o tempo livre dos indivíduos, muitos têm desejos realmente simples quanto ao que fazer de seu tempo livre – considerando-se um importante fator comum: todos gostam de conversar.

É possível que essa ênfase revele algo sobre as próprias necessidades humanas, no sentido de se ter garantido o tempo de dialogar, talvez até mais de falar de si e do mundo que de ouvir, porque as pressões sociais já sobrecarregam demais os ouvidos, que acabam ouvindo menos a própria vida interior.

Mas, se o controle sobre a própria vida é negado pela sociedade administrada, é justamente pela negação que ela pode ser resgatada. É quando se começa a questionar até que ponto o preço pago pela alienação – a barbárie – será suportável ou justificável para manter a dominação das forças produtivas sob as relações de produção, para manter a dominação social antes de tudo.

Como tem sido argumentado, o que emperra ou produz o avanço da sociedade está presente em elementos da consciência, que tem sido impedida de emergir. Para transformá-la, de acordo com Marcuse, há necessidade de ação política. No entanto, a consciência ingênua é manipulada por elementos externos, coercitivos, e o medo da autoridade é introjetado ao longo da vida, mantendo a dificuldade de se desenvolver a crítica que caracterizaria a possibilidade de construção de uma consciência livre, perpetuando o medo – não mais o medo original de ser destruído pela natureza – mas aquele que incorporou os elementos regressivos da dominação, para converter-se no medo que o indivíduo sente de ser expulso do coletivo e que escapa ao controle social na forma de violência: "O indivíduo paga com o sacrifício do seu tempo, de sua consciência, de seus sonhos; a civilização paga com o sacrifício de suas próprias promessas de liberdade, justiça e paz para todos" (Marcuse, 1968, p. 99).

O próprio Marcuse ainda afirma que:

> Como processos históricos, os processos dialéticos envolvem consciência: reconhecimento e captura das potencialidades libertadoras. Assim, envolvem liberdade. A consciência é "não-livre" no quanto é determinada pelas exigências e pelos interesses da sociedade estabelecida; no quanto a sociedade estabelecida é irracional, a consciência se torna livre para a mais elevada racionalidade histórica somente na luta contra a sociedade estabelecida. (Marcuse, 1969, p. 207)

Os elementos para o desenvolvimento da consciência sugeridos por Marcuse são todos interdependentes e envolvem liberdade. Algum grau de liberdade é necessário para que se reconheça e apanhe potencialidades libertadoras que possam negar a irracionalidade presente na sociedade estabelecida – a irracionalidade do trabalho alienado.

Se a possível preservação de alguma racionalidade histórica

é luta contra a irracionalidade determinada socialmente e só nesse processo se dá o possível encontro com alguma liberdade, o desafio que se apresenta ao indivíduo está na busca do conhecimento, na restauração da crítica que a cultura afirmativa impede. Ao considerar que crítica do conhecimento é crítica da sociedade e vice-versa, Marcuse afirma que "a eliminação das potencialidades humanas do mundo do trabalho (alienado) cria as precondições para a eliminação do trabalho do mundo das potencialidades humanas" (1968, p. 103).

Horkheimer e Adorno (1997, p. 211), somam-se a Marcuse, entendendo que é função da teoria crítica lutar pelo que está sendo negado: a humanidade real, afirmando que "a forma de exteriorizarmos a subjetividade é objetivarmos a própria, através do conhecimento" e, não por meio do trabalho.[2]

Assim sendo, pode-se pensar que o caminho que se abre ao *(re?)encontro* com a subjetividade passa pelo reconhecimento que o trabalho alienado tem negado ao indivíduo e a busca desse reconhecimento não prescinde da sua potencialidade de autorreflexão, em relação à sua trajetória, nessa cultura.

Todos os narradores ouvidos autorrefletiram, em alguma medida, suas vidas e suas vivências, ainda que as entrevistas não possam ser consideradas como instrumentos ou caminhos que privilegiem, necessariamente, a autorreflexão – com referências diferentes, há que se lembrar. Que poder de resistência teria essa autorreflexão?

---

2. Mas as novas gerações são compelidas ao trabalho cada vez mais cedo, e são consideradas velhas também mais cedo. A todos os jovens que queiram ser bem sucedidos no trabalho são recomendados estágios nas empresas das grandes cidades. O estilo de vida capitalista deve ser assimilado e disseminado para o interior.

III

> *O povo, eficientemente manipulado e organizado, é livre; a ignorância e a impotência, a heteronomia introjetada, é o preço de sua liberdade.*
>
> Marcuse

O que se tem assistido e vivido na contemporaneidade revela uma concepção de homem, mundo e realidade que vem sendo histórica e amplamente defendida na teoria e na prática liberal, como ideologia capitalista, a qual, ainda que demonstre contradições que sinalizam alguma dimensão de criticidade, são marcadas por uma forte coerência linear, convincente para uma grande parte dos indivíduos que compõem o todo social. Um *diálogo crítico* com esse tipo de realidade é possível a partir da obra de Marcuse, *Ideologia da Sociedade Industrial* (1969).

Segundo o autor, o modelo de desenvolvimento marcado por um fabuloso avanço tecnológico tem como principal característica paralisar a crítica, produzindo um tipo de sociedade sem oposição, cuja produtividade "é destruidora do livre desenvolvimento das necessidades e faculdades humanas" (Marcuse, 1969, p. 14), embora essa sociedade apresente aptidões intelectuais e materiais sem precedentes.

O paradoxo se explica: a dominação da sociedade sobre o indivíduo tem se dado com a eficiência da tecnologia, suavizando a luta do homem pela sobrevivência e se mostrando capaz de conter o salto qualitativo que poderia constituir instituições diferentes, com uma nova maneira de encarar os processos produtivos e a própria existência humana.

Por outro lado, o fato de a grande maioria dos indivíduos ser levada a aceitar o novo modelo não o exime da necessidade de crítica, até porque a incapacidade de fazê-la impede o avanço da consciência. No entanto, a crítica também tem um preço que o indivíduo precisa estar disposto a pagar para sua emancipação. A cultura afirmativa aposta na sua incapacidade em querer assumir essa responsabilidade e o submete com a oferta cada vez maior de mercadorias, "usando a conquista científica da natureza para conquistar o homem cientificamente" (Marcuse, 1969, p. 16-7).

É precisamente essa intensidade na conquista tecnológica do homem que o faz, de consumidor, mercadoria – cujo valor de troca da força do trabalho social humano abstrato oculta a relação de dominação, através da própria qualificação como relação social. Eis o segredo do fetiche da mercadoria e o princípio simbólico-cultural da sociedade capitalista, tecnologicamente administrada: "no ambiente tecnológico, a cultura, a política e a economia se fundem num sistema onipresente que engolfa ou rejeita todas as alternativas" (Marcuse, 1969, p. 19).

Assim, as novas formas de controle social, por meio do progresso técnico, desenvolvem uma espécie de falta de liberdade confortável e até mesmo democrática – uma democracia que, sob a igualdade de oportunidades, esconde a desigualdade de condições e faz com que o lema burguês dos direitos e liberdades perca o nexo lógico e o conteúdo original.

Nesse sentido, o avanço de um sistema totalitário fica encoberto também pela crescente satisfação das necessidades materiais, com uma promessa de *suave funcionamento do todo*. E, uma vez que o sistema é totalitário, ele impõe sobre o indivíduo suas exigências político-econômicas acerca do trabalho e do tempo livre, manipulando necessidades assimiladas pela imposição do próprio sistema, como num ciclo vicioso sem saída (ao menos, aparentemente).

No caso de nossos narradores, a força do sistema parece muito mais intensa sobre a geração dos anos 1990. Suas visões acerca de como o trabalho deve ser desenvolvido, assim como de como o tempo livre deve ser usufruído, são muito semelhantes. A ideologia dominante parece amplamente assimilada por eles.

Por outro lado, a geração dos anos 1960, talvez por encontrar-se noutra etapa da vida, que parece tender a tornar-se mais leve quanto às exigências sociais (quando foram cumpridas segundo os critérios da cultura afirmativa), mostra-se menos ansiosa em direção ao atendimento de exigências ou menos cobrada por elas. Isso não significa ausência ou eliminação de conflitos, mas – supostamente – maior possibilidade de pensar as próprias experiências de um ponto de vista ampliado por essas próprias experiências. Ainda assim, algumas cristalizações quanto àquilo que caracteriza a geração, a profissão e o saber construído ao longo da vida são nítidas. Tais cristalizações se manifestam nos princípios pessoais preconizados pelos narradores, nos momentos em que expressam aquilo que faz de cada um deles quem é – numa espécie de individualidade que luta por se manter na identidade do coletivo – como se no mundo da máquina, cada homem buscasse preservar-se da robotização.

Nessa direção, Marcuse aponta outra contradição do homem unidimensional da sociedade industrial: "essencialmente, o poder da máquina é apenas o poder do homem, armazenado e projetado. O mundo do trabalho se torna a base potencial de uma nova liberdade para o homem no quanto seja concebido como uma máquina e, por conseguinte, mecanizado" (1969, p. 25).

Segundo o autor, mesmo que o indivíduo queira salvaguardar sua individualidade, qualquer proposição em direção a uma concepção libertadora de homem parece irreal diante das forças que impedem a sua realização. Essas forças atuam por meio da implantação de necessidades materiais e intelectuais, eternizando formas já ultrapassadas de luta pela sobrevivência – formas que apresentam conteúdo e funções sociais heteronômicas, determinadas externamente e sobre as quais o indivíduo não tem poder nenhum – até mesmo por não ter conhecimento que lhe possibilite a crítica – incorporando-as e reproduzindo-as culturalmente, apenas.

Se Marcuse tiver alguma razão nisso, a suposta liberdade que indivíduos com maior vivência poderiam alcançar é falsa, pela própria cristalização dos princípios que a cultura afirmativa lhes impôs incorporar, o que permitiria sugerir que essa suposta liberdade funciona como uma espécie de prêmio pela boa adaptação.

Para efeito da hegemonia do capital, o indivíduo precisa ajustar-se às formas de controle da sociedade altamente tecnológica, identificando-se com ela imediata e automaticamente, por meio da organização e administração científicas, que tratam de transformar a própria estrutura antagônica, tornando suas contradições toleráveis. Assim se produz a contenção das possibilidades de transformação social. Assim se produzem novas exigências sobre o conteúdo da qualificação como valor de troca da mercadoria força de trabalho para um mercado que necessita cada vez menos dela. Assim, professores reproduzem para as novas gerações os velhos valores culturais, principalmente o da adaptação, atualizados sob nova roupagem técnica. Pequenas subversões à ordem são permitidas como algo divertido, irreverente, típico de um momento da vida que logo passará – a juventude.

Por meio da leitura do processo histórico-social através do qual se desenvolve a questão da formação profissional e da qualificação para o trabalho, é possível encontrar a nascente dos chamados novos requisitos de qualificação. Entretanto, essa informação é insuficiente se não aprofundarmos uma interpretação do significado real de cada um desses novos requisitos e não os compreendermos como invasão da lógica do capital na subjetividade do trabalhador, não somente para atender às necessidades do mundo do trabalho, mas, fundamentalmente, em sua vida privada – camuflando-se na ideologia do triunfo do indivíduo na interação com o coletivo social. Afinal, como argumentam Horkheimer e Adorno, "hoje, o funcionamento da aparelhagem econômica exige uma direção das massas que não seja perturbada pela individuação" (1997, p. 190).

Os chamados novos requisitos de qualificação envolvem o desenvolvimento do pensamento lógico-abstrato, da capacidade de comunicação pelas linguagens do mundo contemporâneo, da habilidade de trabalhar em equipes e da capacidade de adaptação à mudança. O desenvolvimento dessas competências e habilidades decorre da incorporação das novas tecnologias e das novas formas de organização do trabalho e fazem parte do discurso da ideologia burguesa, que tem dado suporte ao chamado novo modelo de desenvolvimento social (Roggero & Rodrigues, 1996).

O conceito sobre as práticas projetuais destacadas por Carlos Alexandre, as ideias defendidas por Yvonne quanto ao planejamento urbano e até mesmo as reflexões sobre a influência docente na produção do conhecimento do aluno, feitas por Aldemy, embora apresentem aspectos críticos, não chegam a representar oposição às regras da cultura afirmativa. Antes, convertem-se no próprio caráter afirmativo que identifica o capitalismo.

Enquanto isso, Luciana, Tatiana e Marcelo – bons alunos (embora não dos mesmos mestres) – enfatizam seu esforço de adaptação aos requisitos de qualificação (im)postos para toda a sociedade, guardadas as especificidades de sua área de atuação, mas uma adaptação que busque a inovação, a variedade, o original que possibilitará a construção de seu caminho de sucesso profissional. Quando manifestam suas contrariedades com a vaidade comum entre os arquitetos, permitem supor que essa contrariedade talvez não atinja uma forma de resistência, mas antes a expressão dos desafios a serem superados em direção às suas metas, que não se mostram tão arrojadas, mas antes prudentes, se não defendidas contra a possibilidade da frustração.

Se a tecnologia é o carro-chefe do atual processo de mudança, em abrangência e velocidade sem precedentes na história da humanidade, dentre as turbulências e conflitos que ela acarreta há o fenômeno (que já se mostra, aparentemente, temporário) do desemprego estrutural, que traz consigo transformações no ordenamento social, as quais parecem levar o indivíduo a abrir mão de certos padrões e visões de mundo até recentemente válidos e sustentados, substituindo-os por outros que uma grande maioria sequer compreende, mas busca assimilar também rapidamente.

O requisito da capacidade de adaptação à mudança deveria implicar a revisão do próprio significado da mudança, dos aspectos mais simples aos mais complexos e delicados da vida individual e social. Implica um processo de autoanálise do significado, de mudar de casa, de emprego, de profissão; mudar o meio de transporte utilizado, os papéis sociais exercidos em vários grupos, o estilo de vida. Entretanto, esse requisito se apresenta com forte poder de coerção, pressionando os indivíduos em direção à adaptação total às exigências tecnoburocráticas do mundo econômico.

Pelos depoimentos de nossos narradores, verifica-se que a geração dos anos 1960 passou por mudanças drásticas na vida social brasileira, mas já parece relê-las com algo de conformismo, como se sua adaptação dirigida já estivesse consumada. Já a geração dos anos 1990 revela-se ansiosa por captar e identificar-se rapidamente ao movimento de mudança contemporâneo. Parece que a lição da primeira indica que a resistência não é o caminho mais sábio, mas o mais árduo.

Na propaganda empresarial veiculada pela mídia, a capacidade de adaptação à mudança como novo requisito de qualificação "redimensiona" o pensamento lógico-abstrato, exige a construção de uma visão generalista de processos e de uma visão holística, ecológica e sistêmica de mundo, desafia o desenvolvimento do espírito empreendedor, buscando novas alternativas por meio da criatividade, num momento que redesenha a comunicação sob novas linguagens, que multiplica as possibilidades de acesso à informação por meio das redes, reformulando a palavra e impelindo os indivíduos a se transformarem em *cidadãos do mundo*, trazendo à tona aspectos (antes menosprezados) de seus processos interacionais, presentes na linguagem não-verbal.

Tais requisitos colocam o indivíduo diante de novos padrões interpessoais, que se objetivam em equipes mutáveis e mutantes, que esperam dele um trânsito *equilibrado* entre a subordinação a objetivos e metas, construídos e compartilhados por uma ou várias comunidades das quais façam parte, bem como a liderança ativa em assumir responsabilidades perante tais objetivos e metas. O empenho de Luciana com a conquista do prêmio Ópera Prima ilustra bem essa circunstância.

Por outro lado, esses requisitos vêm acompanhados pela ideia de flexibilidade, que se apresenta de maneira muito vaga para o indivíduo. O que é flexibilidade, o que se espera de um indivíduo flexível, quais os limites (se é que eles existem na lógica do mercado de trabalho) para ser flexível? Essa ideia escamoteia as novas e sofisticadas formas de subordinação e de dominação extrema, que visam à eliminação da crítica e mesmo da vontade própria do indivíduo. Este, por sua vez, pela necessidade de autoconservar-se, pode abandonar a si mesmo em prol da adaptação, da identificação com o todo. É o que Marcelo e Tatiana parecem buscar no aprendizado com suas experiências profissionais, procurando manter-se alertas às tendências mercadológicas na arquitetura.

Os novos requisitos de qualificação profissional ou as novas competências exigidas pelo mercado de trabalho revelam uma *nova* concepção de homem e revelam que essa nova concepção não aponta, necessariamente, em direção à superação da dominação, mas em direção a uma subordinação total do indivíduo à lógica do capital. Mesmo as formas de resistência que se apresentam por meio de uma concepção científica que visa o holístico, o sistêmico e o ecológico, parecem apontar muito mais para a primazia do todo que para o resgate da subjetividade negada, porque os meios utilizados para divulgação dessas ideias está tomado pela perspectiva do mercado.

Marcuse, dialogando com vários escritos de Freud, principalmente, revela o quanto a religião e a ciência assumem papéis complementares, uma vez que "através de seus presentes usos, ambas negam as esperanças que outrora suscitaram e ensinaram os homens a apreciarem os fatos num mundo de alienação" (1968, p. 79). Ciência e técnica no mundo administrado assumem um aspecto dogmático e passam a prometer aquilo que nem a religião tem sido capaz de cumprir, adiando-o para o além.

Para Marcuse, a crítica que Freud faz às ilusões geradas pela religião que, segundo este, poderiam desaparecer em função da ciência e da razão científica, esvazia-se de significado, quando o esclarecimento que essa ideia representa encontra em si mesmo o seu oposto, visto que a própria ciência tem se mostrado um dos instrumentos mais destrutivos da promessa de liberdade. Os comentários de Yvonne a respeito de sua pesquisa sobre as mudanças provocadas pela introdução dos eletrodomésticos no cotidiano do entre-guerras corroboram essa ideia. Na realidade, a liberdade prometida só veio facilitar a realização dos serviços domésticos, a fim de que as pessoas pudessem ter maior disponibilidade para o mercado de trabalho, principalmente as mulheres – força de trabalho altamente requisitada na atualidade.

A civilização, guiada pela razão instrumental, tem se dado como *progresso no trabalho*. Um trabalho que apresenta caráter contraditório: quando representa ampliação das necessidades e é realizado sem satisfação alguma em si mesmo, exige renúncias constantes do indivíduo e tende a enfraquecer a própria cultura que o exige; quando se apresenta como utilização social dos impulsos narcísicos e sexuais, é trabalho a serviço do progresso da civilização.

O trabalho que tem desenvolvido a base material da civilização, no entanto, não tem sido predominantemente um trabalho criativo, mas o trabalho alienado que não atende ou recompensa o sacrifício que exige do indivíduo. E todo aquele que se vê coagido a sublimar suas necessidades em nome do *suave funcionamento do todo* volta sua agressividade contra esse mesmo todo que o aprisiona e aliena quanto às suas possibilidades de construção da liberdade e da felicidade, no âmbito social.

De acordo com a análise de Adorno, o atual estágio do capitalismo não poupa sequer os grupos sociais dominantes e isso pode ser observado por meio dos requisitos de qualificação demandados pelo mercado de trabalho atual, restritivo, exigente e contraditório: há pouca oferta de empregos e a possibilidade de subsistência fora desse mercado aponta para a ameaça (que já se cumpre) de *exclusão* de um imenso contingente, que mesmo assim vê-se obrigado a se (re) qualificar para *competir* num cenário de escassez de oportunidades.

Luciana, Marcelo e Tatiana identificam essa tendência e se preocupam com ela, o que reforça sua necessidade (artificial?) de adaptação rápida ao que o mercado requer deles. Os baixos salários que auferem no início de carreira já estão de antemão justificados por toda a parafernália que o capital se incumbe de criar em torno da ideia de estabilidade econômica precária e de escassez de oportunidades. Nesse contexto, ter trabalho[3] – mesmo que intensificado e mal remunerado – já se mostra satisfatório para o momento e desenvolver-se em conformidade com o requerido, imperativo.

Por outro lado, tal realidade ainda se mostra mais contraditória, quando todos os dados a que somos submetidos diariamente pela mídia apontam para uma elevação dos padrões de consumo e para um aumento da riqueza mundialmente produzida, que se vê concentrada e acessível a pequenos grupos, enquanto, no limite, o outro extremo dessa produção está fadado à miséria e a uma luta regressiva pela sobrevivência: a barbárie se instala com maior ímpeto que em épocas pretéritas se comparada ao aparato científico e tecnológico que poderiam evitá-la. Quanto a isso, mantém-se fértil a argumentação de Marcuse (1968, p. 93), que trata da autonomização da dominação como um processo do mundo administrado, no qual

---

3. A esse respeito, vale comentar a mudança na questão do emprego, para o qual existia alguma proteção social. O que já era característico da arquitetura, vai, aos poucos, se tornando regra para outras áreas: o trabalho autônomo ou, como se lê na mídia especializada, o trabalho prospectivo, em que o indivíduo é sua própria empresa e deve desenvolver as competências necessárias para prospectar trabalho.

os indivíduos passam a reger-se pelas regras mutantes do mercado, e, portanto, sem a mediação crítica.

Qual a perspectiva que um imenso contingente de pessoas *formadas* de acordo com os novos requisitos de qualificação terá em relação ao trabalho e à subsistência? Quais as vantagens que a escolarização elevada pode trazer, sobretudo para o desempenho de inúmeras funções subalternas no mercado de trabalho? Qual a necessidade de que todos os indivíduos se (re)qualifiquem de acordo com os requisitos do mercado?

Aparentemente, poder-se-ia supor que uma escolarização elevada permitiria a retomada da crítica e a possibilidade de autorreflexão de que a humanidade necessita para libertar-se da opressão. Mas esse suposto desmente as necessidades do mercado e subestima seu caráter afirmativo. Sob o manto da aparente democratização da educação, cujas reformas atuais se apoiam em quatro pilares – aprender a aprender, aprender a saber, aprender a fazer e aprender a ser – há que se verificar o que a propaganda não revela: um aprendizado fundado na identificação das necessidades e voltado para a adaptação às exigências mercadológicas.

A educação já não se restringe aos muros escolares e se instala em instâncias as mais variadas da sociedade. Já há universidades corporativas e mesmo fundações de ordem privada, mantidas por empresas, que se encarregam também da educação básica. A educação infantil foi incorporada ao sistema educacional, a partir da Lei de Diretrizes e Bases da Educação Nacional em vigor, e é regida pelos mesmos pilares. É preciso aprender o que o mundo administrado espera que se aprenda, e o conteúdo desse conhecimento apresenta-se como *aprender para a vida*, numa forma que tende a escamotear ainda mais a realidade política e econômica que se apresenta para o indivíduo, porque identifica a vida ao mercado.

Sinais como esses revelam, no entender de Marcuse (1968, p. 101), que "a alienação do trabalho está quase concluída", porque as relações de trabalho adquiriram a forma de relações entre pessoas que se tornaram mercadorias no mundo administrado. A existência humana enrijecida pode ser descartada, porque o que a caracterizaria congelou-se em reações automáticas e "a consciência cada vez menos sobrecarregada de autonomia tende a reduzir-se à tarefa de regular a coordenação entre o indivíduo e o todo".

Se "a eliminação das potencialidades humanas do mundo do trabalho (alienado) cria as precondições para a eliminação do trabalho do mundo das potencialidades humanas", como afirma Marcuse, seria preciso que, nesse movimento, o indivíduo se impusesse a perspectiva de desenvolvimento de um olhar mais crítico sobre a objetividade, limpando as aparências de libertação para encontrar o cerne de sua fragmentação e buscar formas de superá-la. Mas o próprio Marcuse (1969, p. 15) duvida dessa possibilidade, porque:

> essa união de liberdade e servidão tornou-se "natural" e um veículo do progresso. A prosperidade apresenta-se, cada vez mais, como um pré-requisito e um produto marginal de uma produtividade autoimpulsionada, em constante busca de novas saídas para o consumo e a destruição, no espaço interior e exterior, embora seja impedida de "extravasar" nas áreas de miséria – tanto as internas como as externas. Em contraste com esse amálgama de liberdade e agressão, produção e destruição, a imagem da liberdade humana está deslocada: converte-se em projeto da *subversão dessa espécie de progresso*.

Seria o indivíduo – tão acossado por *paradigmas* sempre mais eficientes de coerção pelo trabalho alienado e pela propaganda que velam as contradições – capaz de desvelá-las e produzir sua própria libertação?

Marcuse entende que essa libertação "pressupõe a emancipação da afluência repressiva: uma inversão no rumo do progresso" e conclama os intelectuais e os jovens:

> a recusa organizada dos cientistas, matemáticos, técnicos, psicólogos industriais e pesquisadores de opinião pública poderá muito bem consumar o que uma greve, mesmo uma greve em grande escala, já não pode conseguir, mas conseguia noutros tempos, isto é, o começo da reversão, a preparação do terreno para a ação política. Que a ideia pareça profundamente irrealista não reduz a responsabilidade política subentendida na posição e na função do intelectual na sociedade industrial contemporânea. A recusa do intelectual pode encontrar apoio noutro catalisador, a recusa instintiva entre os jovens em protesto. É a vida deles que está em jogo e, se não a deles, pelo menos a saúde mental

e capacidade de funcionamento deles como seres humanos livres de mutilações. (1969, p. 23)

O apelo do pensador indica a percepção dramática que ele tinha da realidade e tenta buscar uma saída para o fato de que as formas de dominação têm se apresentado cada vez mais imunes às tentativas da *práxis* teórica em denunciá-las e superá-las.

Se retomamos, em especial, o depoimento de Aldemy – ao afirmar que se sente como se suas reflexões permanecessem fechadas, como se ele falasse num estúdio à prova de som –, poderíamos supor que o apelo de Marcuse é vão. No entanto, queremos acreditar que ainda reste uma escolha – para os intelectuais e os jovens, para começar – entre a crença na derrota do indivíduo ou a utopia de que ele possa encontrar, em meio à barbárie, a fagulha que o mova para a resistência a essa e em direção à emancipação.

IV

...o que é peculiar no problema da emancipação, na medida em que esteja efetivamente centrado no complexo pedagógico, é que mesmo na literatura pedagógica não se encontre esta tomada de posição decisiva pela educação para a emancipação, como seria de pressupor – o que constitui algo verdadeiramente assustador e muito nítido.

Adorno

O projeto liberal, apoiando-se na *ideologia da competência*, enfatiza a necessidade de requalificação do trabalhador para fazer frente aos novos elementos da divisão social e técnica do trabalho trazidos pelo progresso técnico, promovendo uma ampla revisão dos sistemas de formação. Mas que formação?

Da perspectiva de Adorno (Horkheimer & Adorno, 1971), a *pseudoformação* tem sido a forma predominante da consciência atual, apesar de toda a informação que se difunde. Daí a necessidade de uma teoria que discuta essa questão, considerando que "a formação não é outra coisa senão a cultura no aspecto de sua apropriação subjetiva. Mas a cultura tem um duplo caráter: remete à sociedade e é mediadora entre esta e a pseudoformação" (p. 142-3). Desse modo, a formação que se separa das coisas humanas, que se acomoda em si mesma e se absolutiza, se torna pseudoformação, e:

> Quando o campo de forças que chamamos formação se congela em categorias rígidas, sejam as do espírito ou da natureza, as da soberania ou da acomodação, cada uma delas, isolada, se põe em contradição com o que ela mesma nomeia; presta-se a uma ideologia

e fomenta uma formação regressiva ou involução.
(Adorno, 1971, p. 144-5)

É essa formação enrijecida que se encontra sob a égide da racionalidade técnica e, portanto, não tem se mostrado capaz de produzir a emancipação do indivíduo. Sob o signo da dominação burguesa, apoiada na ideologia liberal e no modo capitalista de produção, a ordem é integrar-se, adaptar-se, acomodar-se às normas impostas, a fim de que se produza o nivelamento da consciência psicossocial.

É interessante notar as diferenças nos comentários sobre a formação da geração dos anos 1960 e a da geração dos anos 1990. A primeira tende a destacar o panorama da época, o "clima suprauniversitário", as relações que se estabeleciam com artistas e com nomes importantes na área, durante o período da faculdade, além de ressaltar a formação básica de caráter humanista.

Já a geração dos anos 1990 enfatiza a relação entre teoria e prática, ressentindo-se do pouco que os cursos superiores oferecem em relação à prática profissional. Luciana, Tatiana e Marcelo começaram a trabalhar logo no início de sua formação superior e enfatizam ter aprendido mais no mundo do trabalho do que nas aulas. Luciana se remete às aulas de história, mas as distingue completamente das disciplinas relativas a projeto, para as quais se via mal preparada e com a faculdade oferecendo muito pouco para a superação das dificuldades, como se os conhecimentos técnicos fossem pré-requisitos para o curso. A mesma dificuldade não foi sentida por Tatiana, que cursou edificações no ensino médio. Marcelo avalia ter aprendido mais nos estágios que realizou que ao longo das aulas, que serviam de complementação àquilo que o mundo do trabalho lhe apresentava.

Luciana alega não ter alimentado expectativas quanto ao curso, assim como Marcelo diz não ter tido fantasias sobre a profissão, enquanto Tatiana se considerava deslumbrada com tudo o que podia aprender, frustrando-se com as dificuldades para fazer frente às despesas que as oportunidades oferecidas pela faculdade geravam. Todos eles fizeram cursinhos preparatórios para o vestibular, nos quais começaram a obter informações mais específicas sobre a arquitetura, mas todos eles destacam a importância que a entrada no mercado de trabalho teve na sua formação, devido ao contato com as técnicas, de maneira bem diferente da geração dos anos 1960.

Parece que, para ambas as gerações, o espaço escolar foi menos importante que outros espaços ou dimensões da vida em cada época. Tal espaço parece dimensionar-se mais como um ponto de encontro de pessoas que se comunicam numa linguagem semelhante e um local de treinamento para as funções profissionais que sempre deixa algum aspecto a desejar.

Por outro lado, note-se que os narradores da geração 1960 são todos docentes em cursos de arquitetura, de modo que a sua visão de formação já se vê modificada pelo próprio exercício da atividade docente. Aquela formação recebida por Carlos Alexandre, Aldemy e Yvonne não é reproduzida da mesma maneira. Talvez, a própria pressão por adaptação às exigências mercadológicas, esteja fazendo de boa parte dos professores, reprodutores de informações, às quais, muitas vezes, já se encontram com seu prazo de validade vencido. De alguma forma, parece produzir-se um abismo entre professores e alunos, porque os primeiros ou cobram conteúdos que não foram oferecidos ou oferecem menos que os alunos necessitarão para o mundo do trabalho, estabelecendo relações cuja lógica não se apresenta claramente para ambas as partes.

Desse modo, as relações que se constróem tendem a ser fragmentadas, sem a visão do conjunto do que seja a formação e de como cada qual deva contribuir para ela. Nessa teia, enredam-se tanto os fracos quanto os poderosos, o que desenha a tendência a se formar uma espécie de sociedade nivelada de classes médias, não objetivo-estruturalmente, mas psicológico-socialmente. E, nesse processo, a própria exclusão passa a ser socialmente ditada pela pseudoformação, por meio da ideologia da integração:

> A diferença entre o poderio e a importância sociais, que cresce incessantemente, nega aos fracos – e tendencialmente também aos poderosos – os supostos reais da autonomia que o conceito de formação cultural conserva ideologicamente; e justamente por isso se aproximam mutuamente as consciências das distintas classes (...). Além disso, pode-se falar de uma sociedade nivelada de classes médias só psicológico-socialmente, e, em todo caso, tendo em conta as flutuações pessoais, mas não objetivo-estruturalmente; embora também subjetivamente aparentem ambas as coisas: o véu da integração (...) posto que a integração

é uma ideologia, é também, como ideologia desmoronável. (Adorno, 1971, p. 151)

Integração e exclusão se relacionam de forma contraditória e perversa: a primeira contendo e alimentando em si mesma a segunda, porque a própria estratégia de nivelamento das classes pelo critério psicossocial reserva ao critério objetivo-estrutural outra tarefa: aqueles que, por alguma razão, conseguem atingir um determinado patamar na estrutura econômica têm maiores possibilidades de escapar à ameaça do naufrágio excludente. Para os que não dão conta das exigências que as supostas leis do mercado impõem, não há recurso cabível. Assim, a "lei do mais forte" mantém sua atualidade e naturaliza a exclusão, já a partir da própria formação profissional.

Grupos profissionalmente qualificados consideram-se elites, enquanto aos profissionalmente desqualificados resta a margem da sociedade, ideologicamente justificada. A vida passa a ser inteiramente modelada pelo princípio da equivalência, pela perspectiva da adaptação, esgotando-se na reprodução de si mesma, na reiteração do sistema, impedindo que cada qual possa conduzir-se ou experimentá-la como parte da sua condição humana, porque a pseudoformação adultera até mesmo a vida sensorial, impedindo o indivíduo de perceber-se mergulhado numa racionalidade definitivamente irracional.

Tatiana via-se impossibilitada de ler todos os livros indicados, de fazer todas as viagens propostas, de participar de todas as atividades oferecidas. Deixou tudo o que não pôde acompanhar para depois de formada e enxerga nas leituras, no envolvimento com as várias artes, algo que lhe possibilita "alimentar a vida".

Nesse sentido, embora a melhoria do padrão de vida reivindique a expansão da formação cultural, o que se dá nas condições vigentes é o aniquilamento dessa formação; por isso, o progresso material tem aumentado na mesma proporção em que retrocede a consciência, e a formação que se apresenta é falsa porque aponta para o aprisionamento do espírito pelo caráter de fetiche da mercadoria.

O indivíduo não percebe a fragmentação de sua formação, mas compensa a consciência negada de sua impotência e o sentimento de culpa proveniente daquilo que não é nem faz segundo seu próprio conceito, apoiando-se no que apregoa a ideologia: ser *distinto* por proceder do que se convencionou chamar de boa família, por ter estudado no que se convencionou julgar como bons colégios, por ter escolhido o que se convencionou entender por boas profissões e empregos e, às vezes, dedica-se a ações filantrópicas, para aplacar o sentimento de culpa; mas, inconscientemente, sente e se ressente de sua própria *deformação*.

Luciana, Tatiana e Marcelo enxergam lacunas na sua formação, mas o que veem talvez seja pouco perto do que possa não ter sido oferecido e que eles sequer conseguem, ainda, perceber.

A pseudoformação, então, possui um caráter defensivo, escondendo o que poderia pôr luz sobre o que tem de suspeito. Ela impede o reconhecimento do seu potencial destrutivo e dos abusos sociais que gera. Ela confisca e fetichiza os bens culturais, estando sempre prestes a destruí-los:

> A expulsão do pensamento da lógica ratifica na sala de aula a coisificação do homem na fábrica e no escritório. Assim, o tabu estende-se ao próprio poder de impor tabus, o esclarecimento ao espírito em que ele próprio consiste. (Horkheimer & Adorno, 1997, p. 42)

A cultura é necessária e a formação é fundamental para a sua crítica, para a oportunidade de uma relação menos perversa entre indivíduo e sociedade, para a possibilidade de resistência ao ciclo vicioso que, junto com o progresso, tem trazido sempre uma nova regressão. Entretanto, a cultura sob a ideologia do capital ainda tem se mostrado mais forte e resistente do que a consciência de seu caráter totalitário.[4]

A pseudoformação toma como uma de suas bandeiras a necessidade de que as pessoas se qualifiquem/requalifiquem cada vez mais e melhor para um mundo do trabalho que não exigiria tanto esforço físico ou mental. Mas o esforço que se exige é maior. É

---

4. De acordo com análise de Claus Offe acerca do alinhamento político em torno da questão da formação, "os neotrabalhistas defendem o investimento na formação, como o exemplo (...) dos países escandinavos – em vez de tentar produzir mão-de-obra barata, eles tentam ter trabalhadores com o máximo possível de especialização. Já os neoliberais acham que o importante é tornar o país mais competitivo, reduzir ao máximo os direitos sociais e acabar com o poder dos sindicatos. É uma revolução" (Veja, 08 de abril de 1998). Neotrabalhistas ou neoliberais são grupos que se identificam na classificação de Freud acerca dos "homens de ação". Com uma revolução em marcha, o que eles produzem parece ser uma formação cultural que "se converte em uma pseudoformação socializada", como avalia Adorno (1971, p. 159), entendendo que "a pseudoformação é o espírito aprisionado pelo caráter de fetiche da mercadoria".

emocional e é anunciado nos discursos acerca dos novos requisitos de qualificação. Tais requisitos são predominantemente tácitos, moldam o indivíduo ao dizerem respeito à capacidade de adaptação à mudança, à flexibilidade, à integração em equipes virtuais, ao aprender a aprender, saber, fazer e ser.

Da perspectiva de Adorno:

> a adaptação é, de modo imediato, o esquema da dominação do progresso: o sujeito só se torna capaz de submeter o existente mediante algo que se acomode à natureza, mediante uma autolimitação frente ao existente; submissão e mando que se continuam socialmente em outros, que se exercem sobre o instinto humano e, finalmente, sobre o processo vital da sociedade em seu conjunto. (Horkheimer & Adorno, 1971, p. 145)

Assim é que os requisitos de qualificação que vão historicamente se sobrepondo no movimento dinâmico do mercado intensificam os meios de produzir a adaptação do indivíduo, que se rende a ela, incorporando-a como uma necessidade vital, naturalizando essa mesma adaptação, reproduzindo-a, de geração em geração, sob a égide de uma racionalidade em si mesma irracional.

Como o mundo do trabalho não se distingue mais do mundo da vida, o próprio espírito se converte em fetiche. A formação da consciência é barrada pelo impulso do fascismo. Em sua origem está contida a sua ruína:

> Este impulso do fascismo tem sobrevivido ainda que retroceda até a ideia mesma de formação, que tem em si uma essência antinômica: suas condições são a autonomia e a liberdade, não obstante ao que remete por sua vez, a estrutura de uma ordem pretextada frente a cada pessoa singular, em certo sentido heteronômico e, por isso, a cuja imagem unicamente é capaz essa última de formar-se. Daí que, no instante que há formação, propriamente já não a há: em sua origem está incluída teleologicamente a sua ruína. (Horkheimer & Adorno, 1971, p. 154-5)

Esta afirmação de Adorno possibilita entender o quanto o discurso liberal não cumpre sua promessa e isso impede que se pense na formação cultural de um sujeito livre: esse sujeito livre não existe ainda e é sistematicamente impedido de se manifestar. Porém, contraditoriamente, é nessa pseudoformação existente que se encontra a fagulha para uma formação cultural emancipadora:

> A educação seria impotente e ideológica se ignorasse o objetivo de adaptação e não preparasse os homens para se orientarem no mundo. Porém, ela seria igualmente questionável se ficasse nisto, produzindo nada além do *well adjusted people*, pessoas bem ajustadas, em consequência do que a situação existente se impõe precisamente no que tem de pior. Nestes termos, desde o início existe no conceito de educação para a consciência e para a racionalidade uma ambiguidade. Talvez não seja possível superá-la no existente, mas certamente não podemos nos desviar dela. (Adorno, 1995, p. 143-4)

O processo capitalista de produção tem negado aos homens os pressupostos da verdadeira formação, apoderando-se, inclusive do tempo livre, e a pedagogia – ainda que possibilite a resistência – tem servido mais aos interesses do capital que à formação. Um exemplo disso, apresentado por Adorno, está presente na questão da *educação popular*. Como ele mesmo adverte, "a escolha dessa expressão demandou muito cuidado", certamente na direção de que sua elaboração desse conta de exterminar o processo excludente do capitalismo. Ao contrário, as práticas da educação popular só têm servido para manter muito claros os limites entre os que podem e os que não podem ter uma formação – se não melhor ou emancipatória, ao menos com mais acesso e compreensão dos bens culturais socialmente produzidos.

Entretanto, como foi abordado antes, a formação do senhor é imposta ao escravo, ainda que este não a alcance e, por isso, tenha negado o acesso ao que lhe é exigido. Por outro lado, até mesmo a formação do senhor torna-se falsa, na medida em que está impregnada das sofisticadas e sutis formas que se produzem na cultura totalitária e alienante. É o mercado integrando e adaptando a educação aos mecanismos da dominação e, até mesmo confundindo ou ampliando as formas de dominação que se exercem nas relações entre senhor e escravo: por vezes, o professor se posiciona como o senhor (do saber) e exige do aluno a humildade servil do escravo. Este depende daquele para ser iniciado nos caminhos da construção do conhecimento e os rituais de iniciação são, também, muito próximos dos primitivos.

Possivelmente, grande parte dos próprios professores não se dão conta dessa contradição, mas o fato é que a reproduzem no fazer típico de sua formação – também fragmentada – também uma pseudoformação. Do contrário, o que a teria feito degenerar-se?

Como analisa Crochik,

> a educação não se apresenta atualmente como transmissão de conteúdos que permitam uma relação reflexiva com eles, o que só seria possível quando visassem não a adaptação integrativa do indivíduo ao mundo do trabalho (embora esta tenha sua importância), mas à possibilidade de aquele se diferenciar de si mesmo e das necessidades do mundo do trabalho através das diversas formas de expressão criadas pela cultura. Em vez disso, a democratização da cultura, dada pela fusão entre a cultura popular e a cultura da elite, perdeu o poder de resistência de uma e a profundidade de outra. Ao mesmo tempo em que a não-superação da autoridade educacional, mas só sua negação; a ênfase em conteúdos exatos e lógicos sem maior atenção para a imaginação; a transmissão de informações que devem ser substituídas rapidamente pelas mais atuais dificultam qualquer possibilidade da formação de um indivíduo que, ao poder perceber as contradições da realidade, possa resistir à adaptação heterônoma. (1996, p. 98)

A educação, portanto, tem servido ao propósito da formação de indivíduos heterônomicos, sem autonomia real. Faz-se instrumento do sistema para conservar a estagnação da consciência. Portanto, a educação não é libertadora *a priori*, mas ainda assim é necessária por *poder* auxiliar como atenuante à violência. Daí a provocação da teoria crítica no sentido de uma educação que – se não pode ser emancipadora – represente ao menos uma forma de resistência à barbárie, promovendo o desenvolvimento da consciência crítica.

Adorno (1995d) defende a firmeza do eu que emerge a partir da diferenciação. Não há diferenciação sem o sofrimento que se apresenta como violência para a consciência ingênua. O sofrimento pode produzir a diferenciação necessária à formação do eu e à possibilidade de reconciliação com o *outro*, quando ambos – sofrimento e violência – podem ser superados e o indivíduo que se constitui torna-se apto para resistir à barbárie e buscar a emancipação.

Talvez isso possa ser observado por meio dos depoimentos de Luciana, Tatiana e Marcelo, que fazem referência a todo um período destinado ao que chamam de *trabalho braçal*, repetitivo e sem criatividade, a que são submetidos enquanto ainda estudantes e mesmo por algum tempo após formados. Os próprios narradores sentem que esse processo faz parte de sua formação quase como um ritual de iniciação que lhes permite abraçar a profissão com maior segurança e autonomia, mais tarde.

Nesse sentido, se os argumentos dos narradores não indicam tão-somente sua adaptação ao modelo de formação vigente e entrada no mundo do trabalho imposto, apesar de se ter em conta as análises que apontam para a negação da subjetividade pelo modelo social que se apoia no progresso técnico e no mundo administrado, ainda parece possível pensar em liberdade.

A questão que se coloca é que o convívio entre heteronomias e heterogeneidades é em si aprisionador, coercitivo, esmagador. Enquanto há sociedades de capitalismo avançado que se veem frente às contradições – inclusive éticas – de um modelo de desenvolvimento de ponta, capaz de produzir clones híbridos para usá-los como mão-de-obra escrava ou como doadores de órgãos para os *humanos*,[5] há outras que explicam a venda e escravização de suas próprias crianças pela necessidade de sobrevivência. Há sociedades que estão iniciando a sua revolução industrial; há sociedades que vêm sendo denominadas *emergentes* e que começam a se julgar em estágio superior por isso. E, em cada uma dessas sociedades, a forma de manter a sobrevivência é dada, objetivamente, pelo trabalho, e não por qualquer possibilidade que a tecnologia possa introduzir, como libertação da alienação que ele produz. Essa disparidade relativa aos momentos culturais de cada sociedade é muito mais favorável à manutenção da dominação que à sua superação.

Independente do momento histórico em que cada sociedade se encontre, a área educacional é uma atividade sobre a qual pesam

---

5. Que novo conceito de "humano" pode ser construído a partir desse tipo de coisa? Será que o conceito de "raça pura" teria sido superado, em algum momento, ou estamos todos sujeitos a uma reclassificação com base em critérios científicos mais sofisticados?

grandes expectativas e ingerências, particularmente quando se gesta algum processo de transformação.[6] Por isso, a análise das determinações (ou *indeterminações*) que sofre, em relação às suas funções sociais e às suas finalidades, voltadas sobretudo à questão da qualificação, compreende um complexo objeto de estudo e traz à cena polêmicos debates, onde há, por exemplo, os que consideram heresia *subordinar* a educação aos interesses capitalistas ou os que defendem que a principal função da educação é dar suporte ao desenvolvimento sócio-econômico, entre outras tantas posições fundamentadas nas mais diversas teorias e argumentos. Enquanto os debates permanecem arraigados à polêmica, os discursos teóricos e pretensamente críticos se esvaziam, quando não dão maior suporte à pseudoformação e à dominação.

Com o capital se organizando para além da questão financeira, com ampla capacidade de penetrar os mais diversos setores da vida social e pessoal, os requisitos que introduzem outros aspectos da vida social e cotidiana nos horizontes do trabalho trazem novas possibilidades de articulação equilibradora entre a socialização familiar e a socialização escolar, conferindo a esta última o papel de consolidar virtudes e habilidades que se espera forjadas pela primeira.

A discussão sobre a atual centralidade da educação pode estar encobrindo as verdadeiras razões do desenvolvimento capitalista, mas as relações entre educação, trabalho e desenvolvimento não são mecânicas – portanto, suas leituras não podem ser lineares, assim como a leitura de histórias de vida também não.

---

6. Aqui, transformação se refere à imposta pelo movimento do capital, para sua etapa de acumulação flexível.

CONSIDERAÇÕES FINAIS

> *Ao escrever, interrompemo-nos aqui e ali, num trecho mais bonito, mais bem-sucedido que os demais e, depois dele, subitamente não sabemos como prosseguir... É como se existisse um sucesso maligno e infrutífero... No fundo, há duas senhas que se confrontam: o "uma vez por todas" e o "uma vez só é nada".*
>
> Benjamin

Esta pesquisa buscou investigar a vida – entendida como manifestação permanente de um aprendizado cultural, produzido no âmbito das relações sociais, num recorte específico sobre como se desenvolvem essas relações no campo da formação e do trabalho. Abraçada especialmente por instituições como a família e a escola, a formação foi enfatizada como algo preparatório para o indivíduo fazer frente às exigências do trabalho alienando e alienante, mantendo-o aprisionado numa teia de relações e de necessidades artificiais que impedem o desenvolvimento de sua consciência e, portanto, da sua subjetividade.

Pensar a subjetividade implicou buscar um método que pudesse auxiliar no resgate dessa dimensão negada do humano: a narrativa das histórias de vida de pessoas que tinham como característica comum o fato de serem profissionais da arquitetura. Durante todo o desenvolvimento da pesquisa, procurei manter um distanciamento do objeto – o que se mostrou até mesmo na elaboração do discurso em terceira pessoa. Porém, nessas considerações finais, assumo a primeira pessoa.

Descrevi os cenários do capitalismo contemporâneo, nos recortes caros à pesquisa; apresentei as histórias de vida dos arquitetos que se dispuseram a narrá-las, cuidando de pensar sobre o meu papel na relação com os narradores e como mediadora na relação entre essas narrativas e a intervenção teórica; finalmente, analisei-as, tomando por base os pressupostos e conceitos da teoria crítica da sociedade.

No texto, há repetições que por vezes parecem exagerar a denúncia dos aspectos perversos da cultura afirmativa em que vivemos. Entretanto, minha (má?) consciência impediu-me de excluí-los, porque revelam outras imagens possíveis no caleidoscópio de uma leitura da realidade que se pretendeu não-linear e que buscava a *construção de coerências globais* que considerassem a totalidade do sujeito, este ainda entendido apenas como conceito.

Essas repetições também visaram a esgotar as possibilidades de convencer-me acerca de a qualificação – representada pela relação entre formação e trabalho – ser pensada para além da necessidade técnica do mundo administrado. Por isso, empenhei-me em desconstruir o conceito a partir dos pressupostos com que inúmeros e respeitados estudiosos o têm apresentado.

Esse processo me permitiu concluir que a qualificação para o trabalho envolve a produção de uma vida simulada, mas é tão frágil quanto uma casca de ovo. Ao ser desmistificado, esse conceito revela a falsidade a que a vida é exposta num mundo administrado que se apoia sobre o trabalho alienado.

Quanto às minhas hipóteses, as retomo em sentido inverso. A última delas sugeria que, dentre os vários elementos da cultura, as relações de trabalho afetam de modo particular a trajetória biográfica, interferindo no exercício da subjetividade. Nesse sentido, a investigação empírica permitiria verificar quais os fatores contraditórios, presentes na alienação imposta, que permitem o desenvolvimento de uma consciência crítica, capaz de resistir à barbárie, assim como possíveis indicadores para uma formação emancipadora.

As histórias de vida apontam que esses fatores contraditórios são revelados a cada indivíduo em sua vida simulada, quando cada qual se propõe a reflexão e a tomada de decisões acerca de si. Elementos reflexivos estão presentes ao longo de suas narrativas. Alguns deles, supostamente, mais ingênuos; outros mais amadurecidos; alguns aparentemente cristalizados na ideologia dominante; outros sugerindo a superação do senso comum. Retomar fragmentos dessas narrativas para conferir valor ao meu argumento torna-se dispensável. Os depoimentos falam por si, se considerados em sua totalidade – e falam a cada um conforme a bagagem de que disponha para sua leitura. Daí uma fertilidade que não me é possível negar.

Ainda assim, ressaltar o modo como cada narrador encerra seu depoimento – com o prazer de ter podido contar sua história acompanhado do desejo de que ela possa contribuir para a construção de alguma coisa – torna evidente aquela fagulha libertadora, o poder de resistir à barbárie, presente no brilho dos olhos de cada um dos narradores. Este pode parecer um argumento piegas, mas me pergunto se qualquer pessoa, ainda que vítima da barbárie – pelas suas próprias mãos ou pelas mãos de outros – que consiga sobreviver, não mantém essa fagulha e não está buscando algo que possa libertá-la do que a aprisiona. Nesse caso, as narrativas apontam – o que parece óbvio – que a verdadeira vida se esconde atrás da vida simulada. A verdadeira vida existe, ainda que não esteja de todo revelada.

Minha segunda hipótese fazia referência à influência da organização produtiva e às inovações tecnológicas demandando profissionais qualificados e com escolaridade de nível superior, supondo que esse quadro afetasse os arquitetos não apenas no que se refere à subjetividade, mas também no que tange a relação entre arte e ciência. As narrativas fixaram-se muito mais na questão da ciência e da técnica do que na arte, esta última mostrando-se desafiadora para a abordagem dos narradores e, talvez por isso, tratada das mais diversas formas, quando não com tom reticente.

Minha análise sobre isso foi rápida e até mesmo superficial, porque parecia apontar apenas para uma constatação: o mundo da técnica converte a arte em entretenimento, minando seu conteúdo crítico. Porém, as próprias diferenças que marcaram sua abordagem nas diversas narrativas são reveladoras: no mundo da cultura afirmativa, a arte se apresenta como aparência e parece significar pouco; mostra-se na publicidade e se revela supostamente falsa. Mas nisso mesmo está seu miolo crítico: a arte que se caracteriza pela aparência e pelo entretenimento revela a crítica ao superficialismo, ao descartável a que a vida vem se convertendo, porque empanturra, cansa. Não é a arte contemporânea que comove, mas aquela que permanece como testemunha de um tempo que não foi vivido pelo homem de hoje, testemunha das contradições desse homem.

Se a arte não tivesse tanto poder de resistência, se sua autonomia não fosse real, por que a cultura afirmativa se esforçaria em convertê-la em mero entretenimento? Por que os artistas contemporâneos seriam elevados às categorias econômico-sociais *emergentes*? Essa elevação soa como suborno e convence muitos daqueles que poderiam manter presente a perspectiva da crítica – mas que, mesmo sem fazê-lo conscientemente, a servem, devido à autonomia da arte frente ao próprio artista.

Por outro lado, junto daqueles que foram transformados em categoria profissional – os artistas –, aqueles que não sabem o que é arte são alçados à mesma categoria e recebem investimentos que lhes fariam desfrutar do mesmo *status* dos demais. Mas sua passagem é efêmera. Aquilo que não possuem não pode sustentá-los. Não fazem arte, apenas entretêm.

Porém, não se pode banalizar o poder da técnica – que se diz ciência – na cultura afirmativa. A técnica mantém a aparência de ciência, de revolução, de evolução. Promete liberdade ao homem, mas tem mantido seu aprisionamento de formas cada vez mais complexas e sofisticadas. O homem é o construtor da técnica e se vê embaraçado no emaranhado que ele mesmo criou.

É certo que muitos indivíduos mal percebem esse fato, porque estão alienados do produto do seu trabalho e até mesmo da capacidade de pensar sobre essa alienação por meio do que é produzido em sua pseudoformação. Incorporaram a ideia de dominação como natural, reproduzindo-a com todas as suas contradições. O acesso à ciência e a técnica não foi franqueado a todos e esse impedimento é pelo menos um dos fatores que mantém a dominação. Desatar o nó exige consciência, mas esta é ideologicamente manipulada – ainda que a consciência negada seja como a vida simulada que esconde a fagulha libertadora da vida verdadeira, consciência plena.

Minha primeira hipótese levava em conta que a pressão pela integração, pela adaptação e pela sobrevivência social por meio do econômico não é recente, assim como a alienação, afirmando que a consciência crítica ainda se permite algum tipo de resistência, apesar da sofisticação política e do requinte econômico que aquela pressão exerce, historicamente, por meio da cultura afirmativa sobre o indivíduo.

A inversão na retomada de minhas hipóteses agora pode ser

explicada: as anteriores foram confirmadas, deixando em seu lugar a sensação de uma obviedade ridícula, de pouca ou nenhuma contribuição para o pensamento educacional brasileiro. Exceto por essa última. Tomando por base o que a pesquisa bibliográfica e a empírica revelaram, creio poder extrair considerações críticas de maior peso, as quais procurarei discutir em três novas configurações do caleidoscópio que procurei construir.

A primeira delas refere-se à questão da dominação. A hipótese que eu havia desenvolvido revelava minha preocupação em não centrar o problema da dominação apenas no capitalismo, nem na relação entre donos do capital e trabalhadores, procurando fugir à desgastada dicotomia que lembrava outra, também envelhecida, entre o bem e o mal. Eu já não podia entender que os capitalistas fossem maus por princípio e os trabalhadores bons por natureza. Nem que alguém pudesse nascer bom e tornar-se mal por participar de determinado tipo de organização econômica, política e social.

Essa leitura da realidade alcançou alguma consistência, porque a teoria crítica permite esclarecer o *mal entendido* e compreender, também, a origem da dominação social na perpetuação do medo original de ser destruído pela natureza, atualizado no pavor de ser expulso da coletividade. Mas parece ter-se tornado muito mais fácil ao desenvolvimento da lógica capitalista manter o princípio da dominação que buscar superá-lo. Assim, ao tornar-se princípio da sociedade capitalista, a dominação espraia-se por todas as áreas da vida social e certamente impregna a formação, por meio das instituições familiares e escolares, principalmente.

Tal consciência, embora se construa no plano individual, não prescinde do âmbito social no qual as relações se constituem. Daí que o caminho que se apresenta para a construção da consciência é do diálogo. Não o diálogo simulado, carregado de clichês, em que todos falam de coisas diferentes como se falassem da mesma, porque se disseminou a ideia de um falso respeito à *opinião* do outro. Urge, então, construir um tipo de diálogo que pressupõe ouvir o outro, com a mediação de conceitos que permitam a crítica e não com a mediação do senso comum, ideologicamente contaminado pela dominação por meio de sua principal ferramenta – o preconceito, que se lança diretamente *contra* o outro. Urge ouvir, antes, a si mesmo como alguém que convive em sociedade, para aprender a ouvir o outro e poder pensar numa formação que objetive o sujeito, não para fazer ressurgir práticas idealistas e inatistas, mas para desmitificar a vida simulada de que compartilhamos com infelicidade.

A pesquisa que me propus realizar exigiu que, ao pensar a subjetividade, eu tivesse que pensar a minha própria condição; que, ao pensar na formação, eu retomasse a minha própria, ao pensar na qualificação para o trabalho, eu revisse meu próprio processo. Por isso escrever esta última parte em primeira pessoa.

Os conceitos da teoria crítica ofereceram fundamentos para mediar minha autorreflexão, com advertências metodológicas importantes. Ouvir as narrativas de Carlos Alexandre, Aldemy, Yvonne, Luciana, Tatiana e Marcelo, me fez pensar mais sobre mim mesma, sobre as minhas escolhas (restritas?) como indivíduo e nos meus papéis sociais, principalmente no papel profissional de educadora.

Ao longo da pesquisa, pude perceber minha própria pseudoformação e engajar-me num processo de superação. Realizá-la alfabetizou-me para aquilo que a autorreflexão exige e parece estar lançando efeitos sobre minhas aulas, meu diálogo, minhas relações com outros indivíduos em formação. Esta pesquisa representa um marco em minha própria trajetória biográfica, como percepção da minha pseudoformação, como busca de superação dela pela autorreflexão, mas também pela arte e pelo lúdico.

Esta autorreflexão me permite concluir que a arte é fundamental para a integração do ser humano fragmentado e aprisionado pela *práxis* fetichizada ou por uma teoria também fetichizada. A arte desfruta de uma autonomia que repõe o sentir, a alma. Reencontrando a alma, encontro a fagulha libertadora da subjetividade no lúdico e entro em contato com a alegria de brincar, de perceber o mundo, de descobrir, como o faz um bebê recém-nascido que chega para perpetuar a espécie, e para aprender a resistir à dominação. E, ao me lembrar desses tempos, descubro que lembrar é resistir pela própria história de cada indivíduo, é desmontar a vida simulada – como faz um bebê com seus brinquedos – que não resiste ao encontro com essa criança interior e pode revelar a verdadeira vida, o encontro com a própria humanidade e, com ela, a felicidade, nossa razão de ser.

Referências bibliográficas

Adorno, T. W. "Capitalismo tardio ou sociedade industrial?". In: Cohn, G. (org.). **Theodor W. Adorno**. São Paulo: Ática, 1986.

_____. "De la relación entre sociologia y psicologia: Actualidad de la Filosofia". **Pensamiento Contemporáneo**, n. 18, 1991.

_____. "Opinion, Locura, Sociedad. Intenciones". **Nueve modelos de crítica**. Caracas: Monte Avila Editores, 1969.

_____. **Palavras e sinais: Modelos críticos 2**. Petrópolis: Vozes, 1995.

_____. "Posição do narrador no romance contemporâneo". In: **Os pensadores – Textos escolhidos**. São Paulo: Editora Abril, 1983.

_____. "Sociologia. In: Cohn, G. **Theodor W. Adorno**. São Paulo: Ática, 1986.

_____. "Teoria de la Seudocultura". **Sociológica**. Madri: Taurus, 1971.

_____. **Teoria Estética**. Lisboa: Edições 70, 1970.

Arantes, O. B. F.; Vainer, C.; Maricato, E. **A cidade do pensamento único, desmanchando consensos**. Petrópolis, RJ: Vozes, 2000.

Arantes, O. B. F. **O lugar da arquitetura depois dos modernos**. São Paulo: Edusp, 1993.

Arendt, H. "Onde estamos quando pensamos?". In: **A vida do espírito**. São Paulo: Relume-Dumará, 1994.

ARTIGAS, J. B. V. "Contribuição para o relatório sobre Ensino de Arquitetura UIA-UNESCO, 1974". In: **Sobre a História do Ensino de Arquitetura no Brasil.** ABEA – Associação Brasileira de Escolas de Arquitetura: São Paulo, 1977.

_____. "Novas tecnologias, perspectivas profissionais e autocompreensão cultural: desafios à formação". **Educação e Sociedade**, n. 34, 1989, p. 7-26.

ASSOCIAÇÃO BRASILEIRA DE ESCOLAS DE ARQUITETURA (ABEA). **Diretrizes curriculares e conteúdo mínimo do curso de Arquitetura e Urbanismo.** www.abea.org.br, 1998.

BAETHGE, M. "Trabalho, socialização, identidade – a crescente subjetivação normativa do trabalho". In: MARKET, W. (org). **Teorias da Educação do Iluminismo, conceitos de trabalho do sujeito.** São Paulo: Tempo Brasileiro, 1994.

BENJAMIN, W. **Obras escolhidas: Vol. 1.** São Paulo: Brasiliense, 1985.

BOSI, E. **Memória e sociedade: Lembrança de velhos.** São Paulo: T. A. Queiroz Editor, 1979.

_____. A pesquisa em memória social. **Psicologia USP**, v. 4, n. 1/2, 1993.

BRASIL. Ministério da Educação e do Desporto. **Reforma do Ensino Técnico.** Brasília, 1995.

BRASIL. Ministério da Educação e do Desporto. **Propostas de Regulamentação da Base Curricular Nacional.** Brasília: SEF, s/d.

BRASIL. Ministério do Trabalho. **Questões Críticas da Educação Brasileira: consolidação de propostas e subsídios para ações nas áreas da tecnologia e da qualidade.** Brasília, 1995.

BRASIL. Ministério do Trabalho. **Educação Profissional**: um projeto para o desenvolvimento sustentado. Brasília, 1995.

CHESNAIS, F. **A mundialização do capital.** São Paulo. Xamã, 1996.

CNI. **Educação Básica e Formação Profissional:** uma visão dos empresários. Salvador: VI Reunião de Presidentes de Organizações Empresariais Ibero-Americanas, 1993.

CROCHIK, J. L. "Notas sobre psicanálise e educação em T. W. Adorno". **Contemporaneidade e Educação**, n. 0, v. I, set/96.

_____. **Preconceito – indivíduo e cultura.** São Paulo: Robe Editorial, 1997.

DADOY, M. "Qualification et structures sociales". **CADRES**. n. 313. Paris: CFDT, 1984.

DELUIZ, N. **Os representantes dos empresários e a formação profissional**. Rio de Janeiro: Centro Internacional para a Educação, Trabalho e Transferência de Tecnologia (CIET), 1995. (mimeo)

_____. **As centrais sindicais e a fomação profissional**. Rio de Janeiro: Centro Internacional para a Educação, Trabalho e Transferência de Tecnologia (CIET), 1995. (mimeo)

DUBAR, C. "La qualification à travers les Journées de Nantes". **Sociologie du Travail**, n.1, 1987.

DUGUÉ, E. "La gestion des compétences: les savoirs dévalués, le pouvoir occulté". **Sociologie du travail**, n. 3, 1994.

DRUCKER, P. **Sociedade pós-capitalista**. São Paulo: Pioneira, 1996.

ERIKSON, E. H. **Identidade – Juventude e crise**. Rio de Janeiro: Zahar Editores, 1972.

FREITAG, B. **Escola, Estado e Sociedade**. São Paulo: Cortez & Moraes, 1979.

FREITAS, C. M. **Os parlamentares e a formação profissional**. Rio de Janeiro: Centro Internacional para a Educação, Trabalho e Transferência de Tecnologia (CIET), 1995. (mimeo)

FREUD, S. "O mal-estar na civilização". In: **Edição standard brasileira das obras psicológicas completas de Sigmund Freud**. Rio de Janeiro: Imago, 1974.

Fry, M. **A arte na era da máquina**. São Paulo: Perspectiva, 1982.

GITAHY, L. "Inovação Tecnológica, Subcontratação e Mercado de trabalho". **Revista São Paulo em perspectiva**, v. 8, n. 1, 1994.

GORZ, A. **Adeus ao proletariado para além do Socialismo**. Rio de Janeiro: Forense-universitária, 1987.

HABERMAS, J. "Técnica e Ciência enquanto Ideologia". In: **Os pensadores – Textos escolhidos**. São Paulo: Abril, 1983.

HARVEY, D. **Condição pós-moderna**. São Paulo: Edições Loyola, 1996.

HELOANI, R. **Organização do trabalho e administração: Uma visão multidisciplinar**. São Paulo: Cortez, 1994.

HIRATA, H. "Da polarização das qualificações ao modelo de competência: A evolução do debate no contexto dos novos paradigmas de organização industrial. Workshop Trabalho e Educação". **ANPED**. 44ª. Reunião Anual da SBPC, 1992.

HOLANDA, F.; KOHLSDORF, G. "Sobre o conceito de Arquitetura". **Revis-**

ta do Pós Graduação da Faculdade de Arquitetura e Urbanismo da Universidade de São Paulo, São Paulo, número especial, 1995.

HORKHEIMER, M.; ADORNO, T. W. **Temas básicos de Sociologia**. São Paulo: Cultrix, 1973.

_____. **Dialética do esclarecimento**. Rio de Janeiro. Jorge Zahar, 1997.

KERGOAT, D. "Masculin/Feminin: division sexuelle du travail et qualification". **CADRES**, CFTD, Paris, n. 313, 1984.

KUENZER, A. Z. "Humanismo e tecnologia numa perspectiva de qualificação profissional". **Revista Tecnologia Educacional**, v. 21, 1992, p. 107.

LOUREIRO, I. (org). **Herbert Marcuse – A grande recusa hoje**. Petrópolis: Editora Vozes, 1999.

MARCUSE, H. **Eros e civilização**. Rio de Janeiro: Zahar, 1968.

_____. **A ideologia da sociedade industrial**. Rio de Janeiro: Zahar, 1969.

_____. **A dimensão estética**. Lisboa: Edições 70, 1977.

_____. **Ideias sobre uma teoria crítica da Sociedade**. Rio de Janeiro: Zahar Editores, 1981.

_____. **Cultura e sociedade**. São Paulo: Paz e Terra, 1997. Vol. I.

MARTINI, P.; MELLO E SILVA, M. L. S. E. "Os acadêmicos e a formação profissional". Rio de Janeiro: **Centro Internacional para a Educação, Trabalho e Transferência de Tecnologia (CIET)**. Versão preliminar, 1995.

MARK, K. **O Capital**. São Paulo: Diefel, 1982.

MOTTA, F. "Subsídios para o Relatório sobre o Ensino de Arquitetura UIA/UNESCO, 1974". In: **Sobre a história do ensino de Arquitetura no Brasil,** São Paulo: Associação Brasileira de Escolas de Arquitetura – ABEA, 1977.

OFFE, C. "Sistema educacional, sistema ocupacional e políticas de educação: Contribuição à determinação das funções sociais do sistema educacional". **Educação e Sociedade**, n. 35, 1990.

_____. **Trabalho e sociedade: Problemas estruturais e perspectivas para o futuro da sociedade do trabalho**. Vols. I e II. Rio de Janeiro: Tempo Brasileiro, 1991.

_____. **Capitalismo desorganizado**. São Paulo: Brasiliense, 1995.

Pagès, M. et al.. **O Poder das organizações : A dominação das multinacionais sobre os indivíduos.** São Paulo: Atlas, 1978.

Paradeise, C. "Des savoirs aux compétences: Qualification et régulation des marchés du travail". **Sociologie du travail**, n. 1, 1987.

Passaro, A. M.; Passaro, L. B. "Inovações e permanências na arquitetura contemporânea". **Revista do Pós Graduação da Faculdade de Arquitetura e Urbanismo da Universidade de São Paulo**, número especial, 1995.

Piotet, F. "Qualification et Culture". **CADRES**, CFDT: Paris, 1984. n. 313.

Queiroz, M. I. P. "Relatos orais: do 'indizível' ao 'dizível'". In: Von Simson, O. R. M. (org.). **Experimentos com histórias de vida**. São Paulo: Vértice/Ed. Revista dos Tribunais, 1988.

Ricardo, D. **Princípios de economia política e tributação**. São Paulo: Editora Abril, 1974.

Rifkin. J. **O fim dos empregos: o declínio inevitável dos níveis dos empregos e a redução da força global de trabalho**. São Paulo: Makron Books, 1996.

Roggero, R. **Revolução Microinformática no Setor Terciário – Impactos e Tendências para a Qualificação e Para a Educação**. (Mestrado em Educação) Programa de Estudos Pós-Graduados em Educação: História e Filosofia da Pontifícia Universidade Católica de São Paulo, 1996.

Roggero, R.; Rodrigues, T. T. **O resgate da subjetividade – processos de qualificação profissional frente às novas tecnologias de informação.** (Monografia em Administração de Recursos Humanos) Centro de Aperfeiçoamento Profissional da Fundação Armando Álvares Penteado, de São Paulo, 1997.

Rolle, P. "O que é a qualificação do trabalho?". **Tempo Social**, v.1, n.2, jul./dez. 1989, p. 83-87.

Romanelli, O. O. **História da Educação no Brasil**. Petrópolis: Vozes, 1997.

Villavicencio, D. "Por una definicion de la Calificacion de los Trabajadores". **IV Congreso Español de Sociologia Entre Dos Mundos**. Madrid, 1992.

São Paulo. Conselho Estadual de Educação. **A Educação Profissional** e a **Nova LDB.** Processo CEE 119/97. Relatores: Francisco Aparecido Cordão e Nacim Walter Chieco, 1997.

Santos, B. S. "Da ideia de universidade à universidade de ideias". **Pela Mão de Alice: o social e o político na pós-modernidade.** São Paulo: Cortez, 1999.

Schaff, A. **sociedade informática.** São Paulo: Editora Unesp, 1990.

Segawa, H. **Arquiteturas no Brasil 1900-1990.** São Paulo: Edusp, 1998.

Smith, A. **Investigação sobre a natureza e as causas da riqueza das nações.** São Paulo: Editora Abril, 1974.

Telles, A. S. "Sobre o curso de Arquitetura no Brasil". **Revista do Pós-Graduação da Faculdade de Arquitetura e Urbanismo da Universidade de São Paulo,** número especial, 1995.

Thompson, P. **A voz do passado: História oral.** Rio de Janeiro: Paz e Terra, 1992.

Treichler, R. **Biografia e psique.** São Paulo: Editora Antroposófica, 1988.

Warde, M. J. **Educação e estrutura social: A profissionalização em questão.** São Paulo: Editora Moraes, 1983.

Leia também,
da **Letra e Voz**:

Ensaios de história oral
Alessandro Portelli

História oral, feminismo e política
Daphne Patai

Solistas dissonantes:
História (oral) de cantoras negras
Ricardo Santhiago

Narrativas e experiências:
Histórias orais de mulheres brasileiras
Vários autores

O descaminho de diamantes:
Relações de poder e sociabilidade na demarcação diamantina
Rodrigo de Almeida Ferreira

Este livro foi composto em Palatino Linotype e impresso pela Yangraf para a Letra e Voz no ano de 2010, em tiragem de 500 exemplares. Foram utilizados papel off-set 75g/m² para o miolo e Cartão Supremo 250g/m² para a capa.